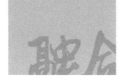

军民融合研究丛书

国防采购改革

主　编　黄朝峰
副主编　纪建强　郭　勤

Reform of
National Defense Procurement

经济管理出版社
ECONOMY & MANAGEMENT PUBLISHING HOUSE

图书在版编目（CIP）数据

国防采购改革/黄朝峰主编 . —北京：经济管理出版社，2016. 11
ISBN - 978 - 7 - 5096 - 4926 - 8

Ⅰ. ①国…　Ⅱ. ①黄…　Ⅲ. ①武器装备—采购—中国—文集　Ⅳ. ①E243. 53

中国版本图书馆 CIP 数据核字（2017）第 025366 号

组稿编辑：王光艳
责任编辑：许　兵
责任印制：黄章平
责任校对：超　凡

出版发行：经济管理出版社
　　　　　（北京市海淀区北蜂窝 8 号中雅大厦 A 座 11 层　100038）
网　　址：www. E - mp. com. cn
电　　话：(010) 51915602
印　　刷：三河市延风印装有限公司
经　　销：新华书店
开　　本：720mm × 1000mm/16
印　　张：20. 25
字　　数：386 千字
版　　次：2018 年 1 月第 1 版　　2018 年 1 月第 1 次印刷
书　　号：ISBN 978 - 7 - 5096 - 4926 - 8
定　　价：98. 00 元

总　序

　　国防科技大学是一所直属中央军委领导的军队综合性大学，是首批进入国家"211工程"建设计划的院校，是军队唯一进入国家"985工程"和唯一被纳入国家"双一流"建设支持的院校。国防经济学科是国防科技大学第一个人文社会科学类学科点，1995年获得硕士学位授予权，2005年获得博士学位授予权，2006年被评为湖南省"十一五"重点学科，2007年获批湖南省"国防建设与区域经济社会发展研究基地"，2011年被评为湖南省"十二五"重点学科，2013年设立学校"军民两用技术知识产权运用研究中心"，2014年获批"应用经济学博士后科研流动站"。

　　多年来，国防科技大学国防经济学科聚焦军民融合发展，着眼破解经济建设和国防建设融合发展中的重大理论和实践问题，承担了以国家社会科学基金重大项目"中国特色军民融合式国防建设资源配置与管理研究"为代表的一大批国家和军队重要科研课题；出版了《战略性新兴产业军民融合式发展研究》《军民融合武器装备研发投资》等一批高水平学术专著；在《经济研究》、*Defence & Peace Economics* 等国内外权威期刊发表《军民融合何以能富国强军》等多篇论文；撰写的《加快新常态下军民融合科技创新体系建设的意见和建议》等一批研究报告受到了中央军民融合发展委员会办公室、国家发展改革委员会、工业和信息化部、军委政治工作部、军委装备发展部、军委战略规划办公室等相关部门领导和机关的高度肯定；建成了"国防与财富"国家精品视频公开课等多门重点课程，在军民融合研究领域取得了丰硕成果。

　　本丛书围绕军民融合发展主题，从学校国防经济学科点多年的研究成果中遴选出350余篇优秀论文，分为《国防研发投资》《国防工业发展》《国防科技创新》《国防采购改革》《国防人力资源》和《国民经济动员》六个专题，集中展示了学科点军民融合领域的理论研究成果。希望这些研究成果能够为军民融合理论和实践工作者提供一定的参考借鉴，对促进军民融合发展战略深入实施，推动我国经济建设和国防建设在更广范围、更高层次、更深程度上实现协调发展、平衡发展、兼容发展，加快形成全要素、多领域、高效益的军民融合深度发展格局有所裨益。

目　录

美国新安全战略与国际军备控制 *

周建设

国家安全战略历来是美国政府总揽内政外交和防务政策全局的大政方针。冷战时代美国的国家安全战略像"大规模报复战略""相互确保摧毁战略"等，都曾深刻影响当时的世界战略格局。2002年6月10日，美国白宫发言人弗莱舍称，布什总统将于今秋向国会提交他上台以来的第一份国家安全战略报告。由于美国称霸全球的图谋和雄厚的实力地位，布什新国家安全战略的出台，必将对冷战后复杂多变的国际格局产生重大影响，而首当其冲的，将是本已步履维艰的国际军控局势。

一、美国新安全战略的浮出和基本点

一般认为，促使美国新国家安全战略出台的直接原因，是震惊全球的"9·11"事件。这不仅仅是因为"9·11"使布什政府加快了步伐，显示美国新安全战略的重大步骤，如美国2001年10月发动对阿富汗的反恐战争，同年12月宣布退出《限制反弹道导弹系统条约》，2002年5月美俄两国总统就签署美俄削减进攻性战略力量条约和美俄新战略关系宣言达成一致等，都集中发生在"9·11"之后很短的时间内；更因为从目前透露出来的新安全战略的内容看，它有着与"9·11"直接相关的现实针对性，如强调本土防卫，强调先发制人打击恐怖分子和少数拥有化学、生物和核武器的"敌对国家"，看上去都是针对"9·11"和防范类似事件而进行的战略调整。但是，如果仅从这样的层面来认识美国即将出台的新国家安全战略，显然是肤浅的。"二战"后，美国的国家安全

战略总是服从于霸权主义总目标。冷战时期，美国争霸的对手非常明确，其不同时期的国家安全战略的内容和步骤虽有所不同，但立足点和目标始终不变，那就是遏制苏联及其盟国。随着冷战的结束和两极格局的解体，美国独霸世界的野心急剧膨胀起来，企图凭借其强大的经济、军事、科技实力和独一无二的战略地位，遏制世界向多极化发展，阻止任何可与之抗衡的国家或国家集团的出现，以建立美国独霸天下的国际格局。与此相适应，美国一直在研究新的格局下能够确保其推行霸权主义的国家安全战略。美国国防部长拉姆斯菲尔德在《外交》杂志载文透露，在"9·11"事件发生前，美国国防部就已经开始研究新环境下的国家安全战略。老布什政府和克林顿政府都在行动上推行了一套不同于冷战时期的国家安全战略，无论是海湾战争，还是科索沃战争，无论是北约东扩，还是美日安保条约西进，都显示出美国把战略重点放在遏制地区性挑战和多极格局的形成上。小布什上台后，在战略立足点上并没有什么改变。但其上台不到9个月即发生的"9·11"事件，使布什政府不得不重新审视当前的世界局势，更获得了把霸权战略向前大大推进一步的难得机遇。因此，就美国出台新国家安全战略而言，"9·11"并不是根本原因，但却是不可多得的契机。

尽管布什总统的第一份国家安全战略报告尚未公布于世，但其轮廓已显现出来。从目前透露的资料看，这一战略的基本点包括：

第一，加强本土防卫。针对"9·11"事件，美国新安全战略突出强调本土防卫。这从"9·11"事件以后，布什政府的一系列举措中可以看出来。"9·11"事件的当月，美国国防部向国会提交的《四年防务评估报告》中提出要实行"内外并重，国内优先"的防务方针。2002年，美国国防部成立了一个新的"北方司令部"，专门负责美国本土安全。2002年6月6日，布什总统宣布，他将向国会提议成立"国土安全部"，而计划中的国土安全部规模将达到170000人，每年预算为380亿美元。与之相呼应，白宫7月16日公布了美国历史上第一份"国土安全战略"报告。

第二，谋求绝对军事优势。这是美国一个明显的战略倾向。2001年5月，布什在对美国国防大学师生的讲话中指出，"在这样的世界里，冷战时期的威慑力不再具有充分效力。……我们必须谋求把安全建立在更充分的基础上，而不仅仅借助于可怕的同归于尽的威慑"[1]。美国国务院军控局导弹防御政策高级顾问克里·M.卡奇纳说得更加明白，美国必须调整威慑战略，一是要利用技术发展带来的机会开发部署有效的导弹防御系统，二是要调整美国的核能力——从数量上和特性上——使之能够应对今天面临的威胁，三是要使用先进的常规武器摧毁目

---

① 乔治·沃克·布什. 布什总统对国防大学师生的讲话 [EB/OL]. 美国国务院国际信息局《美国参考》网。

前只有核武器才能摧毁的目标①。

第三，实施"先发制人"式打击。这是新安全战略的核心所在。2002 年 6 月 1 日，布什在西点军校毕业典礼上发表演讲时说，恐怖主义是一种新型威胁，美国将改变冷战时期奉行的对敌人实行"威慑"和"遏制"的战略，决定对恐怖分子和拥有化学、生物及核武器的少数"敌对国家"采取"先发制人"的打击。6 月 10 日，布什政府一名高级官员也证实，布什的国家安全战略报告将首次把"先发制人"和"自卫性干涉"战略作为正式选择。

二、从"确保摧毁"到"先发制人"

无论其是否具有现实可行性，美国提出"先发制人"的安全战略，首先在战略思想上，是对长期维系着世界和平的"相互确保摧毁"战略的否定。这可能引起从战略思想到战略格局的重新洗牌，可能对世界和平产生目前尚难预计的影响。

众所周知，"二战"后的世界和平基本上是一种核均势基础上的和平。这种和平被人们称为"恐怖和平"，因为迄今为止，人们一直生存在一个足以毁灭整个人类文明的巨大的"核火药桶"之上。尽管如此，这个火药桶并没有引爆，是核威慑战略阻止了它的引爆，而最有影响的核威慑战略就是"相互确保摧毁"战略。这一战略的框架是：其一，核武器具有史无前例的巨大毁伤力；其二，由于运载工具的发展，战略核武器的袭击至今是不可防御的，是真正的"有矛无盾"；其三，第一次核打击会招来惩罚性核打击，结果势必是"互相交换的自杀"；其四，冷战时期的军备竞赛使美苏两家的核武库已经发展到足以摧毁世界的程度。

这种"有矛无盾"的核均势对企图独霸世界的国家是一个遏制。但是，企图独霸世界的国家总是想突破这一限制。美国里根总统就做过这样的尝试。1983 年 3 月 23 日，里根总统发表著名的"星球大战演讲"，提出要发展保护美国及盟友的弹道导弹防御技术。据此，美国国防部制定出一个被人们称为"星球大战"计划的"战略防御倡议"（SDI），试图用从天基到地基的多层防御系统，摧毁苏联大量来袭的战略导弹。后来的老布什、克林顿都做过这方面的文章。小布什上台后，更是不遗余力。

---

① ［美］克里·M. 卡奇纳. 导弹防御及新威慑形态［EB/OL］. 美国国务院国际信息局《美国参考》网。

要确保在任何时候、任何地点都能"先发制人""主动进攻",不仅要树立"攻守兼备的新威慑观念",更要建立攻守兼备的军备系统。

在"防"的方面,布什政府主要是谋划建立国家导弹防御系统(NMD)。布什在竞选总统期间就谈道:美国应该选择一个有效的导弹防御系统进行部署,这样一个导弹防御系统不仅要保护美国的 50 个州,还要保护美国的盟友、美国的海外驻军。布什上台后,把 1999 年被前总统克林顿正式批准的 NMD 计划推进到了新阶段。这一计划是要构建一种主要由地基拦截器,改进型预警雷达,X - 波段雷达,天基红外系统及作战管理、指挥、控制、通信系统五部分组成的陆基防御系统,目的是防御有限的弹道导弹攻击。在"攻"的方面,主要包括:其一,发展先进的常规武器技术。除了人们熟悉的新概念武器技术等外,这里值得注意的是,布什宣称美国将在太空部署多层卫星、雷达系统。这不仅可用于导弹防御系统,而且也有可能成为新一代的全球定位、精确制导的进攻性"太空武器"。其二,发展"可使用"的核武器。美国正着力研制第四代核武器、小型核武器、微小型核武器和能部分替代核武器的特种常规炸弹,目的是要能够在实战中运用核武器,并提高核武器的威慑力。而且,根据媒体透露出来的美国国防部《核态势审议报告》的信息,美国将在三种紧急情况下使用核武器:对付那些用(其他一切)非核武器无法摧毁的目标;美国受到核生化武器攻击时进行报复;应对出人意料的军事势态发展。这里第一和第三种情况,是美国首次提出来的核武器的使用范围。这说明,美国正在扩大核武器的用途。"核门槛"已降到了自冷战以来的最低点。其三,把常规武器和核武器结合使用,以形成强大的进攻性武器系统,用以打击有可能对美国的军事挑战,特别是大规模杀伤性武器对美国的威胁。这意味着美国不仅正在改变对核武器和核威慑的看法,而且正在调整核战略。与冷战时期相比,其核战略正朝着实战而不是威慑的方向转变。

三、国际军备控制面临的危机

就美国新安全战略对世界格局的影响而言,最直接的莫过于当前的国际军备控制局势。尽管布什政府反复传递给人们这样的信息:出台新安全战略,是因为美国面临着恐怖主义分子以及少数"无赖国家"的严重威胁,而且它们正在掌握生化武器、核武器以及其他的大规模杀伤性武器。"9·11"事件的发生,似乎也为美国提供了强有力的证据。但是,世界各国都会清晰地看到,美国所谓攻防兼备的战略体系一旦建立起来,各国防务体系的威慑力就会急剧下降,世界战略均势就会出现自冷战以来最严重的失衡。人们完全有理由断定，美国为了霸权目标，正紧紧抓住反恐的机遇，试图深刻地改变这个世界。世界各国或迟或早、或大或小，都会做出相应的反应。而最直接、最可能的反应，必定会发生在军控领域。这就是当前国际军备控制所面临的危机所在。

首先，国际军备控制机制遭受巨大冲击。冷战结束后，由于世界各大国的共同努力和广大发展中国家的支持，国际军控和核裁军一度出现很好的势头，出现了如 1995 年《核不扩散条约》无限期延长，1996 年联合国通过《全面禁止核试验条约》，2000 年 5 个拥有核武器的国家第一次正式承诺将销毁所有的核武器等喜人景象。而美国新安全战略的出台很可能使这一形势逆转。因为它将从根本上动摇国际军控架构的基本制度安排。例如，美国为发展导弹防御系统而退出了《反导条约》，而《反导条约》是现有国际军备控制机制的重要基石，它与 30 多个军控条约相挂钩，与当时的限制和削减战略武器条约有着密不可分的关系。《反导条约》的崩溃会在多大程度上影响到其他条约，现在还难以预计。当前俄罗斯等国的反应也显得温和。但这一行动的长远后果绝不可低估。它意味着美国已不再在对等的关系上与俄罗斯等大国发展军控领域的合作关系，从而迫使各国增强军事实力以重新谋求对等地位。它还可能使各国对军控条约失去信心，从而毁掉国际军控合作的信任、义务和自觉约束的机制。总之，自冷战以来各国共同努力形成的国际军备控制机制，正面临着倒退甚至崩溃的危险。

其次，可能引发新一轮军备竞赛。美国已经拥有世界上最大的核武库和最雄厚的军事实力，仍然谋求攻防兼备、更加强大的战略力量。这说明在两极格局瓦解 10 多年后的今天，布什政府已不再考虑维护战略力量的均衡和稳定，而是追求军事上的绝对优势。这必然严重改变世界军事实力的对比，导致战略均势的瓦解。根据均势原理和历史经验，失衡必然刺激各方，以形成新的平衡。因此，新一轮军备竞赛看来在所难免。当然，这不太可能是那种人们熟悉的两极格局下的"水涨船高"式的较量，各国也不会重蹈苏联覆辙而卷入代价昂贵的直接对抗。这将是一种单极对多极错综复杂的竞争。事实上，世界各国正在借助新军事技术革命的动力，依托自身的综合国力，发展高技术装备，深化军事调整，加强军事实力，力求做到"自保"。冷战后一度下降的世界军费开支，近年又迅速上升即是一个明显的信号。美国新国家安全战略的出台，必将加剧这一趋势。

最后，核扩散问题趋向严重。美国发展导弹防御系统，理由之一是防止核扩散，即"通过明确表示决心部署针对各种射程弹道导弹的防御系统而使这些国家明白，将导弹用作恐吓和军事手段很可能是徒劳的，从而可能促使其放弃弹道导弹项目"①。事实可能恰恰相反，由于突破导弹防御系统，最经济、最容易的方式仍然是发展先进的弹道导弹，美国像退出《反导条约》这样的行为，正在动摇世界防核扩散的机制，美国的计划将不是抑制而是加剧核扩散过程。联合国秘书长安南曾警告过，在核裁军方面的最新挑战是"在部署国家导弹防御系统方面越来越大的压力"，这种压力"很可能导致新的军备竞赛，导致核裁军和核不扩散方面的倒退"。近年核材料走私、核科技人员流失、核武器技术扩散不断加剧的情况，就很说明问题。现在，除原来的有核国家外，印度、巴基斯坦公开进行了核试验，以色列、南非、伊朗等国家和地区的核潜力也不容忽视。近年来，尽管许多《核不扩散条约》缔约国和非政府组织仍在不懈努力，并在形成国际压力方面取得了一些积极成果，但核扩散恶化的势头并没有根本扭转。同时，世界新军事技术革命正在为核武器的更新换代提供动力，核武器已发展到第四代，核武器小型化，导弹命中精度、机动性和突防能力也明显提高。核扩散加上核武器技术的发展使得核武器在未来战场上使用的可能性大大增加。因此，人们认为，与冷战时期相比，核战争的危险性不是减小而是增大了。

总的来看，美国的新国家安全战略并没有摆脱冷战思维的束缚。它构建导弹防御系统，追求绝对军事优势，借反恐之名行谋霸之实，终是冷战"遗风"。其目的也只有一个，那就是美国自冷战至今都梦寐以求的——建立独霸天下的单极格局。美国的新国家安全战略势必严重冲击当今的世界格局，也必然遭到世界爱好和平的国家和人民的抵制。

---

① ［美］克里·M.卡奇纳.导弹防御及新威慑形态［EB/OL］.美国国务院国际信息局《美国参考》网。

国际军控的困境与前途[*]

周建设　刘亚南

　　冷战结束后的一段时期里，由于国际形势的缓和和世界各国的共同努力，国际军控曾经取得许多很有意义的成果。世界爱好和平的人们对国际军控的前景，一度抱有乐观的估计。但是，这一良好势头在最近几年里急剧逆转。人们判定，冷战后时代已经结束，世界正在进入一个新的动荡不安的时期，国际军控形势也因此变得更加错综复杂。

一、冷战后国际军控走势

　　冷战后的国际军控确实出现过令人鼓舞的形势，但随着国际形势的演变，国际军控进程因美国的一意孤行而陷入新的困境。这主要表现在：

　　第一，美国的霸权战略对现存的国际军控体制造成巨大冲击。进入世纪之交，美国抓住有利时机，加快了实施霸权战略的步伐。布什上台后，把1999年被前总统克林顿正式批准的 NMD 计划，推进到了新阶段。2002年，美国已开始在阿拉斯加州修建导弹防御测试基地。随后，布什要求国会拨款75亿美元，用作2003年 NMD 经费。为发展 NMD 和 TMD 计划，布什2001年12月13日宣布退出美苏1972年签署的《限制反弹道导弹系统条约》，扫清了计划的主要障碍。正如美国国防部副部长保罗·沃尔福威茨所言，"我们现在能自由地发展、试验和部署有效的防御"[1]。最近，美国政府又出台了新的国家安全战略，这一战略包括加强本土防卫、谋求攻防兼备的绝对军事优势、实施"先发制人"军事打击等内容，极力谋求加强美国的军备系统。美国的这些部署，严重地影响着国际军

---

* 本文原载于《湖湘论坛》2002年第6期。

① ［美］保罗·沃尔福威茨. 超越反导约［N］. 华尔街日报，2002-06-14.

控局势。发展 NMD 和 TMD,反映美国不再完全依靠战后维持了数十年和平的核威慑战略,而要建立一种新的攻守兼备的战略。这可能引发以攻防攀比为特点的新一轮军备竞赛。而且,由于联合发展和部署 TMD,还可能造成先进武器技术包括导弹技术的扩散。而退出反导条约,使得这一 30 年来一直被认为是核军控和国际战略稳定的重要基石的条约毁于一旦,从而使国际军控体制遭到空前的打击。与反导条约挂钩的 32 个裁军和核不扩散的国际条约也岌岌可危,并严重削弱国际社会对军备控制条约的信任和信心。而实施"先发制人"的军事打击甚至核打击,将迫使其他国家加强军备,以求自保。所有这些都给国际军控带来严重的后果。

第二,核扩散及核武器实用化问题日趋突出。1998 年 5 月以来,印度连续进行了 5 次核试验,巴基斯坦也先后进行了 6 次核试验。印度政府还宣布"印度已进入世界核大国之列"。印、巴核军备竞赛不仅影响到南亚的安全稳定,更危及现有的核不扩散体制,也为其他有核能力而无核武器的国家开了恶劣的先例。事实上,除了印、巴以外,以色列、南非等国家和地区也具有潜在的核能力。一段时间以来,国际核技术扩散、核材料走私以及核技术人员的流失也非常严重。同时,以新的军事技术革命为条件,美国正着力研制第四代核武器、小型核武器、微小型核武器,目的是要能够在实战中运用核武器,并提高核武器的威慑力。俄、法等国也都在秘密研制第四代核武器。根据媒体透露出来的美国国防部《核态势审议报告》中的信息,美国将在三种紧急情况下使用核武器:对付那些用(其他一切)非核武器无法摧毁的目标;美国受到核生化武器攻击时进行报复;应对出人意料的军事势态发展。这里第一和第三种情况,是美国首次提出来的核武器的使用范围。这说明,美国正在扩大核武器的用途。核武器实战化的趋势,使"核门槛"已降到了自冷战以来的最低点。这是一个非常危险的信号。

第三,各国竞相发展高技术武器装备。面对美国咄咄逼人的攻势及近年连续不断的局部战争和动荡不安的国际安全形势,各国也都加快了军备发展的步伐。不少国家借助于新军事技术革命的动力,依托自身的综合能力,发展高技术装备,深化军事调整,加强军事实力。尤其在加大先进武器装备研制的投入,发展远程精确打击、信息战、电子战等高技术武器装备方面,已形成了突飞猛进之势。相应地,冷战结束时一度下降的世界军费开支,近年又迅速回升。据伦敦国际战略研究所最近公布的数据,2001 年全球军费开支连续第三年上升。如果考虑到临时追加的军费的话,2001 年全球的军费开支已达 1 万亿美元。而在 2003 财年,美国军费开支将达到 3554 亿美元,比上一财年增加 340 亿美元,是美国 20 年来军费开支增幅最大的一年。

第四,一些重要的军控条约不能生效。首先,由于印、巴先后进行了一系列核试验，致使作为核军控和核不扩散基石的《不扩散核武器条约》受到严重破坏和损害。其次，由于美国参议院拒绝批准《全面禁止核试验条约》，致使该条约无法生效。美国甚至考虑"必要时恢复地下核试验"。随后，国际社会加强《禁止生物武器公约》的努力受挫，随着生物技术的发展，甚至有越来越多的国家具有了研究和生产生物武器的能力。由于缺乏有效的检查措施，《日内瓦议定书》和《禁止生物武器公约》两个国际公约，不能有效地禁止生物武器的研究、发展、生产、转让、储存和使用。而布什政府以"一些国家违反公约""检查条款不够有效"、议定书会产生"虚假安全感"为由，拒绝了《生物武器公约》的核查议定书，使得国际社会在这方面的努力付诸东流。

二、国际军控机制的深刻变化

"二战"以来，国际军控的进展、停滞或者倒退，从来是国际关系变化的晴雨表，国际军控变化的深层原因蕴含在国际格局的变化之中。当前国际军控面临的困境，同样反映了冷战结束以来国际关系的深层变化。这一变化正从根本上改变着国际军备控制的机制。

首先，世界战略均势的改变，瓦解了军备控制的战略稳定性基础。众所周知，"二战"后的世界和平基本上是一种核均势基础上的和平。这种"恐怖和平"之所以能维持数十年核武器的不可防御性，是因为世界两极格局。美苏两极在轮番核军备竞赛中所形成的庞大核武库，使得任意一方首先使用核武器，都会招致足以毁灭对方的报复而"同归于尽"。这就形成了一种奇特的核均势①。正是这种均势，才使得后来美苏的核军备控制变得有实际意义；正是这种均势，才构成冷战时期战略稳定的重要支柱。而在冷战结束后，这种均势随着美国的乘势而上和苏联的解体及后来俄罗斯的持续衰退变得严重倾斜了。原来的战略稳定性失去了，新的战略稳定性远未形成，旧格局打破了，新格局远未形成。世界各种力量重组定位，各种矛盾错综复杂，加上一些不确定因素的作用，世界呈现出纷繁复杂的局面。在这样一个新旧交替的过渡时期，国际军控领域的混乱无序是难以避免的。美国为实现建立单极世界和称霸全球的战略目标，背离冷战时期维持战略平衡和军事稳定的基本原则，抓住时机，加快步伐，在国际事务和外交上推行单边主义政策，在军事上肆无忌惮地谋求绝对优势。不少军控条约被美国拖

---

① 周建设：《美国新安全战略与国际军备控制》，《求索》2002 年第 5 期。

延、搁置甚至毁弃，国际军控机制遭到空前严重的冲击。作为应对美国霸权主义的战略措施，世界各国加快了军备的发展步伐。一些国家和地区出于自身的战略考虑，在军备扩张的道路上走得更远。概括地讲，正是由于战略稳定性基础的瓦解，使得国际军控阵营分裂，现存的国际军控机制陷入空前危机。

其次，国际安全环境的恶化，动摇了人们对军备控制的信心。军备控制与国际安全环境从来是紧密相关的。二者之间的互动关系，可以是良性循环的，也可以是恶性循环的。究竟是哪种状况，取决于世界的战略格局。冷战结束后，世界大战有可能避免或推迟，但由于和平与发展两个主题一个也没有得到解决，尤其是冷战时期遭到压制的民族矛盾、宗教矛盾、领土争端等在冷战后迅速显现和激化，导致局部战争接连不断。从波黑内战到车臣内战，从海湾战争到科索沃战争，从"9·11"恐怖袭击到阿富汗战争，国际安全环境并没有因两极争霸的终结而有所改善，相反近年更有恶化之势。人们看到，冷战以来军备控制领域取得的一系列成果，并没有在更大程度上改善国际安全环境。因此，连续的局部战争不仅加剧了国际矛盾，使世界各国尤其是国防力量薄弱的国家普遍产生不安全感，而且削弱了相互间的信任和对国际军备控制的信心。一些国家近年大规模增加军费，发展军备，或者大力采购、引进先进的武器装备，或者斥巨资研发先进武器装备。冷战以后最为严重的以更新武器装备和掌控高新技术为标志的军备竞赛，事实上已经拉开帷幕，这对国际军备控制无疑是一个沉重的打击。

再次，军事技术的迅速进步，使军备控制的难度空前增大。新军事技术革命的迅猛发展，使原来威力强大的武器装备变得陈旧过时或者受到更新更强的武器装备的遏制。世界各国无论是谋求保持原来的先进地位，还是试图夺取后发先至的优势，都势必抓住这一难得机遇，加快高新技术装备的研发。这已为近年世界各国竞相发展先进武器装备的实践反复证明。在各国发展高新技术装备的强烈动机和不遗余力的行动面前，国际军备控制的条约显得苍白无力。同时，受冷战时期的影响，已有的军备控制条约往往以控制核、生、化等大规模杀伤性武器为重点，而对常规武器的控制历来不力。但在新军事技术革命的推动下，常规武器也发展到了相当高的水平，其命中率高，毁伤力大。如果累加起来，高、精、尖的常规武器也能带来大规模的杀伤效果。此外，软件技术、网络技术、黑客技术等的发展，使人们很容易掌握危害极大的信息武器，而对这类武器的控制更是极为困难。更为严重的是，新军事技术革命使核门槛大为降低，核武器的小型化、简易化和实用化，使核技术变得更易扩散和难以控制。当各国把提高武器的性能、质量和技术水平作为主要发展方向时，传统的偏重于数量平衡的军控法规，则难以控制这一比数量规模竞赛更加危险的技术竞赛趋势。而且在经济全球化的今天，世界市场的高度发达和多样化，一些先进的武器装备躲避着各种核查，广泛流通于国际军火市场。总之，在新军事技术革命的条件下，武器装备的扩散变得更加容易，国际军控变得极为复杂，难度空前增大。这是世界各国推进和平事业亟待解决的时代难题。

最后，理论创新的滞后，使军备控制缺乏新的理论基础和战略指导。实践证明，共同的认识和共同的理念，对处理国际关系和国际事务是至关重要的。国际军控的进展，首先取决于军控各方对安全的认同、追求和判断。冷战时期，各国关注的焦点，是防止美苏之间爆发核战争，军备控制的主要理念是减轻核危险。美苏军备控制的重点是核军控，就是要维持一种核武器数量和质量的均势，以保证互相毁灭的核战争能够避免。因此，如何通过控制核军备竞赛来达到战略稳定性，是冷战时期国际军备控制的主要思想。当时著名的核均势理论、"相互确保摧毁"理论，就是这样的主流理论，它为国际军控奠定了理论基石，提供着战略指导。但是，冷战后的战略格局发生了剧变，军控的对象、重点和方式也随之发生重大改变。显然，冷战时期的军控思想已不能适应这些变化，而新的军控理论体系又未形成，这不可能不影响到国际军控的实际进程。例如，冷战时期的军控理论，强调双边对称，而当前的世界面临的是单极化和多极化两种前途和命运的激烈斗争，是一种非对称的战略格局。如何在这样的格局下进行有效的军控，并没有可行的答案。由于缺乏与当今世界格局相适应的成熟的军控理论，国际军控面临的不是规范的棋局，而是混乱的牌局。过去简单的博弈原则已不足以约束这样的局面。

三、国际军控的前途与希望

历史地看，国际军控的进展，不仅与当时的世界战略格局和共同的安全环境密切相关，更与世界各国特别是大国的共同努力紧密相关。尽管冷战后的国际军控陷入了困境，但是，世界各国的和平努力不会白费，和平与发展的大潮不可逆转，人类的未来前途依然光明。面对当今的国际军控局势，人们唯一可做的，是承担起世界和平发展的共同责任。

应该共同推动多极化进程，以促进有利于国际军控新的战略稳定的形成。单极世界的追求和霸权主义的行径，从来都是世界不稳定的根源。多极化是当今世界的希望所在。多极化趋势，必将促成新的战略平衡，从而进入新的稳定的战略格局。在这样的格局下，国际军控才会有适宜的土壤。同时，国际军控的发展，又会进一步推动多极化和世界和平。因此，促进战略稳定和国际军控事业，世界面临两大战略任务：一是反对美国霸权战略，遏制单极化趋向；二是加快多极化进程。这两大战略任务是密不可分的。我们必须加快发展国家实力，以形成对霸权的制衡力量。而在此前，战略对话与合作，为共同利益的努力，则是必不可少的。总之，多极稳定格局的形成，离不开多极力量的壮大，更离不开当前对单极化的遏制。

应该更加致力于和平努力，以形成制约军备扩张和竞赛的国际秩序。和平与发展是当今时代的主题。世界要和平，人民要合作，国家要发展，社会要进步，是时代的潮流。而且在力量对比上，和平的力量仍然大大地超过战争的力量。但是，和平不是凭空产生的。世界和平前景的实现，有赖于爱好和平的力量不懈地脚踏实地地共同努力。大力推进国际军控事业，就是重要的努力之一。军备控制虽然不能消除战争的根源，但却有着遏制战争的重要作用，因而各国都应尊重并发展它。也就是要从维护国际安全、减小战争威胁等共同利益出发，达成共识，加强合作，推动国际军控向着务实的方向发展，致力于建立军控新的范畴和具体条款，健全新的军控体制，同时，使核查机制能够适应新的变化。在国际社会的共同努力下，遏制新的军备扩张和军备竞赛，也是大有可为的。

应该加快多元化进程，以在更宽广的空间里发展国际军备控制。冷战时期，军备控制的最大动力来自对战略稳定的追求。正如德国总理施密特所讲的："到现在为止，国际军备限制的实际刺激不是来自经济因素，而是来自对稳定的寻求（即一种政治动机）。"[①] 今天，这一追求仍是军控的主要目的，仍然应沿着这样的方向来推动国际军控进程。但是，这并不是唯一目的。除此之外，军控还可以从更多共同关心的问题得到推动力，如经济因素。将国家的经济拖入持续的军备扩张和竞赛的直接后果，是非常明显的。军备竞赛带来的冷战时期苏联经济的衰败和冷战后俄罗斯经济的困境，就是明证。冷战刚结束时，世界主要国家曾经出现的降低军费开支的势头，也反映了对冷战的反思和对军备竞赛教训的总结。当然，从经济角度考虑控制军备，必须以较好的国际安全形势为背景。但无论如何，既保持一个安全稳定的国际环境，又通过军备控制降低军费开支，是受到普遍欢迎的，如环境资源因素。通过军备控制特别是控制核、化、生武器，来保护人类共同生存的环境，是各国认同程度很高的共识。这些年所谓"绿色关切"呼声很高，就很说明问题。从环境保护出发来推动军备控制，不失为一条可行的"绿色思路"。再如人道主义因素，也已成为军备控制的重要动因。渥太华地雷公约的制定，就是一个典型例证。总的来看，随着这些军事以外的因素的介入，未来军备控制必将有一个更宽广的空间。这是各国应该倍加珍惜和精心呵护的。

----

① ［德］赫尔穆特·施密特：《均势战略》（中译本），上海人民出版社1975年版。

应该承担起共同责任，以推动多边军备控制的发展。冷战的结束，也宣告了由两个超级大国左右国际军控局势时代的结束。在世界走向多极化的时代，国际军控应该成为各国的共同事业，各国也应担当起推进军控的共同责任。而在当前，最重要的是加强军控领域的国际合作，努力构建多边的军备控制机制。换言之，在国际军控领域，不是靠少数国家的"封堵"和"打压"，乃至施加战争压力来解决问题，而是要靠国际社会共同努力来实现军控的目标。因此，重要的国际军控条约都应是多边的。当然，在多边军备控制中，大国应承担更大的责任，履行更大的义务，发挥更重要的作用，做出更大的贡献。可以断言，只有以共同的利益、共同的繁荣为基础，国际军备控制才会有一个光明的前途。

国际市场军品采办思考*

旷毓君

军品采办按采购范围可分为国内市场采办和国际市场采办。因为各国之间存在军品生产的比较优势以及生产能力与需求的缺口,在国际市场中进行军品采办成为成本优先国家的必然选择。同样是经济利益的驱动,国际军品供应商逐渐增多。当代世界军品市场从形成到成熟的时间也就30多年,与军品国际采办的复杂性极不相称。在西方国家之间,军品采办已无明显的国别限制。

一、国际市场军品采办的总原则

一方面,国防经济是建立在社会化大生产基础上的商品经济,不能脱离世界市场而独立存在。另一方面,军品采办同战争紧密联系,是在特殊市场上进行的特殊的商品交换,它有着政治、经济、军事和外交多重内涵。在国际市场进行军品采办一般遵循如下原则:

1. 确保国家独立原则

一些国家的武器采办关系最终导致了它们之间的伙伴和同盟的关系,在军品采办的过程中被军事大国牢牢控制。

2. 提升国防实力原则

海湾战争的爆发,标志着高技术局部战争作为一种战争形态已出现,随着高技术在军事领域的广泛运用,军队武器装备发生了很大变化,西方发达国家凭借

---

* 本文原载于《国防科技》2002年第12期。

其技术和经济的优势，已将武器装备的质量发展到"二战"以后的第三代、第四代。对于国防工业技术相对落后的国家，开展国际市场军品采办可以在一定程度上弥补关键武器装备、先进技术的不足，通过"跳跃效应"，迅速提高武器装备的技术层次，促进国防工业的体系化建设和武器装备的快速发展，成为谋取超出军事力量范围之外的高层次的安全利益的一种手段。

3. 促进国民经济发展原则

应该看到，在相当长的时间里，各国的军费开支不可能有很大的提高，这就要求军品采办部门在采办的过程中要做"精明买主"，将经济利益摆在重要地位。与此同时，应该通过采办促进国民经济相关领域的发展，引进那些同武器有关的关键性生产、制造技术，如电子技术、信息技术、新材料技术、航天技术、通信技术等。可以在把这些技术应用于军事领域的同时，也广泛在民用经济领域使用，以提高民用品的科技含量，增强民用品的竞争力，为经济发展做贡献。

4. 符合国际惯例原则

进入 21 世纪，随着世纪军品市场的拓展，军品采办已经不是一个孤立的体系，特别是在"寓军于民"新体制中，军品采办处于更加开放的外部环境之中。但军品毕竟是一种特殊的商品，由其特殊的使用价值产生了一系列国际惯例和各种条约规定，如防止 ABC 类武器扩散条约、防导弹技术扩散条约等。在国际市场上进行军品采办，应该遵守这些国际性的条约，要尊重别国的传统，以及与贸易有关的相关规定。

二、国际市场军品采办的新特点

近年来，随着以信息技术为主的高技术在军事、国防科技领域的广泛应用，世界国防科技、战争冲突、军事格局发生了巨大变化，国际市场军品采办在新的庞大需求拉动下迅猛发展，呈现出如下新特点：

1. 卖方多元化，市场竞争激烈

两极格局被打破后，美国一直保持着武器出口的霸主地位，拥有世界军贸市场的一半左右，其次是英国、法国、俄罗斯、德国、以色列等，这几个国家的武器出口额占世界军品出口总额的 80% ~ 90%，目前，世界出口国已超过 50 个，其中第三世界占了近 20 个。军品采办打破了两大"阵营"的界限，东西方系列武器相互流通。几乎所有购买武器装备的国家都同时从多个国家购买，不同于以前受意识形态和同盟约束，现在主要从性能和技术指标的角度出发。国际市场出售有手枪、步枪等小武器、战略武器、常规武器、军事高新技术、军用剩余物资等。

2. 市场的"买方"特征日益明显，支付方式灵活多样

市场以买方为主，这已成为当今世界军贸市场的基本特点，而且这种买方市场特性将随着国际形势长期的和平与稳定而逐步增强。客户在产品价格性能比、质量保证体系、付款方式等方面提出的要求越来越高。武器供应商们面对数量有限的订货和不断增加的竞争对手，竞相采取灵活多样的交易方式和提供五花八门的优惠条件，向客户做出更大的让步，市场竞争十分激烈。如在美国的对外贸易中，补偿贸易占 30% 以上，其形式有合作生产、许可证生产、子合同生产、合股投资、技术转让等。

3. 商业色彩浓厚，遵循市场规律

市场导向作用更加明显，"市场需要什么，就研制生产什么"成为原则。冷战结束后，"美苏模式"（以政治、军事战略指导为主的模式）逐渐淡出，"法巴模式"（以经济利益指导为主的模式）得以提升。获取高额利润成为各国政府、军工企业、跨国军火公司的首要考虑。例如，为了占领军火市场，美国取消了向巴基斯坦、捷克、波兰、匈牙利等国家和拉美出售尖端武器的禁令，向国际军火市场推出了本国最先进的武器装备以同他国进行竞争。而俄罗斯为抢占国际军火市场，大力推销"物美价廉"的先进军火。如美国的 M1 系列坦克价格为 300 万美元，而俄式 T–72 坦克仅为 180 万美元；而比美国的"爱国者"防空导弹系统命中率更高的俄 C–300 防空系统仅以"爱国者"一半的价格出售。

4. 亚洲成为世界上最大的军火进口区，中国台湾跃居榜首

根据斯德哥尔摩国际和平研究所 2001 年年鉴的统计，在 1996～2000 年全球军火进口前 10 名的国家或地区中，亚洲就占了 8 名，排名第一的是中国台湾，进口 122.81 亿美元；其次是沙特 83.62 亿美元，土耳其 56.64 亿美元，韩国 5334 亿美元，印度 4228 亿美元。这几年的一个突出变化，就是东亚国家和地区逐步取代了中东一些国家在军火进口市场中的领头羊位置，尤其是中国台湾，据斯德哥尔摩国际和平研究所公布的数据，中国台湾在 1994～1998 年、1995～1999 年和 1996～2000 年连续 3 次的统计中，均居常规武器输入地区榜首。而美国是中国台湾武器的最大出口国。

三、国际市场军品采办的新情况

1. 军品采办国际市场霸权主义不会完全让位于经济利益

冷战结束以来的 10 年，经过激烈的角逐和竞争，国际军贸基本形成了"一超独霸，五强制衡，许多国家纷纷跟进"的新格局。与以往不同的是，当前，军事强国的军事技术和武器装备刚刚被淘汰即可接受国外订货，甚至新技术和新设备一经研制成功，现役武器装备便被拿到国际市场上出售。除巨大的经济利益驱动因素外，关键还是欲控制购买国的自主武器生产能力，摧毁其独立的国防科技工业。美国在"军控"和"军贸"上的两面做法是真实写照。

2. 军品采办国际市场知识产权问题日益敏感

经济全球化和市场一体化，强化了军品的全球范围采办，但知识经济的到来，国防知识产权保护被列入重要的议事日程。目前，许多发达国家国防科研机构和生产厂商在发展中国家大量申请国防专利、注册商标，给发展中国家国防科技工业技术水平的提高和自主知识产权体系的建立带来巨大挑战，给这些国家国防科技产品转向民用、进入国际国内市场带来严重影响。

3. 军费短缺，军品采办经费不足

随着科学技术的迅速发展，军队武器装备的更新换代、装备购置和维修管理都需大量经费开支，若还把一国有限的军费大量用于购买昂贵的外国武器，必然导致本国军工企业发展的资金不足，使本国军工企业萎缩，长此以往，对外国的武器依赖性就会越来越大，一旦有事就容易受制于人，这一点，海湾战争中的伊拉克就是一个很明显的例证。

四、国际市场军品采办的新思维

1. 转变观念，高度认识国际采办的重要性

首先，要尽快建立健全有关法律法规体系，确保有章可循、有法可依。其次，制定国家统一的国际市场军品采办政策，国际市场国际采办是军贸的重要组成部分，对武器装备发展和国民经济建设具有十分重要的意义。最后，重视国际采办国际市场调研，掌握市场动态，选择合适的市场形式，特别注意武器装备全寿命价格调研。

2. 推陈出新，建立统一的军品采办管理机构

成立权威的政府采购委员会，将国家各有关部门及军队纳入。针对军队可设立军品采办事务委员会，专门负责全军的武器装备的进口工作，并实施监督。

3. 健全市场，促进国防科技工业整体发展

首先，有区别地建立军品采办市场，将关键性、高技术武器装备市场和一般军品市场区别开来，对前者，国家要利用特殊规则进行规范和管理。其次，尽快建立军品采办要素市场，建立和发展国防科技信息市场、国防领域金融市场、国防科技工业产权市场等。最后，将竞争机制引入武器装备科研、生产、采购领域，还要完善新机制，改革配套体制，在政府许可范围之内，推进竞争择优原则的实现。

4. 拓宽渠道，实现采办来源多样化

国际市场的多元化，军品采购的选择空间不断扩大，可以"货比三家，择优进口"，以较低的价格获得较好的武器装备，并可在出口国中形成竞争，有利于获取军贸的优惠条件，同时有利于减少武器供应国的政治影响，增强国防自主性，提高本国战时抵制禁运的能力。如印度，一方面把俄罗斯视作印度最大的武器供应国，另一方面又逐渐拓宽军贸渠道，与美国、法国、以色列等许多国家和地区的军贸关系都取得了显著的进展。2001 年 12 月，印度国防部与以色列飞机工业公司签署了向以色列购买包括 3 套"法尔康"空中预警系统在内的价值约20 亿美元的军贸合同。2002 年 2 月 25 日，印度与美国初步达成了向美国购买"寻火者"武器定位雷达的协议等。

5. 利用机遇，加快军品国际采办的推进速度

可以抓住军事大国军火贸易之间的矛盾，寻找机会，增加采办的渠道，制造一个激烈的竞争环境，避免受制于人。瞄准世界先进水平，提高进口武器的技术含量，采用多种交易方式，如生产许可证交易、联合生产、改进旧设备、设立培训中心、转让武器生产技术以及其他长期合作方式等，从单纯购买或租赁现成的武器装备，发展到包括引进生产线和联合研制在内的多种方式。同时采取灵活的

支付方式，如补偿贸易、以货易货、低息贷款和分期付款等。高、精、尖武器装备及其一些关键技术，尤其是转让国控制十分严格的前沿技术，不易获得，往往附有一定的政治条件，应当根据外部合作机会和国防工业的实力及抵抗外部风险能力进行抉择，既要充分享受国家合作的好处，又要避免受别人控制并丧失自主能力的风险，从而培育国防工业的国际竞争力。国家应认识到，其重要的武器装备必须立足于本国研制生产，有时迫于需要进口武器时，可以通过复杂的采办协定来实现优质优价，由两家或更多家公司来竞争，谁愿意出价出售最多、最优的国防技术，就考虑谁。可先买少量先进武器装备的样机，按许可证方式组装第二批，借鉴研制、仿制达到自行研制的目的，最终提高本国自身武器装备的科研生产能力。以色列、日本、印度等国都堪称是这方面的典范。

高技术下的国际军控与军贸 *

刘 鹏 吴 鸣

20世纪90年代以来，国际军控曾因国际局势的一度缓和取得了一定的进展，但从90年代中期以来，国际军控形势急转直下。当前，国际范围内的双边和多边军控已基本停滞，核不扩散严重受挫。在此影响下，国际军贸发展迅速，形式多样。为此，如何正确认识导致国际军控和军贸现状的原因，并力行推进国际军控的进一步发展，显得尤为迫切。

一、高技术下的军事进攻优势凸显

随着军事高技术的迅猛发展，远程打击与精确制导武器等在战场上取得广泛应用，现代战争日益发展成为包括海、陆、空、天、电等在内的多维立体战争，混淆了前后方概念，战场范围和纵深无比广阔。这在某种程度上削弱了国防中的边防在以往任何时代的重要作用，对"徙民实边，军屯实边，安边设边，固圉强边"的传统戍边思想提出了严重挑战。

高技术使得军事防御面临着经济和技术上的双重困难。首先，在高技术下，国防是一个立体、多维概念，一国要保证全国各地区的安全，不仅要在边境布置防御力量，还要在各地都布置一定的防御力量（在某种程度上说，军事高技术下的国防产品具有了准公共物品的属性），而现代武器装备的高昂价格无疑会增加一国的国防成本。其次，从技术上看，防御的困难显而易见，美国NMD试验一再的失败，为此做了最好的注脚。事实上，即使美国的NMD试验取得成功，防御本身所要求的相对于进攻更高的技术难度，也使之更易于被攻破。也就是说，

---

* 本文原载于《中国科技论坛》2003年第2期。

无论是在静态还是动态上，高技术下的军事防御都面临着技术和经济上的双重约束。而"9·11"事件说明，包括美国在内的世界上任何一个国家，都不可能同时在经济与技术上做到这一点。

与防御的困难相对立，高技术下的军事进攻更易达到效果。高技术下的现代战争是一场陆、海、空、天、电五位一体，各种力量相互支持、互为条件的战争。为此，只要在进攻时使用高技术武器装备，集中打击对方指挥控制系统、通信系统、侦察预警系统以及机场、港口、交通枢纽、交通干线、电力供应、水利设施、能源基地等重要"关节点"，使敌人"瘫痪"无还手之力，就可以达到战争目的。例如，海湾战争中，多国部队在战略空袭阶段摧毁了伊军通信指挥系统的 80%，使 40 个机场弹痕累累，95% 的雷达无法运转，48 个防空导弹基地化为一片焦土。

基于这一认识，现在越来越多的国家越发注重进攻力量建设，甚至正适时调整其军事战略。如日本的军事战略思想已从"国土防御"的"被动防御"改变为远离国土的"先发制人"的"主动进攻"。俄罗斯更是鲜明地指出"高精度武器突击是现代战争的主要内容"。

二、高技术下的国际军控困境难逃

虽然国际军控的基本目标是创造非武力解决国际争端的条件，并限制战争带来的可能后果，但在达不到完全裁军的情形下，两个敌对方或敌对阵营间的军事平衡就成为不用武力解决的必要条件。然而就消除军备竞赛和先机进攻的军事动机而言，仅有军事平衡并不足以达到战略上的稳定，也即两个敌对方或敌对阵营间的军事平衡并不是实现军备控制的充分条件。除军事平衡的局面外，稳定性还要求每一方彼此能觉察对方的兵力态势实质上是防御性的，否则就不能摆脱所谓的安全两难问题。而这个两难问题是现有军事力量间进行军备竞赛的基本驱动力。除非防御有效假设（指防御性兵力态势较进攻性态势更能发挥内在的防务优势）成立，否则不论出自军事还是经济上的动机，都不可能采取不被对方看作是进攻性的防御兵力态势。

为此，当两大对立政治集团在军事力量上是总体平衡时，其双边的军控状况几乎完全取决于双方合作的态度或是对进攻与防御的选择。例如，20 世纪 70 年代以来至冷战结束，美苏的四次双边核裁军分别是：1972 年《关于限制进攻性战略武器的某些措施的临时协定》（SALTI）；1979 年《限制进攻性战略武器条约》（SALTII）；1987 年《关于销毁中程和中短程导弹条约》（INF）；1991 年《削减和限制进攻性战略武器条约》（STARTI）。而这些协定和条约之所以得以签署的主要原因如下：①尼克松在 1968 年上台后提出新"和平"战略，美苏加强了对话，催生了 1972 年的军控协定；②卡特在任的 70 年代中后期，美国政府的对外政策出现摇摆，转而对追求美苏关系缓和倍感兴趣，促进了 1979 年条约的签署；③1987 年和 1991 年条约的签署，主要归功于戈尔巴乔夫推行的，突出特点在于放弃战略上与美国双边对抗的"外交新思维"。

冷战格局的瓦解，双边的对立态势不复存在，随之而来的是一个多边的更加复杂的世界政治体系，如何稳步推进当前多边"囚徒困境"的解决或缓和还存在着许多不可预测因素。这种状况在高技术条件下，尤其是在"防御有效假设"难以成立的情况下，无疑会使世界军备控制的进程减缓受挫，并在某种程度上导致国际军贸的进一步发展。事实上，最近几年世界军控和军贸状况，已大体上反映了这一事实。

三、世纪末的国际军控步履维艰

两极格局的瓦解使国际军控的步伐一度加快。继 STARTI 之后，美苏（俄）双方各自单方面削减了若干战术核武器，这是与该时期国际形势的根本变化分不开的。冷战后，国家间的竞争越来越强调以经济、科技为基础的综合国力的较量，各国都把发展本国经济，抢占科技制高点等作为国家的中心任务。为此，它们都希望减少军备开支，更多地分享冷战结束带来的"和平红利"。但更重要的原因在于，随着两极对抗的消失，原来两大军事集团成员国积累的庞大武装力量已成为负担。为此，这些国家都主动削减过剩军备，进行武装力量的重组，从而推动了国际军控的一度发展。随着多余武器装备的逐步裁减，加之高技术对国际军控负面影响的日益凸显，国际军控的步伐正日益放慢，甚至呈现出某种程度的停滞。

例如，从 1996 年开始，以防御"无赖国家"的导弹打击和具有更大核能力国家的战略导弹的意外发射为由，美国国会坚决支持部署国家导弹防御计划，并于 2001 年 12 月 13 日正式退出反导条约，这对国际社会在 21 世纪为实现全球范围的军控目标，维系建立在一系列国际条约和协定基础上的现有国际军控体系造成非常消极的影响，使核威胁再次凸显，并成为一个世界各国普遍担忧的严重而又紧迫的问题。不仅如此，在布什总统入主白宫之后，美国政府开始以难以置信的速度摧毁国际军备控制体制：拒绝了《生物武器公约》的核查议定书，砍掉了支持《全面禁止核试验条约》现场视察研究的经费，缩短了恢复核试验的准备时间，把军费提到历史性的高度，在其《核态势评估报告》中表达了核实战的兴趣，等等。此外，1998 年 5 月，印度率先进行了核试验，巴基斯坦紧追不舍。这标志着两国放弃了长期奉行的"核模糊"政策，走上了公开发展核武器道路。印、巴核试验不仅使南亚地区面临着核军备竞赛的危险，对地区乃至全球的安全与稳定造成严重威胁，而且对国际核不扩散体制形成了巨大冲击，给国际军控的进程带来诸多复杂问题，同时又使得国际军贸的发展进一步活跃。

四、高技术下的国际军贸不断升温

20 世纪末，随着国际多边关系不确定性的进一步显现，国际军贸再次升温。尤其是在海湾战争中美国的大量高新武器所显示的巨大作用，给许多国家带来极大的刺激，它们在此后纷纷增加采购费，竞相增加军费和购买先进的高技术武器，提高军备质量。据统计，1991～2000 年的 10 年间世界军贸总额为 2413.96 亿美元，尽管这一数字仍然比前 10 年间 3363.14 亿美元的交易总额下降了近 30%，国际军贸的持续走强却不容忽视。

军事高技术带来的不仅是军贸数量的增加，国际军贸的交易内容也发生了很大变化。为了满足在军事高技术下各国对安全的高度需求，这时世界军贸市场的一个突出特点就是先进武器装备和高技术交易越来越多，以陆军武器等传统常规武器为代表的"二流军品"在军贸市场上渐被冷落。据统计，20 世纪最后 10 年中，国际军贸市场上尖端武器与高技术的交易额在世界军火贸易总额中所占的比例超过了 50%。自海湾战争以来，仅美国就向中东和东亚地区出售了价值 500 多亿美元的可"用于发动突然袭击和进行大规模进攻行动"的先进武器。俄罗斯先进军品出口的特征更加显著。例如，俄罗斯曾与美国进行卫星照片交易，而俄罗斯目前正努力向国际市场推销的"山毛榉"-M1 新型通用型防空导弹系统是世界上其他国家尚无相同类型的中程导弹系统。

此外，军事高技术下的军贸交易方式日趋灵活多样，如低价倾销租赁、易货贸易、联合生产、改进旧设备、设立培训中心、转让武器生产技术以及其他长期合作方式等，而补偿贸易、提供政府信贷担保、合作生产和技术转让等更是被许多国家广泛采用。例如，美国政府积极支持并参与军品的对外销售，90 年代以来每个财年都要拨款几十亿美元用于提供信贷担保。事实上，在冷战后的 10 年中，补偿贸易占到了世界军火贸易总额的60%左右。

如果各军品出口国提高出口武器的档次并采用灵活形式主要是因为在冷战后国内国防工业严重过剩，国际军贸市场竞争激烈而导致的，那么，作为武器出口的对立面，各军品进口国在冷战已经结束的当前，依然肯花大量经费购买性能先进的武器装备，无疑从事实上证明了军事高技术给军贸带来的新的刺激。

五、高技术下国际军控的道路选择

军贸发展的状况在某种程度上是由于军控的发展状况决定的，军控的快速发展势必会导致军贸发展的萎缩。国际军控发展的道路选择，对遏制国际军贸具有十分重要的作用。

高技术下的国际军控有赖于先进的核查技术和手段。先进的技术提供了把军备控制从一种基本的政治概念转化为具有军事、情报、外交和政治意义的复杂过程的途径，对于实现军备控制的清晰化和定量化等具有重要的指导意义。但是，技术在为军备核查提供越来越先进的手段的同时，又使得武器装备更加小型化、智能化，更具有机动性或更便于运输，从而使得军备核查更为复杂。在这种情形下，武器装备的日渐复杂、武器核查的难度加大以及高技术下各国对进攻力量的异常偏爱，势必会加大各国在军备发展、国际军控谈判中的信息不对称程度，从而不可避免地陷入较以往任何时期都更为严重的双边甚至多边的"囚徒困境"之中，给国际军备控制带来更多的不确定性。这些无疑在某种程度上凸显了信任机制的重要性。

一般认为，建立信任机制，其本质就是为了增进当事国之间的相互信任，减少和消除由于误解、通信中断或技术故障等导致的有关各方猜疑、恐惧、紧张和敌视的动因，减少或避免因情况不明而引起的偶发性对抗行动而采取的行动框架和方法体系。虽自冷战以来国际上签署了不少双边和多边的信任协定和文件，但由于信任机制的本身定位仍处于"避免偶发性对抗"的较低层次，导致与军事高技术对信任机制的高层次需求严重不符，致使国际军控屡屡受挫。信任机制难以扩大建立，主要因为：第一，世界上仍有许多国家特别是大国仍然顽固坚持冷战思维，造成各国间的不信任。第二，科技的发展加剧了国际政治和经济发展不平衡，南北差距进一步拉大，在此种情况下，发达国家不但不采取建设性的措施去帮助发展中国家发展经济，还往往以缓和军援为手段企图实现对发展中国家的控制，从而造成各国间的关系紧张。第三，冷战结束后，国际战略格局还处于变动时期，不稳定因素增多，加剧了世界上大多数国家的不安全感。第四，缺乏多边和非对称军控对话和协调机制。

为此，以下方面的努力将有利于国际间信任机制的扩大建立并促进国际军控的"回暖"：第一，发达国家采取积极的建设性措施切实帮助发展中国家谋求发展，为国际间信任机制的建立打下良好的基础。第二，西方大国要切实放弃冷战思维，从维护全球和平的角度出发，控制自身的军备发展和扩散，担负起国际军控的领导责任。第三，针对目前的非对称和多极化的安全格局，积极在军控理论上进行探索，尝试建立并完善一套适合当前国际局势的、实际的、多层次的多边对话和协调机制，加强信息交流和反馈。

参考文献

[1] 刘鹏．高科技下的国防产品 [N]．经济学消息报，2002 - 06 - 14 (1)．

[2] 梁必骎，赵鲁杰．高技术战争哲理 [M]．北京：解放军出版社，1995.

[3] 军事科学院外军军事研究部编译．国际军事与防务百科全书 [M]．北京：解放军出版社，1998.

[4] 熊明峰．冷战后国际军火贸易大盘点 [N]．中国国防报，2001 - 03 - 30 (4)．

中国军品外贸的历史演进及其启示 *

李湘黔

中国军品外贸的发展起步较晚，近年来，随着改革开放和经济建设的发展，军品外贸工作获得了较大的发展。回顾中华人民共和国成立以来军品外贸简短而不寻常的发展道路，认真总结中国军品外贸工作的经验，认识中国军品外贸发展不同历史时期的特点，对于把握军品外贸的规律和发展趋势，加强中国军工领域的国际分工与合作，具有非常重要的意义。

一、中华人民共和国成立到改革开放前夕：长期奉行"不当军火商"政策，中国军品贸易远离国际军品市场

军品外贸是具有军事用途的商品的进口和出口，是军事工业参与国际分工协作和国际竞争的重要手段，它对于调节国防经济现实规模有直接作用。然而，长期以来，特别是改革开放前，由于忽视军品外贸对国家经济利益的贡献，用理想主义的观点来看待国际社会，结果不仅在经济上造成诸多损失，而且对国家安全也造成了许多不利影响。

从 1949 年到 1979 年改革开放前的 30 年中，在国家军事战略方针的指导下，中国逐步建立起比较完善的军事工业体系。从 20 世纪 50 年代开始，军工企业就按照苏联模式建立了高度集中的计划管理体制，军品生产计划以保证军队和国防需要为重点，军用产品由主管部门统一调拨分配，产品的价格及利润均由工厂申报，经主管部门核定，工厂本身不得自行其是。这样，军工企业生产什么、生产

---

　* 本文原载于《军事历史》2004 年第 2 期。

多少，均由主管部门统一计划，企业具体实施。尽管这种体制在当时保证了国家武器装备的需求得到可靠的满足，提高了军事工业在遭遇外敌入侵条件下的独立生产能力。但是，这种体制将军工企业建设成为相对独立的小而全的生产单位，与其他军工企业、地方企业之间缺乏联系，产品单一，军民分割，内外隔离，在产、供、销方面带有浓厚的供给制色彩。

与这种高度集中的军事工业体系相适应，军品流通按照指令性计划进行。从国内看，生产任务由国家指令性计划下达，所需生产资料由国家计划调入，产品由国家计划调出，企业是单纯的生产单位，基本不涉及军品的流通和交换，军品不是商品，完全排斥商品生产和商品交换。从对外看，中国坚持"不当军火商"政策，军工企业除完成一定的援外任务外，主要服务于国内的需要，而不涉足国际军品市场，根本谈不上军品外贸问题。

"不当军火商"，不能把军品作为商品对外售卖，并不是说中国从没有输入或输出过武器。事实上，根据当时国家政治、外交、军事等形势和国家战略的需要，中国既从别国输入过武器，也向世界许多国家输出过武器。从军品的输入看，由于中华人民共和国成立以后在战略上采取"一边倒"的政策，中国主要从苏联和东欧国家进口武器。从军品的输出看，在相当长的时期里，中国把武器装备无偿援助给各受援国。第一，为支援邻国的正义战争，中国在朝鲜战争、越南战争以及柬埔寨战争中向其一方的武器输出。这种输出主要是出于政治和战略上的考虑，目的是为了消除或减小帝国主义和地区霸权主义对中国周边的威胁。因此，常以军事援助或赠送形式输出。第二，支持世界革命，主要是在"文化大革命"期间，更多地是以强烈的意识形态冲动来推动武器的输出。武器输出的对象是亚、非一些国家或革命组织，输出的目的是支援"世界革命"，输出的形式主要是无偿援助。正是在这种"不当军火商"的观念和政策的支配下，中国的武器装备可以无偿地援助各受援国，但不能作为商品对外售卖。这对军品的生产和流通以及效益的提高都造成了严重的影响。

在这一时期，中国军品出口既有成功的经验，也有许多教训。军工企业集中了优秀的科技人才、精良的设备和先进的科学技术，生产出了大量先进的武器装备，培训了许多高素质的军事人员，对满足国家军事需求、提高中国的国际地位做出了重要贡献。但是，随着国际形势的缓和和中国军事战略方针的调整，以及中国以市场为取向的经济体制改革的逐步推进，这种军品的流通体系陷入双重矛盾之中。一方面，由于军事需求相对减少，庞大的军工能力与相对较小的军品需求之间的矛盾日趋突出；另一方面，指令性计划的运行机制与市场取向的改革之间的矛盾日趋突出。

二、20 世纪 70 年代末到 80 年代初：
有步骤地开展对外军品贸易，
引进国外先进技术

20 世纪 70 年代末 80 年代初，国防科技工业面临一个尖锐的矛盾：一方面，国家和军队现代化需要大量的资金和资源；另一方面，刚刚建立起来的国防工业却存在生产能力和资源大量闲置，因此，有必要将这些闲置的生产能力运转起来，为国家创造财富，将其加入到国家和军队现代化建设的大循环中去。

军工工厂也是企业，必须打破自成体系、自我封闭的状态，面向军品和民品两个领域，走向国内和国际两个市场。1975 年，邓小平提出要"引进新技术、新设备，扩大进出口"的思想。他说，"外国都很重视引进国外的新技术、新设备"，我们"要争取多出口一点东西，换点高、精、尖的技术和设备回来，加速工业技术改造，提高劳动生产率"①。这就为开展军品对外贸易提供了重要理论依据。中共十一届三中全会以后，邓小平向全世界宣布，中国的对外开放政策"不是短期的政策，是个长期的政策"②。他在实事求是地考察和分析以往军援经验教训的基础上，提出按照和平共处五项原则，开展正常的军品出口贸易。1979 年 1 月，邓小平在听取三机部汇报、谈及同国外合股经营生产军用飞机时说：民用飞机要搞合股经营，军用飞机搞合股经营也可以。我们搞出来以后，还可以向第三世界卖嘛！正是在邓小平这一重要思想指导下，中国军品外贸得到了前所未有的发展。

1. 扩大进出口，积极参与国际市场竞争

适度发展军品对外贸易，加强国际军事和技术合作、交流及竞争，通过国际市场促进国内军品生产的发展是非常重要的。这不仅在中国军工史上具有开创性的意义，而且是中国对外开放工作的重大突破。事实证明，中国这样的发展中国家，国防科技工业在优先保证国防需要的前提下，发展军品对外贸易，有利于扩大进出口，积极参与国际市场竞争，促进中国军品生产和流通，逐步实现与国际市场衔接；有利于开辟国外资金来源，积累发展资金，以出养进；有利于促进新产品性能、质量的改进与提高；有利于将国内外市场需求统筹规划，合理调整科

---

① 邓小平. 邓小平文选 [M]. 北京：人民出版社，1994.

② 邓小平. 邓小平文选 [M]. 北京：人民出版社，1993.

研生产能力和布局，实现资源的优化配置和综合利用；有利于打破某些大国在国际上的垄断，提高中国的国际地位和威望。不过，当时发展外向型产品，扩大军品及民品出口还是初步的，军品进出口贸易严格置于国家的统一领导之下，认真执行国家的对外政策，遵守国家对外贸易行政管理制度，按照国家规定的原则、程序和批准的经营范围进行，绝不允许各个部门和单位各行其是。不经国家和中央军委批准，任何单位和个人都不得与外商洽谈军品贸易业务。

2. 引进技术，努力提高自行研制的能力和水平

1977 年 12 月，邓小平在同三机部、五机部、六机部机部负责同志的谈话中指出：我们要有自知之明，我们的技术水平不够，应该先引进，以引进外国的新技术作为起点。他还针对军工企业的实际情况，强调指出：国防进口也有个引进问题，有没有条件吸收外国的先进技术？军事部门也要吸收外国的技术，自己不行嘛。中国军工企业的经济效益之所以不高，除了一些其他因素外，根本的原因是技术水平不够。这就需要通过引进外国的先进技术，提高中国的科研设备和生产技术水平。关于引进什么，1978 年 6 月，邓小平在听取三机部、空军关于航空工业情况汇报时明确指出：引进有两个方面，一方面是科研设备，这是全国公用性的……另一方面是飞机、武器，这是各行各业的。当然航空工业有特殊性。引进科研手段，不仅航空工业，全国也必须加速引进一大批。本来水平不行，也来不及做，而且质量又不好，引进是重要的手段。国防工业引进什么，引进多少，占多大比重，要分轻重缓急。有的买产品，有的引进技术，要平衡一下。这里强调主要是引进尖端技术。1979 年 5 月，邓小平在听取接待美国宇航局代表团情况汇报时指出：尽可能多搞点技术，即使多花点钱也可以干。必须学会先进的技术，加上我们自己的创造，做到我们自己可以搞。

军工企业加强技术引进，是促进技术进步的重要手段，从某种意义上说，也是一条捷径。这一时期，军工部门根据发展需要和实际可能，通过多种渠道，采用多种形式，大胆引进国外的先进技术和设备，提高了技术起点和自行研制的能力，攻克了一些技术难关，在某些技术项目的研制水平上已走在世界前列。同时，国防工业企业在引进先进技术装备的同时，虚心学习外国的先进管理方法和经验，提高了自身的管理能力和水平，增强了国防经济建设的效益。

3. 充分利用外资，开展对外合作

利用国外资源，开展对外合作，是中国国防经济实行对外开放政策的一项重要内容。众所周知，国际合作研制生产大型武器装备在西方国家之间正在进一步扩大，合作方式也多种多样，其主要方式是直接吸收外国资金进行合作。国外专

家认为，这种合作是军事装备的研制生产向国际化转变的一个潮流。当时，中国国防工业虽有一定的基础和规模，但需要进行较大的技术改造。这种改造完全靠自己的资金是不够的，必须善于吸收外国资金。中国国防科研生产在吸收外资进行国际合作方面已经开始尝试，潜力很大，前景广阔。关键在于要选准项目，不断开拓新的合作领域。

三、20 世纪 80 年代末到 90 年代初：根据国际军品市场需求的新变化，进一步改善军品结构，提高军工技术水平

20 世纪 80 年代中期，当中国军品外贸开始走向正常化道路之后，困扰中国军品外贸的又一难题呈现出来：中国的武器与国际市场的需求不对路，产品结构不合理。改善军品结构，不断提高军工技术水平，就成为这一时期军品外贸的重要任务之一。短时期内完全赶上发达国家的水平是不现实的，但完全可以利用现有的技术和环境，调整产品结构，适应国际军品市场的需要。对此，军品外贸工作采取了以下措施：

1. 提高现有出口武器的档次

过去中国出口的武器旧型号居多，而国外许多国家出口的则是最新产品。相比之下在市场上形成的技术反差十分明显，应提高出口武器的档次，对一些国家也应出口部分新型武器。

2. 加强国内新产品开发

中国国防科技的某些成果与国外的差距并不大，可许多新成果现在却没有得到应用。其原因与国家财力不足和形不成生产批量有关。因此有必要在研制新型武器时，兼顾国内需求和出口型的研究与开发，把自己的技术状况与过去在军贸工作中掌握的市场需求特点结合起来，有重点地开发出几个支柱出口产品，以站稳市场，扩大影响。

3. 积极引进技术与加强国际合作

技术引进与国际合作，是提高中国武器装备水平，缩短与国外差距的重要途径。在过去，中国从国外引进了不少技术、部件、装备和生产线等，这对提高中

国的技术水平和促进军品外贸起了重要作用。但要看到,西方国家对高新军事技术这一软件的控制,往往比对硬件的控制还要严格,特别是在国际环境变幻莫测的情况下,它们对中国的限制很多。因此有必要重视与一些有技术优势的非西方发达国家发展技术交流关系,引进它们的某些新技术来发展自己的装备。同时,加强与一些有技术优势或资金优势的国家合作研制与生产一些先进的武器装备,促进技术水平提高。

面向国际市场,开展和扩大军品对外贸易,使这一时期的军品外贸呈现出新的局面:一是给企业带来了生机和活力,使军工企业逐步增加自我积累和自我发展的能力。二是动态地储备了军工生产能力,这种储备方式与闲置封存的储备方式相比,既不花钱,还可以在保存中提高。三是能促进军工企业不断改进工艺、更新产品,提高生产技术水平。四是能为国家换回外汇,支援国家经济建设,促进国防工业不断发展。五是可以提高军工企业的经济效益。在国内军品订货量锐减、市场萧条的情况下,通过开拓国际市场,能有效地促进军工企业科研和生产的发展,使军工企业尽快走出难以维持的困境。六是能有力地配合外交斗争。军品对外贸易与国家安全有密切关系,往往能引起国与国之间军事力量的某些变化,进而引起国与国之间关系的变化。这一时期,通过军品包括军工技术的出口,大大提高了中国的国际声望,扩大了中国在发展中国家的影响,有力地配合了外交工作。

四、20世纪90年代末到21世纪初: 适应经济全球化的新形势,加强对 军品外贸的引导和管理

进入21世纪,在经济全球化和中国加入WTO以后的新形势下,中国军品外贸又面临着新的挑战。虽然军品外贸更多地受政治因素左右,但加入WTO对军品外贸的影响不能低估。因此,适应经济全球化的需要,加强对军品外贸的管理,加快军品外贸管理体制的改革,提高军品贸易的政治、经济、军事和社会效益,形成和建立一套有中国特色的军品贸易的管理方法,促进中国军贸工作的顺利发展,保证军品外贸的规范、有序进行,就成为新的历史时期中国军品外贸的重要课题。

1. 进一步明确中国军品外贸的指导原则

军品贸易除了经济属性外,还具有强烈的政治性和军事性,军品的输出与购

进都直接影响到国家的安全利益和政治利益。中国军品外贸必须充分发挥军品贸易所具有的军事、政治、经济功能，积极、有效地参与国际军品贸易活动，为此，确立了"服从政治、确保安全、积极创汇、服务国防、协调一致、共同对外"的指导原则。

服从政治，就是要以国家总的战略和方针为依据，以中国的对外政策为出发点，军品贸易不应超出这个范围去活动。确保安全，是一个军事目标，即应运用军品贸易来增强自己的安全利益。武器不能出售给敌人，这是一个准则。要避免出售的武器反过来成为威胁自己的手段的情况发生。积极创汇，就是在服从国家战略和外交政策的前提下，军品外贸应以经济利益为中心。尽管追求经济利益是受政治、军事等因素制约的，但若离开了经济利益，也就无所谓贸易了。服务国防，就是进行军品外贸要以国防建设为目的，这一方面包括怎样使中国的军事工业能有效地得到保存和发展，另一方面也包括外贸收入应主要用于国防。协调一致、共同对外，就是要保证国家在军品销售上对外的一致性和权威性，防止各自为政，消除内耗，以确保政治、军事和经济目标的实现。

2. 品外贸的制度建设

中国军品外贸的一个重要难题，就是体制问题。多头对外、互抢生意等现象时有发生。收益分配不合理，创汇资金集中使用不够等问题也存在。这些都妨碍了中国军品外贸的进一步发展和经济效益的提高。因此，建立一套完整的管理体制，确保军品贸易健康、有序、高效地发展，就成为中国军品外贸的重要任务。为此，修改和完善了《中华人民共和国军品出口管理条例》，进一步加强对军品出口的统一管理，完善军品出口管理制度。一是成立国家军品贸易管理委员会，主管全国的军品出口工作，对全国的军品出口实施监督管理。二是成立各军品外贸公司，具体负责军品的出口、运输及相关业务，明确各公司的经营范围与职责，逐步做到一种武器一家对外。三是成立军品外贸的辅助机构，为军品外贸提供有效的服务。同时，建立完善售后服务体系，扩大军品出口规模，提高军工企业的竞争力。四是实行出口许可证制度，加强军贸的宏观管理。实行许可证制度，既可调动国内各公司的积极性，减少审批层次，做到活而不乱，又可便于集中管理，使军品贸易与对外政策密切结合起来，从而使国家始终掌握军品贸易的正确方向。

3. 加强军品外贸的法规建设

军品外贸，需要有更为严格的审批和核查制度，以使武器交易符合国家利益。20世纪90年代后，中国军品外贸虽有较大发展，但法规建设仍显不足，缺乏有效的法规约束与规范，在一事一请示、谁抢到生意谁来做的情况下，难免出现管理混乱、效益降低、与对外政策配合不够的情况。于是，在 20 世纪末 21 世纪初，国家有步骤地制定了一系列军贸的有关法律、法规来规范军贸活动。通过立法，规定军品出口对象，指导原则，各公司权限、职责和经营范围，审批程序，可售武器的品种范围，收付款方式与期限，利益分配原则等。以此促进管理走上法制的轨道，使各部门有章可循，职责分明，从而保障军贸工作健康高效地开展。

美国军品出口政策探析*

旷毓君

美国是当今世界头号军品出口国，军品出口政策向来是美国推行其全球战略的传统工具，其意图是通过向某个国家或地区进行军品出口从而对其施加某种政治影响，或进行控制与利用，以此推行美国的外交政策和国家安全战略，达到争夺全球战略优势之目的。

一、美国军品出口政策始终突出美国利益

武器装备作为一种战争工具，有着政治、经济、军事和外交等多重内涵。世界各国均对军品出口持审慎态度，唯一的超级大国——美国，更是把军品出口看作支撑其全球战略的重要基础，甚至还是牟取暴利、树立全球霸主地位的最有力手段。为保证本国利益，确保军品出口顺利进行，防止某些先进技术流入禁运国，美国政府制定了一整套军贸法规和军品出口政策，并试图通过针对不同国家所采取的不同的军品出口政策，来影响国际安全环境、地区军事平衡、国际经济环境等。其军品出口政策是美国整体外交政策的组成部分，服务于共同的政策目标。

美国实施军品出口政策的具体做法主要有以下几种：一是充分利用联合国和其他国际安全组织，如联合国宪章的禁运规定及其《核不扩散条约》《禁止化学武器公约》《禁止生物武器公约》和巴统会，旨在避免军品或军用技术流入"受排斥国"，防止"可能的敌国"增强军事能力。二是制定有关军品出口的贸易法。如早在1954年的《共同安全法》和1961年《对外援助法》修订案中，明

---

* 本文原载于《国防科技》2004年第5期。

文规定严禁向某些特定国家出售武器。近年虽有所松动，但仍采取严格控制方针。再如1976年《军火出口控制法》第38章"国际军火贸易条件"中，规定不得向下列国家出售武器：阿尔巴尼亚、保加利亚、捷克、民主德国、匈牙利、朝鲜、蒙古、波兰、罗马尼亚、苏联和越南等。1992年又制定了《防止向伊朗和伊拉克扩散武器法》。三是通过签订双边或多边条约，不断调整军品出口政策的有关规则。如"北大西洋公约""菲美共同防御条约""美澳新条约""韩美共同防御条约""美日共同合作和安全条约""里约热内卢条约"等，都写了有利于美国军品出口的条款。四是以国会决议的方式单方面强行"霸权式"军品出口政策。最典型的例子是中美建交后，美国曾一度停止向中国台湾出售武器，但在1979年4月，美国国会通过了《与台湾关系法》。此法以保持亚太地区军事平衡为借口，允许美国军工企业继续向中国台湾出售武器装备，直接导致了"台独"势力的野心不断膨胀，造成了当前台海形势的严峻性和复杂性，既严重干涉了我国的内政，又破坏了亚太地区的和平与稳定。五是运用政府间的防务合作协议和其他军事合作协议，向"非敌非友"国家施以小恩小惠，或为这些国家提供军事装备和经济援助，或举行联合军事演习等，以扩充美国的"势力范围"和"影响"。

根据世界各国对美国所构成的战略利害关系，美国军品出口政策把世界各国分为三大类加以区别对待。第一类是美国的盟国和友好国家。与美国持有共同的价值观念，在必要时随时可以与美国达成联盟，如北约成员国、日本、澳大利亚、新西兰、以色列、韩国等，对它们的军品出口提供优惠服务，审批手续一律从简。国会审批期限由一般的30天减为15天，美国政府还设立了"国防采办特别基金"，以缩短军品出口协定签订与交付的时间。第二类是美国的竞争对手国。这些国家通常与美国所持有的价值观念不一定相同，在很多领域存在与美国的竞争，但不构成军事冲突，如俄罗斯、中国。对这类国家的军品出口严格审查。第三类是美国所认定的敌对国家，即所谓的"恐怖主义国家"。这些国家与美国的价值观念直接构成冲突，有严重的"反美"情结，但缺乏足够的实力与美国直接对抗，如美国官方所认定的"邪恶轴心"——伊拉克、朝鲜、伊朗等，美国基本上是禁止向这类国家出口军品的。

根据全球各大洲对美国全球战略的重要性，美国军品出口政策也把各大洲分为三大类。第一类是美国全球战略的核心地区，如北约、西欧地区，这些地区的国家大多是美国的传统盟友，所以美国认为欧洲、北大西洋地区的安全对于美国的安全至关重要。第二类是美国全球战略的关键地区，如西南亚地区、东亚地区、拉美地区等，这些地区有的是全球石油的控制命脉，有的是重要的海上交通隘口，有的是重要的军事战略要点，有着与美国政治、经济、军事和安全方面的广泛而巨大的利益，因而受到美国的特别关注。第三类是除以上两类地区外的其他地区。

二、美国军品出口政策的发展特点

美国军品出口政策是随着不同时期的国际战略环境特点不断发展变化的。

冷战时期，与美国争霸的对手非常明确，虽然其不同时期军品出口政策的内容有所不同，但其遏制苏联及其盟国的立足点和目标始终未变。"二战"后，杜鲁门政府开始实施遏制以苏联为首的"华沙条约"国的"集体安全"战略，形成巴统与北约分别在经济和军事上遏制政策的合力，以"无偿军事援助"作为推行美国霸权主义政策的战略工具，不遗余力地援助西欧和日本，巩固美国在资本主义世界的霸主地位，同时向亚、非、拉地区扩张。70 年代，美国军品出口转为以出售为主，军品销往 100 多个国家和地区。但主要出口流向是与其有军事联盟的国家和地区，向第三世界国家的军品出口中 70% 输往中东地区，其中以色列和沙特阿拉伯是最大的主顾，远东地区主要销售对象是韩国、印度尼西亚和中国台湾地区。

冷战结束后，美国独霸世界的野心急剧膨胀起来，把战略重点放在遏制地区性挑战和多极格局的形成上，企图凭借其强大的经济、军事、科技实力和独一无二的强国地位，阻止任何可与之抗衡的国家和国家集团的出现，以建立美国独霸天下的国际格局。小布什上台后，在战略立足点上并没有什么改变。"9·11"事件后，布什政府认准了把霸权战略向前大大推进一步的难得机会，以"反恐"为名、以"是否支持反恐"划线，加强对盟国的制约和控制，对所谓的潜在对手加强防范和遏制。采取的是顺我者为友、逆我者为敌的分化手段，所采取的军品出口国别政策又呈现出新的特点：

1. 突出西欧作用

布什政府继续推行联盟战略，企图建立以美国为核心，以北约为基础的联盟体系，借用盟国的力量对付地区性冲突和局部战争，以抗衡"与美为敌"的地区强国。美国政府最近发表一份报告称，美国将加快审查北约盟国向其提出的购买美国军事核心技术和先进武器系统的出口许可，并列出一大批可能获得许可的武器装备和相关技术的出口订单，以此帮助北约盟国加快军事力量建设。同时美国极力推进北约东扩，此举一是想扩充美国的势力范围，把中东欧国家纳入西方社会的轨道。二是对俄罗斯形成战略压制，避免俄再次对美构成全球性挑战。因此，美国要求北约新成员国波兰、捷克、匈牙利等东欧国家必须停止购买俄制武器，并按北约标准对现有苏制武器装备进行改造，乘机占领本不属于美国的武器市场。三是压制西欧盟国，以主导西欧安全事务。

2. 强调亚洲战略

冷战后，美国明确把亚洲作为美国地缘政治中的特别关注地区。一方面，扩大美日军事合作范围，实施所谓"牵制"战略。1997 年，新的美日《防卫合作指针》出台后，美国又推动日本国会于 2000 年通过了系列相关法案，并与日本联合开发战区导弹防御系统（TMD）。目的是建立一个由美国人指挥、以美日同盟为核心、多个盟友参与的多边战略体系，还企图将中国的台湾省纳入美日军事同盟及战区导弹防御系统的范围。另一方面，在东南亚，加快恢复和加强美韩、美澳、美泰、美新的军事合作，企图利用新旧条约网把东盟纳入其势力范围。例如美菲签订的《访问部队协定》，其目的就是试图"重返菲律宾"。另外，美国还加紧对中亚地区进行渗透，并与一系列国家签订了军事合作协定，为这些国家提供军事装备和经济援助，举行联合军事演习。特别是美国在阿富汗发动"反恐"战争以来，其在中亚地区的军事影响越来越大；在南亚，"9·11"事件后，印美的军事合作也取得不少实质性突破，已是事实上的"战略伙伴关系"。2002 年 4 月 17 日，美国向印度出售 8 部 AN/TPQ - 37 火炮定位雷达，总价值 1.46 亿美元。同时美国与蒙古的军事合作关系也在迅速发展，两国于 1995 年签订了《蒙美防务合作协议》。更为突出的是美国把中国台湾当成了自己的一艘"不沉的航空母舰"，不顾国际规则和自己在"中美三个联合公约"中的承诺，大肆向中国台湾出售武器。据斯德哥尔摩国际和平研究所在 1994～1998 年、1995～1999 年和 1996～2000 年连续 3 次的统计中，中国台湾均居美国武器输入地区的榜首，成为美国武器的最大输入地。

3. 建立伙伴关系

美国在建立全球战略伙伴关系中所采取的方法是：第一，大量收购国外军工企业。美国一些大的军工公司在全球大量收购其他国家的军工企业，使其完全变成自己的下属单位，既可以获得有益的业务，又可以开辟国际市场获得新技术。第二，联营生产。例如前不久德国和美国的公司商定合作制造美售台潜艇，使德国的重要而敏感的军事技术转移至美国，成为自己赚钱的资本。第三，政府间联合研制。例如联合攻击战斗机（JSF）研制及美国 TMD 联合开发，美国先进武器技术包括导弹技术将扩散到盟国及友好国家。第四，许可证生产。建立在技术信息转让的基础上，一个国家在另一个国家的许可下生产后者设计的某种武器系统或设备。如美国 M1 主战坦克新式的 120 毫米火炮是在联邦德国莱茵金属有限公司的许可下在美国生产的。

三、美国军品出口政策的动因

美国制定军品出口政策的动因主要来自国内政治、利益集团、军事安全三个方面。

1. 国内政治动因

美国政府的三权分立制、国会选举的动力及筹款活动、行政机构内的决策结构以及选举结果等，这些综合起来的因素影响了美国军品出口政策的制定。冷战后，美国对外政策受国会的影响越来越大，比如在台湾问题上，国会中主张对中国采取更加强硬政策的议员和一些鹰派人士对中国十分敌视，大谈台湾海峡地区是高危的不稳定地区，鼓吹美国政府应该把"爱国者" – 3 型导弹和"宙斯盾"驱逐舰卖给中国台湾。

2. 利益集团动因

美国的各种利益集团利用提供竞选经费和拉选票，通过对基层选民进行基层游说和对国会议员与政府官员直接游说来影响美国军品出口政策的制定。一是经济贸易利益集团。在美国，约有 1/3 的企业与军工生产有着千丝万缕的联系。据称，仅美国要向中国台湾出售"宙斯盾"驱逐舰一项，就涉及全美 49 个州 1938 个承包商的利益。二是军工企业集团利益。作为美国经济龙头的军工企业集团，出于维护自身利益的需要，也影响着军品出口政策的制定。在一些军工企业集团的极力鼓动下，国会参、众两院前不久"悄无声息"地通过了再次打开向印、巴两国出售军火通道的决议。又如美商急于推动"售台潜艇案"，向德国造船厂施压，中国台湾未来获得"美制德国潜艇"的机会较高。三是种族利益集团。如在美国国内，以色列人存在一个强大的利益集团左右着美国的中东政策。又如中国台湾问题，一方面美国国会一些反华亲台势力抱着冷战思维不放，另一方面，中国台湾当局用金钱收买美国议员，对冷战后中美关系产生了许多消极作用。

3. 军事安全动因

军品出口政策的实施是巩固联盟战略的重要策略。盟国或友好国家之间由于有利益交叉而更容易达成某种共同遵守的协议，形成稳定的相互制约机制。比如限制向第三方出口先进武器系统协议。另外盟国之间可以装备具有广泛的互换性和标准化的武器系统，为联合军事行动创造武器装备协同的基础。

四、美国军品出口政策对国际局势的影响

军品出口带来了武器和军事技术发展的繁荣，也引起了广泛的担忧。苏联解体后，美国自认为掌控着"国际事务的领导权"，为了自己政治、经济、军事利益和控制世界战略的需要，在军品出口上常打着维护地区和平稳定的旗号，采用军事、外交、经济等手段多管齐下，劝压别国买美国武器，同时不择手段阻止别国出售武器，使国际局势极不稳定，并埋下了引发战争的祸根。

1. 国际军控机制作用弱化

"9·11"事件一年多来，美国为了追求绝对军事优势和国土绝对安全，单边主义色彩越来越浓。其单方面提出退出反导条约，导致与反导条约挂钩的 32 个裁军和核不扩散的国际条约形同虚设，个别国家拒绝批准《全面禁止核试验条约》，严重削弱了国际社会对军备控制条约的信任和信心；美国强力推行联合发展和部署 TMD，造成先进武器技术包括导弹技术的扩散。美国这种根据自己的利益而主导军控体制，随意改变国际游戏规则的做法，给国际军控带来严重的后果，也使建立新的机制变得更加困难。

2. 全球安全环境遭到破坏

美国通过军品出口政策的实施，玩弄平衡政策，肆意改变冲突双方的军事力量对比，坐收渔翁之利，为本国带来高额军贸利润，给某些地区却留下了严重的战争隐患。美国向韩国出售大量武器装备，必然对朝鲜半岛局势的稳定和缓和不利；在中东地区，美国用大量极先进武器装备以色列（阿帕奇和眼镜蛇武装直升机、"陶式"反坦克导弹和 F-6 战斗机等）的主要原因也是借军事上强大的以色列牵制海湾地区大国的势力；2001 年 4 月 24 日，美国政府不顾中国政府和人民的强烈反对，宣布将向中国台湾出售包括 4 艘"基德"级驱逐舰、8 艘柴油动力潜艇和 12 架 P-3C"猎户座"反潜巡逻机在内的价值 60 亿美元的先进武器装备，并不断提升售台武器的规模和质量，严重破坏了台海地区的稳定局势。

3. 核扩散问题日趋突出

布什政府在追求绝对军事优势下，加紧研制第四代核武器、小型核武器、微小型核武器，目的是准备在实战中运用核武器，并提高核武器的威慑力。这必然会对其他国家起到"示范"作用，引起新的核军备竞赛。据报道，目前，俄、法等国也都在秘密研制第四代核武器；印、巴核军备竞赛也为其他有核能力而无核武器的国家开了恶劣的先例。近段时间以来，国际核技术扩散、核材料走私以及核技术人员的流失也非常严重。

4. 挑起新的军备竞赛

"9·11"以来，美国实施"先发制人"的"反恐"战略，连续不断地挑起局部或地区性战争，使国际安全形势更加动荡不安，各国都在加快军备发展的步伐，尤其在加大先进武器装备研制的投入，发展远程精确打击，信息战、电子战等高技术武器装备方面，更是愈演愈烈。在 2003 财年，美国军费开支达到了 3554 亿美元，比上一财年增加 340 亿美元，是美国 20 年来军费开支增幅最大的一年。

5. 扰乱全球军贸环境

美国在海湾战争、科索沃战争和阿富汗战争中的胜利使人们迷信美国武器，认为美国武器是最先进的。"发展自己，削弱敌手"是美国军品出口政策的最终目的，也是其施行全球霸权的阶段性目标。美国一方面反对武器扩散，对其他国家及地区军品出口严防死守，迫使其他国家及地区终止某些不合美国心意的军售合同；另一方面，又竭力向外推销各类美制武器装备特别是高新技术武器装备。如美国向韩国和澳大利亚施加压力，迫使韩国放弃购买俄制"C-300"地空导弹的计划，改买美国的"爱国者"导弹，日本的军火市场则几乎被美国所垄断等，玩的都是"只许州官放火，不许百姓点灯"的伎俩。

6. 破坏世界多极化格局

冷战后，美国极力维持世界唯一超级大国的地位，竭力遏制能挑战美国霸主地位的任何全球性竞争对手。其当前的想法是以美国为本体，两翼伸展，东翼是东扩中的北约，西翼是新的美日同盟体制，并继续扩大联盟职能范围，以创造对美国有利的 21 世纪国际安全环境。为达此目的，一方面，美国通过北约联盟条约和新的美日条约遏制俄罗斯和中国；另一方面，把西欧和日本与美国绑在同一辆战车上，对欧洲和东亚实行控制，拖延日本和欧洲摆脱军事和政治上依赖美国的进程。

　　事实上，当今世界军品出口政策，几乎就是美国军品出口政策，其军品出口政策与谋霸相辅相成。在未来事务中可以看出，美国会日益注重主导全球，建立既左右国际发展趋势，又追求美国国家利益最大化的全球战略。美国在其全球战略的驱使下，在今后相当长的时间里，将继续运用军品出口政策来维护美国的国家利益和实现美国的全球战略。但物极必反，事物发展往往受许多因素的驱动和制约，爱好和平是人类的共同愿望，单边主义和单极政策所导致的世界不安全祸根，必将为更多的人所认识，霸权图谋必将遭到谴责和失败。

竞争结构、竞争行为与武器装备采办竞争的实现*

刘 鹏 吴 鸣

一、竞争结构与竞争行为的提出

现有产业组织理论的大多数成果都侧重于研究卖方市场行为，并倾向于以下假设：消费者大量存在，甚至不计其数；消费者是自由的，且满足"经济人"假设等。而对买方行为的研究较为薄弱。诚然，当市场上大量存在的、符合"经济人"假设的消费者，具有自由的选择权利时，他们自发、自由、自利的动机和行动总是会选择价廉物美的商品，从而促使卖者提高技术、降低成本、改进质量，最终达到卖方之间的竞争。在一些特殊市场上，买方行为对卖方甚至整个市场行为和绩效的影响却不容忽视。比如，在买方垄断的市场上，垄断买者对自身最大化利益追求与否以及追求方式如何等，都会影响到整个市场是否能够形成卖方之间竞争的态势，以及竞争程度如何。一般认为，处于买方垄断地位的买者都会满足"经济人"约束，具有追求自身利益最大化的强烈动机。这时，垄断买方虽然会对市场形成的均衡价格和数量产生一定的影响，使其表现出不同于非买方垄断条件下的均衡价格和数量，但这时卖者之间的竞争并没有消失，事实上，也正是由于卖者之间竞争的存在，才出现了该市场一定程度的低效率，比如买方垄断要素市场的情形。

但在买方垄断的市场上，存在不止一个卖者，有时并不是实现卖者之间竞争的充分条件。比如，在产业上下游市场，下游产业可能会以唯一买者的垄断地位

---

* 本文原载于《军事经济研究》2004 年第 10 期。

操纵投入品市场，或者索性进入投入品市场，取消上游产业的供给竞争，排斥对手，达到垄断市场的目的。一个典型的例子就是，供电部门为解决系统内人员就业或增加产值，投资建造电缆厂，尽管上游已经有了电缆厂；而且，尽管新建企业的经营效益低下，仍能获得稳定的产品需求，进而造成其他电缆厂产品大量积压，等等。这时虽然在电缆供应市场上存在着竞争性市场结构（生产厂家不止一家），由于供电部门的垄断及对上游产业的操纵，竞争并没有实际发生。也就是说，在买方垄断的市场上，虽然卖方之间可能存在竞争性的市场结构，即不止一个供应商，但它们之间能否真正发生竞争却是很难预料的。目前对这类问题的研究主要集中在纵向一体化理论上；但不幸的是，纵向一体化理论所解释的只不过是问题的一个方面，而对另外一个十分特殊的买方垄断市场即武器装备采办市场却束手无策。

在武器装备采办市场上，军方作为唯一的买者对市场的行为和绩效有着十分重要的影响。事实上，军方的采办意愿、军方行为自主性、军方采办体制的科学性以及法律法规体系的完备性等都是影响武器装备采办竞争能否发生以及发展到何种程度的关键因素。显然，纵向一体化理论对此是无法解释的，这预示着需要一个更为一般的解释和分析框架。进一步看，无论是纵向一体化还是武器装备采办市场问题，都可以归结到卖方之间的竞争结构与竞争行为的框架下进行更一般的探讨。

本文中，竞争结构就是指竞争性的市场结构，即在某一类市场上存在着不唯一的卖者，而不论是无数多个卖者，还是有限多个卖者，甚至只有两个卖者，这时卖方之间就存在发生竞争的基础条件。竞争行为是指在某一类市场上实际存在的卖者之间的竞争动机、竞争决策、竞争过程的总称，它总是导致一定的竞争绩效。前者是从市场结构角度来考察的，后者则侧重于行为的角度。在非买方垄断市场上，存在于卖方的竞争结构总是会导致卖者之间竞争行为的发生。但在买方垄断或纵向一体化市场，竞争结构不再是竞争行为的充分条件，即从竞争结构发展到竞争行为，还需要其他要素和条件的支撑。

需要指出的是，从根本上说，产业经济学中的市场结构是反映市场竞争和垄断关系的概念，它的着眼点是在整个宏观层次上对市场结构的分类。比如，自张伯伦（N. W. Chamberlain）、罗宾逊夫人（Mrs. Robinson）提出垄断竞争理论，根据不同产业的市场垄断与竞争程度划分为四种不同类型的市场结构后，贝恩（J. S. Bain）、植草益等在对本国产业市场不同的生产集中度作实证分析研究的过程中，将垄断和竞争程度的市场结构进一步具体化为实用性更强的不同等级的竞争型和寡占型市场结构。但现有产业组织理论对于某一类市场结构内部关于竞争结构与竞争行为的研究远远没有深入，而且考察的情形也大多集中于卖方，对买方的情况则鲜有拓展。笔者试图沿着这一思路做进一步深入的研究。

二、武器装备采办中的竞争结构与竞争行为

在武器装备采办市场上存在区分竞争结构和竞争行为的必要，因为，军方作为武器装备的唯一买者，对采办竞争起着决定性影响。可以想见，如果军方不满足"经济人"假设，或者军方的采办需求会受到政府或立法部门实现某些社会目标的影响（这在国防科技工业充斥着国有企业，甚至被国有企业所垄断的情况下，更为显著），或者军方装备采办组织制度、体制和机制不利于竞争的开展，那么即使装备供给的市场结构是竞争性的，在装备采办中竞争行为能否真的发生仍然是个问题。

这并不是杞人忧天的想法。虽然，一般而言，军方作为装备的买主和使用者，为了实现国家的国防安全，具有降低采办费用的强烈愿望。例如肇始于20世纪80年代后期的美军采办改革，其最终目标就是将国防部改变成为世界上最精明、反应能力最强的买主，即采用最好的方法，及时、灵活地获得效用最佳的物品与劳务，以满足美国作战人员的需求，成为世界上最精明的军品买主。这意味着要降低采办费用、缩短研制周期和提高产品质量；英国国防部也在改革的基础上开始实施"精明采办"战略；我军也提出了"最佳效益的方针"；等等。但军方满足"经济人"假设的条件，并不会自动导致竞争结构下竞争行为的出现。这是因为，由于各国具体情况的不同，"精明采办"的动机能否转化为最后的行为，还要受其他条件的制约，比如政府或立法部门的影响、军方采办体系的制约以及法律法规的保障情况等。

由于各国政治制度和体制不同，本文中的"军方"有的是政府的一个部门，如美国的国防部隶属于国务院，有的却是国会或人民代表大会下的一个部门，如我国的总装备部隶属于中央军委，而中央军委对人民代表大会负责。军方与政府或立法部门关系的不同会影响军方精明采办主动性的发挥。同时，也许更为重要的是，各国国防科技工业中国有企业的情况大不相同，政府或立法部门对军方采办自主性的干涉程度也不一样，在国防科技工业领域留存有大量国有企业，而且在政企关系尚未理顺的情况下，政府或立法部门为了实现一定的社会目标，比如保证就业、避免破产等，难免会通过体制内或者体制外的途径对军方的采办活动进行干预，从而使军方的采办竞争意愿胎死腹中。

同时，军方采办体制是否科学合理、法治是否完备，是否适于采办竞争的开

展，对于竞争结构向竞争行为的转化同样重要。这是因为：一是军方作为装备的唯一买者，合理科学的采办体制不仅是保证军方行为的自主性的客观前提，也是军方竞争意愿得以实现的制度保证；二是评价、监督、激励等机制能否有效建立，也是关系到竞争开展，并避免军方内部委托—代理关系失效的必要条件。此外，装备采办涉及确定需求、设计、研制、试验、生产、部署、保障和退役等一系列内容，是一项复杂的系统工程，要保证买卖双方在装备采办的全过程行为规范、竞争有序、避免纠纷，以及对纠纷的有效处置，必须要有一套相关的法律、法规。可以想见，如果上述条件无法满足，装备采办中的竞争行为是无法破土于竞争结构的土壤的。

至此，如果把竞争结构看作是采办系统的输入，竞争行为看作是采办系统的输出，那么，从竞争结构到竞争行为必须要经过至少包含以下三要素的系统：军方行为的自主性；军方采办组织制度、体制和机制的科学性；法律法规的完备性。竞争结构和竞争行为的关系用系统分析的结构方法表示，如图1所示。

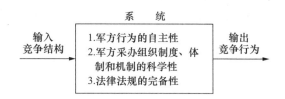

图1 装备采办中竞争结构与竞争行为的系统结构图

需要指出的是，在某些情况下，竞争结构的形成并不是"市场上不止一个卖者"的必然结果。如果由于政企不分以及经营、管理制度等方面的原因，缺乏对卖者的有效激励，致使卖者没有实现利润最大化的动力，那么在不止一个卖者的市场上，表面看起来已经形成的竞争结构也是名存实亡的。同时，如果军方利用国防安全代理人的特殊身份，以种种手段限制承包商在资源配置上的自由决策，那么卖方之间的竞争是不可能实现的。事实上，一些发达国家的装备采办都是在承包商相对自由的环境下完成的。例如美国"私有军工企业同政府只有合同关系"，虽然美国仍然有一部分国有军工企业，并接受国防部的直接管理，执行国家的指令性计划，但美国的装备采办竞争一般只发生在私营企业之间，却是不争的事实。为此，构造竞争性市场结构不仅要保证市场上存在多个卖者，而且还要保证这些卖者满足有限理性"经济人"假设，或实行现代企业制度，并对军方的特殊权利进行有效约束。

三、武器装备采办竞争的实现

上述分析表明,装备采办中竞争机制的运用除了要求建立竞争性市场结构以外,还需要塑造卖方的市场主体地位,加强军方的需求管理,建立适应竞争的采办管理组织,完善采办法律法规以及建立相关的监督、评价、激励配套机制等。

1. 建立开放的寓军于民的国防科技工业新体制,构建装备采办的竞争结构

竞争行为的发生必须以竞争结构的建立为基础:如果把全球的军工企业都看作军方采办的范围的话,装备市场的竞争结构一般总是存在的。但武器装备作为实现国家国防安全的必要的物质基础,不同于一般商品。一国为了避免受制于人,总是首先寄希望于本国的国防科技工业,这一状况在由于军事高科技迅速发展而导致的国际军控进程受挫,国际军贸蓬勃发展的现代并没有本质的改变。由于武器装备平时需求的有限性,在平时维持庞大的、封闭的国防工业基础会不可避免地造成资产重置和资源浪费;同时,武器装备平战需求的巨大波动性,又使得拥有仅能满足平时需求的封闭的国防工业基础具有较大的风险。为此,建立开放的、寓军于民的国防科技工业基础十分必要。事实上,这也是世界各国国防科技工业发展的大势所趋。

从微观层次上讲,寓军于民首先就是要实现国有军工企业的能军能民,在平时武器装备任务少时以民用生产为主,在军事需求任务重时又以军为主。其次,与国有军工企业的能军能民相伴随,寓军于民还包括民用企业对国防科技工业领域的进入。目前,虽然从总体上看,国有军工企业仍将是武器装备承制的主力军,私有企业主要在配套产品的生产上发挥作用,但在某些私有企业占优势的行业和领域,并不排除私有企业承担主要的武器装备生产任务的可能性。需要指出的是,国有军工企业的能军能民,与民用、私有企业向国防科技工业领域的进入,并不是孤立的。以资本为纽带,发生在二者之间的兼并、重组等,并形成具有现代企业制度有限责任公司或股份制公司等,不仅会有助于武器装备市场竞争结构形成,并缩短这一阶段所需的时间,而且还有助于军工企业市场主体的确立。事实上,按照"小核心、大协作"的要求,对现有军工企业进行分类改革,以塑造军工企业的市场主体地位,对于构建装备采办的竞争结构同样重要。

从宏观层次上讲,开放的寓军于民的国防科技工业基础就是将"国防科技工

业基础"与更大的"民用科技工业基础"紧密结合，建立统一的"国家科技工业基础"，利用全社会的技术和生产优势，使国防建设根植于整个国民经济和科技基础之中，以军促民、以民促军，实现国防建设和国家经济建设协调发展。"使国防经济体系变得更加富有弹性，一旦国防产生新的需求，国防经济可以从社会中获取大量的有效资源；而国防需求减弱时，资源又能从国防经济领域中释放出来。"与寓军于民的国防科技工业基础相适应，国防科技工业领导体制和管理体制等都必须进行相应的变革，这包括继续深化国防科技工业管理体制改革，进一步改革国防科技工业投资体制，以及彻底改变计划经济下形成的主要靠行政手段管理国防工业的做法，更多地依靠经济、法律手段实施管理，尽快建立健全相应的法律法规，规范国防科技工业管理部门以及武器装备科研生产单位各自的权利、义务和责任，使国防科技工业新体制在法制的轨道上运行，等等。

2. 建立符合竞争要求的武器装备采办体系，实现竞争结构向竞争行为的转化

随着市场经济的发展，我国起源于计划经济体制下的装备采办体系已经不符合装备采办竞争的要求，必须加以改变：这里的竞争性采办体系是指装备采办市场上的竞争结构到装备采办的竞争行为发生所需的所有条件。显然，它应该包括：符合采办竞争要求的组织体制，突出军方主导地位、增强军方行为自主性；完善的监督、评价、激励机制以及完备的法律法规；等等。

建立符合竞争要求的武器装备采办组织体制。一般而言，组织管理体制作为装备采办竞争的制度基础，由决策层、管理层和执行层三个层次组成。决策层的主要任务是形成正确的装备需求。这不仅是实现采办竞争的必需基础，也是现代装备发展"军事需求牵引"的基本动力要求。为此，有必要在中央军委的直接领导下，在总参谋部、总后勤部、总装备部基础上建立联合需求监督委员会、国防规划与资源委员会、国防采办委员会。在管理层，主要实现军方在装备采办中的主导权。为此，必须把武器装备采办管理的全部责、权、利都交给军方，使军方成为涵盖科研生产、使用、维修保障等"三位一体"的装备采办组织。并且，作为武器装备的唯一买主，军方对国防工业的健康发展直接负责。经验地看，军方独立行使包括全寿命周期全部活动在内的武器装备采办职能，避免多部门的相互牵扯和推诿，在事实上确立军方在采办中的主导地位，是西方发达国家的一贯做法。例如在美国，国防部负责采办和技术的副部长全面领导军队装备采办，包括制定政策和计划并监督实施，组织预研、型号研制、采购、试验鉴定、维修保障等工作；计划项目与采办经费（包括武器装备购置费和必要的科研生产基本建设费、技改费）直接下达给国防部，由国防部负责如何最好地利用这笔经费，按

时、按质、不超经费地获取武器装备。这样，国防部作为委托方就牢牢把握武器装备发展的主动权。执行层一般由军事代表局及项目管理机构组成，负责装备采办任务的具体实施。就后者而言，改进我国项目管理，使其尽快满足社会主义市场经济发展的要求和装备采办竞争的需求，关键在于项目管理制度的创新，其核心就是要实行我国的项目管理办公室制度，建立矩阵结构的项目办公室组织结构，对于重大装备项目完善以项目办公室为核心的采办管理体系。

建立保证竞争顺利开展的评价、监督、激励机制，装备采办竞争的实现必须以配套的评价、监督和激励机制为条件。第一，评价就是对行为和过程的评估和认定，是决策的基础以及有效竞争的前提和必要条件，它主要应在以下领域发挥作用：对国防工业基础的评价、定期审查评价、阶段评价、试验和鉴定等。近几年来，为了适应高技术武器装备发展的需要，我军装备采购工作各方面加大了评价工作的力度，发挥了对决策的咨询和支撑作用，但总的来看，我军装备采购决策部门对评价机制的认知程度还有距离，采购评价工作还没有完全纳入采购决策程序，仅仅依靠临时组织专家会议或依靠机关人员的经验，难以对采购项目情况深入考察和综合分析，有些采购评审工作流于形式，离决策的科学性以及装备采办竞争顺利开展的要求还有很大差距。

第二，坚持以监督为保证，重点在强化监督制度和确保合同的严格履行上求突破。这里的监督不仅是对国防承包商本身的质量、效率的监督，也包括对总承包商在分包中开展竞争情况的监督，还包括对军方代理人的监督。建立和完善监督机制，有利于防范权力滥用和违法违规，确保竞争行为、评价行为和激励行为的公正、公平和适度公开。目前，尤为重要的是要针对监督制度不完善、监督责任不落实、监督手段不健全等问题，进一步强化监督作用，提高监督效率。

第三，充分发挥市场机制的激励作用。与装备采办竞争相适应，装备采办中的激励方式也要逐步实现由行政激励方式为主向市场激励方式为主的转变，特别是要遵循市场经济的价值规律，充分发挥经济杠杆的激励作用，通过项目合同的竞争，实现对承研、承制单位的激励，并通过对承研、承制单位的激励，最终实现对做出贡献的个人的激励。同时，还要加强对军方代理人的激励，尤其要加强对重大、复杂武器装备代理人的激励，使其风险与收益相匹配，避免委托代理环节出现差错，以保证采办竞争的最终实现。简言之，有效的激励不仅要在报酬上实现对军事代表的"参与约束"，还要考虑在机制上实现对军事代表的"激励相容约束"，使军事代表的报酬所得不低于其机会成本。此外，有效监督的实现必须通过建立和完善监督机制，防范权力滥用和违法违规，确保军事代表的工作落到实处。

完善武器装备采办的法律法规体系。计划经济条件下的武器装备采购活动主要通过行政调节进行，相关法律的缺失不会对原本的装备采办造成较大影响。但在市场经济条件下，法律手段对于调节供需双方的关系、规范双方的行为起着越发重要的作用。经验地看，建立并完善武器装备采办法律法规体系，通过法律程序对国防采办的机构设置、工作内容、工作程序、技术规范和标准、军队与承包商各自的责任和义务等做出明确的规定，向来都得到了西方发达国家的普遍重视。为此，必须逐步完善相关的法律法规。首先建立国家层次的主要法律和法规，如建立我国军事法律体系的基本法——"国防安全法"，以奠定我国的国防政策基础。根植于此，建立满足军方特定要求的法律法规、条例规章、标准规范等，如"国防生产法""国防采办法""国防合同法""国防审计法""军品价格法""签订合同竞争法"等。

参考文献

［1］陈小洪，金忠义．企业市场关系分析——产业组织理论及其应用［M］．北京：科学技术文献出版社，1990．

［2］［美］H．范里安．微观经济学：现代观点［M］．上海：上海三联书店，1992．

［3］刘志彪，王国生．论用户垄断［J］．经济研究，2000（10）．

［4］苏东水．产业经济学［M］．北京：高等教育出版社，2000．

［5］张连超．美军高技术项目管理［M］．北京：国防工业出版社，1997．

［6］赵景曾．美、法等西方国家武器装备采办的管理［E］．北京中国国防科技信息中心，1993．

［7］刘鹏，吴鸣．军事高技术下的国际军控与军贸［J］．中国科技论坛，2003（2）．

［8］刘鹏．国防经济运行波动效率的实证分析［C］．国防科大第二届研究生学术活动节论文集，2002．

［9］周建设．中国国防经济面临的新变化［J］．中国国防经济，2002（1）．

［10］郑杰光等．世界军事大国武器装备采办管理［E］．中国国防科技信息中心，1999．

［11］徐赛璐．我国武器装备项目管理研究［M］．北京：国防大学出版社，2002．

国际军贸市场超许可证贸易的可行性及其策略 *

侯　冰　张伟超

在新旧世纪交替的过程中，世界格局发生了一系列新变化。世界军费开支和国际军贸发展出现了一些新特点。国际军贸市场出现的一些新情况，使得军品贸易开始超越传统的许可证贸易，从而出现了一种新的军品贸易方式——超许可证贸易。要在激烈的世界军贸市场竞争中占有一席之地，我国必须在军贸方式上大胆创新，充分利用新的军品贸易方式，制定正确的超许可证贸易策略，开创军品贸易新格局。

一、国际军贸市场的新变化催生了超许可证贸易

冷战结束后，和平与发展成为世界发展的主题，国际形势整体上趋向缓和。但是，世界并不平静，各种力量分化组合，一超多强的格局逐步形成。虽然短期内还没有世界大战的危险，但由于某些国家大力推行自己的霸权主义政策，致使恐怖主义在世界范围内大行其道，再加上某些国家不经联合国授权就发动了科索沃战争和伊拉克战争等一系列战争，这些都时刻提醒人们必须居安思危。世界各国还来不及分享"和平红利"，又不得不将大量的金钱投入到国防建设，尤其是武器装备建设中去。世界军费开支在冷战结束之后曾经从 1987 年创纪录的 10300 亿美元下降到 1997 年的 6800 亿美元，降幅超过 1/3。近年来，军费下降速度明显放慢，且有抬头之势。特别是科索沃战争后，无论是世界大国还是地区小国，都在

　本文原载于《军事经济学院学报》2005 年第 4 期。

不同程度地增加军费，到 2004 年为止，已经连续五年持续增长，从而使世界军费开支进入一个新的快速增长时期。冷战结束后，国际军费开支总体上呈现出一条"U"形变化曲线。

与此同时，由于国际形势总体上的缓和，军贸市场订货锐减，大批武器弹药一夜之间变成"多余物资"，导致许多国家军工企业举步维艰。为把裁减下来的大量过剩军火转变成经济发展所急需的硬通货，为军工企业生存发展寻找出路，各国都把眼光盯住国际军贸市场。在这种情况下，争取军贸订单对军品出口国来说有重大的经济意义。在追求政治、战略利益的同时兼顾经济利益，成为冷战后国际军贸领域发生的最重要变化之一。随着军贸市场竞争的日趋激烈，国际军贸产品也发生了根本性的变化。为了争夺市场份额，各国不惜将高科技武器装备，乃至最新武器装备全面优先投入国际军贸市场。先进武器装备和高新军事技术交易额持续上升，成为现阶段国际军贸领域另一重要变化。尽管如此，国际军贸额还是从 1987 年创纪录的 364.5 亿美元逐步下降，到 1995 年降至最低点 227.97 亿美元，降幅也超过 1/3，1995 年之后才开始逐步缓慢回升。由此可见，国际军贸额在冷战后也呈现出一条类似国际军费开支的"U"形变化曲线。

在两条"U"形曲线的共同作用下，国际军贸市场由冷战时期的卖方市场逐渐演变为买方市场，各主要军贸大国为了扩大军火出口，纷纷采取灵活多样的贸易方式。在这种情况下，许可证贸易这一存在了一百多年的军贸形式得到了广泛运用，并在新的形势下出现了一些新的变化趋势。比如，现代军品许可证贸易通常是以实物贸易为先导，继之以军品生产许可证合同；现代军品许可证贸易通常并非完全的技术转让，其核心技术并不转让；现代军品许可证贸易许可数量一般比较有限，难以形式一定的生产规模。在这些变化的共同作用下，出现了一种新的国际军贸方式——超许可证贸易。

超许可证贸易有其特定的内涵，与许可证贸易和联合研制生产既有区别，又有联系。总的来看，超许可证贸易是这样一种贸易形式：许可证发放国（以下简称发放国）控制军品核心技术，同时根据合同或协议向许可证接受国（以下简称接受国）转移军品的一般技术及其一定数量的生产（复制）权利。在此基础上，发放国可根据国际军贸市场的供求变化向接受国追加一定数量的生产权利，联合生产投入国际军贸市场。甚至在可能的条件下，发放国与接受国在超许可证的构架下形成军品生产的垂直分工关系。作为一种创新的贸易方式，超许可证贸易与传统的许可证贸易的联系在于两者都是基于合同或协议进行的国际军事技术贸易。就区别而言，许可证贸易所生产的军品全部用于满足接受国的军事需求，而超许可证贸易还可能是为第三方提供军品而形成联合生产的局面，也可能要满足发放国的需求而为其提供军品的反向出口。一言以蔽之，超许可证贸易所面对的不仅是接受国的军事需求，还可能是第三方甚至发放国自身的军事需求。从形式上来看，超许可证贸易似乎与联合研制生产这一军事合作方式如出一辙。因为两者确实都涉及生产环节的分工合作，涉及满足合作双方军事需求的内容。但是，超许可证贸易应该是一种比联合研制生产更加宽泛的军事技术交流合作形式，其本质是一种创新的贸易形式，而非简单的分工合作。同时，超许可证可以在一定程度上绕开政治的障碍，在合作双方无实质同盟关系的基础上开展合作。这是因为超许可证贸易并不要求发放国向接受国转移全部技术，而向第三国或者发放国出口军品的合同由发放国主导，也有利于技术转移的控制。因此，超许可证贸易与联合研制生产有着实质性的区别。

二、国际军贸超许可证贸易方式的可行性

随着科学技术的进步和新军事革命的发展，武器装备，尤其是高技术装备在现代战争中所发挥的作用日益突出。现代军事装备所蕴含的技术，无论从数量还是质量来看，都是以前的常规军事装备无法比拟的。在这种情况下，军事技术日益体现出核心技术与一般技术的差别。以航空发动机技术为例，长期以来，世界上只有美、俄、英、法四个国家掌握涡轮喷气式发动机的设计制造技术（我国在不久前刚刚掌握其设计技术），而其余国家包括日本、德国这样的技术强国也没有独立设计制造能力，只能通过仿制满足需求。因此，涡轮喷气式发动机被称为名副其实的高技术。这样的例子在电子技术领域更是不胜枚举，芯片的设计制造技术、精确制导技术、先进的侦察与监视技术等，都是一般国家无法仿制的核心技术。在后工业时代，核心技术的存在为超许可证贸易的产生提供了技术上的可行性。发放国只需控制核心技术就可以实现对整个军贸交易的控制。而对于一般技术，则可按照经济原则转移到一些工业化国家实施生产制造。事实上，就许可证贸易而言，现在的生产许可证也是一种不完全的许可证。以我国与俄罗斯签订的苏-27生产许可证为例，其航空发动机需要从俄罗斯进口，其火控系统等主要电子设备也需要从俄罗斯进口，其外挂的先进空空导弹等技术密集的装备更是全部依赖于俄罗斯进口。因此，超许可证贸易在许可证贸易的基础上"更进一步"是有其客观技术依据的。

作为一种创新的国际军品贸易形式，对超许可证贸易的研究当然要特别关注其经济可行性。总体而言，其经济可行性主要基于比较利益与规模效益而存在。国际贸易的基本动因就含有比较利益存在的因素，国际军贸作为一种特殊的国际

贸易形式当然也不例外。各国劳动生产率的差别构成了军品生产国际分工的可行性。发放国在核心技术的生产方面具有较高效率，因此它应选择主要从事核心技术产品的生产制造；接受国在一般技术的生产制造方面具有绝对或相对的比较优势，因此应由其从事一般技术产品的生产制造。发放国与接受国选择从事各自具有比较优势的领域进行生产制造，最终将使双方获取比较利益。另外，军品生产中的规模效益也是可观的。以美军采购 B－2 型轰炸机为例。20 世纪 80 年代初，美军开始研制具有隐身能力的 B－2 型轰炸机。当时计划采购 132 架，总费用366 亿美元，单价约 2.77 亿美元；后来由于提高了对电子设备的技术要求，总费用增加到 702 亿美元，单价达 5.3 亿美元。受军事战略调整和军费削减的影响以及美国国会的强烈反对，美军被迫将 B－2 型轰炸机的计划采购数减至 75 架，总费用约 611 亿美元，单价又上升到 8.1 亿美元。即使这样，国会仍不顾军方的反对，决定取消 B－2 型轰炸机的大部分生产费用，只在 1991 财年国防预算中给美军留下已批准生产的 15 架 B－2 型轰炸机生产费用。1992 年又将 B－2 型轰炸机的最终装备数量定为 20 架，单价升至 22 亿美元。对于 B－2 型轰炸机，当采购数量由 132 架减至 75 架时，采购规模缩小 43％，采购单价上升 53％；当采购数量由 75 架减至 22 架时，采购规模缩小 71％，采购单价上升 147％。这样的规模效益损失是非常惊人的。如果贸易双方都选择单独生产以满足本国军事需求，势必要求建立两套相对独立而重复的生产体系，其结果是双方都无法达到一定的生产规模。从规模经济的角度考虑，超许可证贸易在经济利益方面极具诱惑力。

超许可证贸易在军事上的可行性，必然涉及这样一个问题，即如何解决超许可证贸易双方军事技术上的相对依赖性。以往战争的实践告诉我们，一个国家，尤其是大国，不能不具备一套相对完善的军工生产体系以满足战时需要。因此，各国在军事工业建设方面无不选择全面系统的策略，即使是缺乏效率的环节也要求保留。这种方式类似于工程技术中的冗余设计，其实质是以效率损失换取系统的可靠性。在信息化战争条件下，作战进程大大缩短，战争动员在生产环节的作用大大减退。参战各国不可能像"二战"时期那样在战争期间动员生产出上万辆坦克、几千架飞机来满足要求。因此，实施超许可证贸易策略并不会影响贸易双方的战时安全形势。

三、我国在国际军品贸易中采用超许可证贸易方式的意义及策略

改革开放以来，特别是冷战结束后，我国的军贸进出口形势发生了很大变化。一方面，我国作为世界军事大国，在历史上曾经有过不错的军贸出口业绩。

但随着国际军贸市场供求关系的变化，我国的军贸出口经受了较大的压力。原本依靠中低技术产品市场上质优价廉的优势确立的地位在新形势下难以维持。要在激烈的世界军贸市场竞争中占有一席之地，我国必须在军贸方式上大胆创新，开创具有自身特色的军贸格局。另一方面，我国的安全形势在冷战结束以后变得更加错综复杂，现有军事力量无法胜任信息化战争的要求，这就迫使我国加快军事现代化的步伐。我国共花费上百亿美元进行技术装备和技术的引进，其中就包括相当数量的许可证贸易。而要提高我国的国防现代化水平，单纯引进装备是行不通的，仅仅通过传统的许可证贸易方式引进技术代价又太大，因此，开创新的技术引进途径势在必行。在这样的背景下，超许可证贸易作为一种创新的国际军贸方式就体现出其自身的优越性。作为一种可供选择的国际军贸方式，超许可证贸易既可以在进口环节降低我国军品的进口成本，形成生产规模，提高技术水平，为实行进口替代战略打牢基础；又可以在出口环节与军贸强国联手，根据比较利益的原则分工合作，共同抢占国际军贸市场份额。

在国际军品贸易中采用超许可证贸易方式，我国应该采取怎样的策略，是一个值得重视和研究的问题。从目前和今后一段时间来看，我国在超许可证贸易领域可供选择的合作伙伴主要有俄罗斯、法国、德国等较少附加政治条件的军贸大国，同时也不排除与美国、英国、以色列进行超许可证贸易的可能性。在超许可证贸易实际过程中，我国的政治上的优势表现为具有良好的国际形象，是一个正在崛起的对世界发展负责任的大国，同时对全球安全和世界和平具有不可轻视的作用。在经济上的比较优势主要体现在具有完整的军工体系，熟练而廉价的技术工人，以及与亚非国家传统军贸往来中所建立的良好的商品信誉等。我国的基本策略应该是：保持传统优势，立足和平崛起，强调共存双赢，注意循序渐进，逐步从超许可证贸易的接收国转变为发放国。即通过购买发放国的超许可证，在满足自身军事需求的条件下，利用发放国商品技术含量与品牌效应，积极投身国际军贸市场的竞争；同时，将出口换汇的收益大部分投入于核心技术的研究与开发，逐步掌握其技术秘密，实施进口替代战略，进行技术赶超，为我国最终成为超许可证发放国打下坚实基础。

参考文献

[1] 曹廷泽著. 生死命脉：20 世纪世界军队后勤保障纵览［M］. 北京：世界知识出版社，1998.

[2] 袁明全. 军费运动论［M］. 北京：解放军出版社，1995.

[3] 刘鹏，吴明. 军事高技术下的军控和军贸［J］. 中国科技论坛，2003（2）.

强化军队职能　健全我国武器装备采办中的委托代理关系[*]

旷毓君　胡庆元

当前我国武器装备采办委托代理关系还不完善，与市场经济条件下武器装备采办委托代理关系还有相当大的距离。为适应军事斗争形势变化和任务要求，我们应从多个方面入手进行改革，进一步健全我国武器装备采办委托代理关系。改革的目标是要建立军队主导的市场经济条件下武器装备采办新体制，建立寓军于民的国防科技工业新体制和营造武器装备采办竞争环境，同时政府要加强法制建设和市场环境建设等。

一、委托人：主导策略和市场策略

在我国当前的武器装备采办委托代理关系中，由于政府和军队的职责划分不明晰，削弱了军队在武器装备采办中的主导地位。建立军队主导的市场经济条件下武器装备采办新机制是重塑武器装备采办委托人的必然要求，要求赋予军队以新的职能和更大的权限。

1. 军队主导的市场经济条件下武器装备采办的经济学分析

在当前我国国防科技工业管理体制下，国家采取武器装备采办维持国防科技工业基础，同时由于我国国防科技工业基础不强，国家还采取了基本建设和技术改造的投资扶持政策。

在委托代理理论中，一个参与人（委托人）想使另一个参与人（代理人）

＊　本文原载于《军事经济研究》2005 年第 11 期。

按照前者的利益选择行动，但委托人不能直接观测到代理人选择了什么行动，能观测到的只是另一些变量，这些变量由代理人的行动和其他外生的随机因素共同决定。委托人的任务是如何根据观测到的信息来奖惩代理人，以激励其选择对委托人最有利的行动。在我国目前的情况下，国家国有资产管理部门是国有国防承包商——国有军工企业的投资委托人，军队是武器装备采办的委托人。我们假定产出结果 π 是可观测到的唯一变量，这时有两个委托人同时根据 π 对承包商的努力程度进行判断，我们用事件 X、Y 分别表示国有资产管理部门、军队，它们根据 π 可做出承包商努力程度的判断，假设它们都服从正态分布 $N(\mu_1, \sigma_1^2; \mu_2, \sigma_2^2; \rho)$。那么可以用联合概率作为最后的判断结果。

一是相互独立型。如果国有资产管理部门和军队观测过程及评价是相互独立的，那么它们对承包商努力程度估算的联合概率是：

$$f(x, y) = \frac{1}{2\pi\sigma_1\sigma_2\sqrt{1-\rho^2}} \cdot$$

$$e^{\frac{-1}{2(1-\rho^2)}\left(\frac{(x-\mu_1)^2}{\sigma_1^2} - 2\rho\frac{(x-\mu_1)(y-\mu_2)}{\sigma_1\sigma_2} + \frac{(y-\mu_2)^2}{\sigma_2^2}\right)},$$

$$-\infty < x < +\infty, \quad -\infty < x < +\infty$$

边缘密度函数为：

$$f_x(x) = \frac{1}{\sqrt{2\pi}\sigma_1}e^{-\frac{(x-\mu_1)^2}{2\sigma_1^2}}, \quad -\infty < x < +\infty$$

$$f_y(y) = \frac{1}{\sqrt{2\pi}\sigma_2}e^{-\frac{(x-\mu_2)^2}{2\sigma_2^2}}, \quad -\infty < y < +\infty$$

因为是相互独立的，所以 $\rho = 0$。

所以易见：

$$f(x, y) = f_x(x) \cdot f_y(y)$$

相互独立型的概率决策表示国有资产管理部门和军队不合作，联合概率小于其中任何一个概率。在此情况下，承包商将得到较少的奖励和更多的惩罚。由于国有资产管理部门和军队相互独立，有着各自的行动和衡量标准，导致针对承包商的产出不能得到合适的奖励概率，就使一些实际上很努力的承包商得不到应得的报酬，甚至受到不该有的惩罚。最极端的情况是"鞭打快牛"现象。

二是相互关联型。如果国有资产管理部门和军队的观测过程及评价是相关的，我们可以用 ρ_{xy} 表示相关的程度，ρ_{xy} 介于（0，1）之间。

我们可以用协方差和相关系数 ρ_{xy} 的数学证明：

$$\rho_{xy} = \rho$$

于是，联合概率密度只有用下式表示：

$$f(x, y) = \frac{1}{2\pi\sigma_1\sigma_2\sqrt{1-\rho^2}} \cdot$$

$$\frac{-1}{e^{2(1-\rho^2)}}\left(\frac{(x-\mu_1)^2}{\sigma_1^2} - 2\rho\frac{(x-\mu_1)(y-\mu_2)}{\sigma_1\sigma_2} + \frac{(y-\mu_2)^2}{\sigma_2^2}\right),$$

$$-\infty < x < +\infty, \quad -\infty < x < +\infty$$

联合概率密度与边缘概率密度之大小与 ρ 的取值有关。

随着 ρ 的取值不同，会产生不同程度的不协调，正是由于这种不协调存在数学上的合理性，导致了我国武器装备采办的不确定性增多。联合概率密度确定的努力程度和单一概率密度确定的努力程度总是不一致，联合概率密度确定的努力程度有时高于单一概率密度确定的努力程度，有时又低于单一概率密度确定的努力程度。上述的相互独立型是相互关联型的特殊情况（$\rho=0$）。在相互关联型中，除了上述的"鞭打快牛"现象外，还会出现"棘轮效应"，即如果部分承包商不努力工作，由于通过单一概率密度确定的努力程度仍然高于作为联合概率密度确定的努力程度，仍然会受到奖励，从而失去了激励的功能，并造成承包商普遍的偷懒和磨洋工现象。我国改革开放后是从计划经济向市场经济转轨的过渡期，国有资产管理部门基建、技改的投资扶持和军队武器装备采办维持可以概略地看成这样一种相互关联型的关系，普遍存在承包商激励不足的情况，降低了我国武器装备采办委托代理运行的效益。

军队主导的市场经济条件下武器装备采办委托代理是理想的选择。这是因为：第一，军队主导不须另外增加协调管理费用。第二，军队处于买方垄断地位，是武器装备唯一的用户。第三，武器装备采办特别注重质量、进度和保密。武器装备的特殊地位和在战争中的重大影响力，使得对其质量、进度和保密等方面的要求更为严格。第四，武器装备研制生产利润巨大。据统计，武器装备研制生产利润最高的可以多出14%，如航空工业产品。而且，如果一个承包商获得一种军品的生产任务，那么它获得同系列产品及相似产品生产任务的可能性就大大增加，就可能持续获得利润。第五，随着武器装备性能不断提高，系统日益复杂，费用不断上涨，军队的主导地位也会进一步加强。

军队的主导策略和市场策略不是对委托代理关系的扭曲，而是在委托代理理论框架下，合理地运用市场手段减少信息不对称及信息成本，为委托人争取更大的利益，使武器装备采办效益最大化。

2. 建立军队主导的市场经济条件下武器装备采办新体制

在军队主导的市场经济条件下武器装备采办委托代理中，政府要进行职能转换，不再直接依靠行政手段对承包商进行直接干预，而是通过经济、法律手段进行宏观调控，加强对武器装备发展的服务保障功能，保证武器装备建设的有序进行。承包商在减少政府过多行政干预的情况下，有了更多的自主权。承包商与军队之间能更好地发挥市场作用，增强承包商发挥武器装备需求导向作用。军队和承包商之间，必须通过武器装备采办合同的签订，明确双方的责任、权利和义务，合同一经签订具备法律效力。军队作为委托人必须主要以经济、法律的手段进行武器装备采办管理。

军队进行武器装备采办管理时，要着眼于以下方面：一是军队根据国家安全需要和国民经济发展中长期规划，编制武器装备中长期发展战略和建设规划；二是军队以持续稳定的武器装备需求信号，通过武器装备采办引导承包商的生产积极性，进而调整国防产业布局；三是军队做计划预算，报国家平衡；四是军队负责执行计划并对计划的完成负责，相应地，与计划有关的一切费用（包括武器装备购置费、必要的科研生产条件基本建设费和技改费）都拨给军队；五是军队根据武器装备的不同情况，分类、分层次、分阶段引导并保护竞争，通过招投标等多种方式选择承包商，使承包商始终保持一种积极竞争的态势，同时引导承包商自主投资，指导其研制生产，并采购其产品和服务；六是军队有独立的采办自主权，对不符合要求的武器装备，可以拒绝接受；七是承包商根据市场规律在武器装备市场中优胜劣汰。

二、代理人：寓军于民策略和竞争策略

建立寓军于民的国防科技工业新体制和营造武器装备采办竞争环境，是重塑武器装备采办代理人的必然要求。这有利于形成特有的激励和约束机制，调动各方面的积极性，促进国防工业的发展和采办效益的提高。

1. 建立寓军于民的国防科技工业新体制

我国的寓军于民的国防科技工业新体制，就是要通过"无形的手"（市场或武器装备需求牵引）对军用转民用或者民用转军用两种用途的转换制定出管理措施和补偿办法（强调国防资产的知识产权），同时还要利用"无形的手"形成已不适用的军工企业的退出机制。我国确定了到 2010 年要建立一个开发设计和系统集成能力强、社会配套水平高的开放式、寓军于民、小核心、大协作的国防科研生产体系的发展目标。现阶段，我国建立寓军于民的国防科技工业新体制，首先要突破以往按照行政隶属关系划分产业范围的做法，降低军品研制生产的进入限制，鼓励和吸引有条件的民用企业参与武器装备研制生产，特别是一般配套产品的生产，实行公平竞争。其次要坚持国有经济"有进有退"，在保持国有资本对国防科技工业核心及关键领域绝对控制的基础上，允许社会资本进入一般配套产品和军民两用产品生产领域，加快投资主体多元化进程。

第一，要对军工企业进行改制。首先是实行分类处理，加大对现有军工企业的调整重组力度。第一类是应当保留的军工企业。这类企业是承担武器装备研制生产的重点骨干企业，应继续由国家直接管理。对于这类企业，国家应加大投入和政策扶持，深化管理体制改革，改粗放式管理为集约式管理，使这部分"核心企业"不断精干强大。第二类是其他企业。其他企业应按市场运行机制对其进行结构调整，促进其发展。其次是转换企业经营机制，加快建立和完善现代企业制度。要按照"产权清晰、权责明确、政企分开、管理科学"的要求，确立专业化发展方向，通过市场需求带动企业融资和核心竞争力建设。对现有的军工企业，应实行"以国有独资企业为主，多种资产经营和产权形式并存"的改造办法。

第二，可使民用企业承接武器装备研制生产任务。一是可以利用公开招投标的方式使民用企业进入，即将部分军品生产任务通过在市场上公开招投标，交给资质优良的民用企业研制生产。二是在军工行业中的边缘部分（包括原材料、零配部件及其中间产品的加工制造）率先引入民用企业，把特殊性要求不是十分严格的军事专用品生产任务让民用企业与军工企业通过公平竞争获得。三是从 IT 行业入手，做一些小而精的项目，待取得初步成果后，再完全融入大型武器装备的研制生产中。四是从部分件、关键件入手，通过局部带动整体，逐步发展壮大，并将其领先的技术优势充分发挥在武器装备的研制生产中。五是允许国外承包商在国际环境允许和保密条件具备的情况下参与竞争。

2. 营造武器装备采办竞争环境

一个发育完善的武器装备采办竞争环境，会存在大量的自愿交易承包商，这些自愿交易承包商在利益上会形成制衡，在不需要军队付出监督成本时，也可以形成市场的自发监督，有时比军队的行政监督更加有效。军队应该充分利用市场机制营造武器装备采办竞争环境，形成充分的激励约束机制，而不是仅仅依靠行政力量去形成实际上缺乏有约束力的监督机制。另外，竞争性选择承包商对于武器装备采办有许多优点，使得营造武器装备采办竞争环境十分必要。为此，军队可以尝试在武器装备采办的每个阶段，以合同管理为核心，分层划类，构建完整的招标体系，有意识地创造有效的竞争环境，真正做到"投入较少、效益较高"。当然，营造武器装备采办竞争环境，应遵循公开、公平、公正的原则，竞争适度的原则，竞争规范的原则和开放性原则。

三、政府：加强法制法规和市场环境建设

在武器装备采办中，政府应从国情出发，加强法制法规建设、加强行业协会建设、加强市场中介组织建设、加强社会道德信用建设，从而保证武器装备采办委托代理关系良好。

1. 加强法制法规建设

市场经济条件下，竞争行为的发生、规范，市场主体的成长、成熟，以及交易双方的利益保证都需法律保障。因此，要通过立法对武器装备采办的机构设置、工作内容、工作程序、技术规范和标准、军队与承包商各自的责任和义务等做出明确的规定。要建立满足军队特定要求的法律法规、条例规章、标准规范等，主要包括武器装备采办合同的签订、审批、管理和监督控制以及合同的审价、定价工作；采办经费管理和财会制度方面的法规，如国防合同法、国防审计法、军品价格法和国防会计法等。

2. 加强行业协会建设

政府作为"出资人"，原有的具体操作要尽快转向各种行业协会。军队主导的市场经济条件下武器装备采办委托代理运行，要求政企分开。1998年，国家成立了新的国防科工委进行军工行业管理，实际上又强化了政府的行政管理职能。而在与企业的博弈中，政府并不具有信息上的优势。因此，最佳的选择只能是逐渐弱化国防科工委的行政管理职能，将其逐步转化为能表现"客观""公正"的独立的行业协会。行业协会的主要职责是传递武器装备需求信息、政府的有关方针政策等，成为协调承包商内部关系以及承包商与政府、军队关系的纽带，成为沟通政府、军队与承包商之间信息交流的桥梁。而对于国有资产管理，则应由国家国有资产管理委员会、军队和承包商共同管理。

3. 加强市场中介组织建设

市场经济的发展需要各种中介组织如会计师事务所、资产评估事务所、律师事务所、技术咨询机构、专业市场调查机构等，对武器装备采办活动涉及的财务状况、合同执行情况做出恰当的、公正的审计和监督。这些中介组织的审查活动

不仅可以贯穿于采办的全过程，以保证有关方面及时掌握足够的信息，确保武器装备采办活动的有效运行，而且还要使其武器装备采办的全过程符合各类中介组织的各种规范和要求，从而构成对军队和承包商的有力约束。

4. 加强社会道德信用建设

利用社会道德信用对武器装备采办管理人员和承包商经营者进行约束，是解决武器装备采办委托代理问题的重要途径。任何阶层都应该有自己的职业道德，良好的职业道德可使采办管理人员和承包商经营者主动约束自己的行为，不至于做出过分损害军队武器装备采办利益的行为。在我国社会主义市场经济中，应大力加强国防意识、法律意识、敬业精神、诚信品格等社会道德信用教育。

参考文献

[1] 于连坤. 中国国防经济运行与管理 [M]. 北京：国防大学出版社，2002.

[2] 古先光等. 装备投资军队主导机制模型分析 [A] //国防建设与经济建设协调发展的新探索 [C]. 北京：国防大学出版社，2003.

[3] 周建设. 中国国防经济面临的新变化 [M]. 北京：国防大学出版社，2002.

[4] 张连超. 美军高技术项目的管理 [M]. 北京：国防工业出版社，1998.

[5] [美] 罗杰·弗朗茨. X 效率：理论、论据和应用 [M]. 上海：上海译文出版社，1993.

论国防采办的拍卖方式[*]

曾 立 尚 誌

引 言

国防采办开支作为各国国防开支中的重大项目，长期以来一直备受人们的关注。然而，国防采办是一项复杂的系统工程，涉及多层次、全方位的利益关系。国防采办领域常常因为价格昂贵、成本飞涨、交货延迟、性能缺陷、稳定性差等问题备受批评。因此，如何理顺国防采办活动中各主体间的利益关系、提高采办效益是国防经济学界关注的焦点之一。

国防采办方式是决定国防采办效益的重要因素，竞争性的采办方式有利于采办效益的提高。近年来，我国的装备采办工作遵循政府采办制度的基本原则，逐步打破军品行业部门界限，引入竞争机制，支持非军工国有企业和高技术民营企业进入军品市场，采办方式由过去的定点采办加速向公开招标、邀请招标、竞争性谈判和询价采办等多种方式转变，提高了装备采办的整体效益，确保部队以合理的价格采办到性能先进、质量优良、配套齐全的武器装备。国防采办中所使用的公开招标、邀请招标等新型方式均可视为一些变形的市场拍卖方式。在我国国防采办改革方案系统实施之下，对拍卖理论进行有针对性的研究，必然能为我国国防采办方式的改革提供新的思路。

---

* 本文原载于《军事经济研究》2005 年第 12 期。

一、拍卖行为与国防采办

拍卖理论是现代经济学研究当中十分重要和引人注目的理论。人类的拍卖行为已经有上千年的历史，但是真正关注拍卖行为并对其进行经济学分析则始于20世纪。一般认为，诺贝尔经济学奖的获得者 Vickrey 在 1961 年发表的《拍卖与公开投标》一文开创了从博弈论的角度研究拍卖行为的先河。之后，Griesmer、Wilson、Ortega Reichert 等开始了早期的比较有影响的研究工作。而以 Smith 为代表的一批实验经济学家对拍卖问题进行了一系列重要的实验研究，进一步推动了拍卖理论的发展。20世纪70年代末，对拍卖问题从理论到实验开始了全面的研究。

如今，拍卖已经是一种非常普遍的市场交易方式。政府部门与企业大量地使用市场拍卖的交易方式获得订货。在国防采办领域，长期以来，人们对引入拍卖等竞争性采办方式的态度是不以为然的。人们普遍认为，单一厂商可能更适合于国防采办，相反竞争或许会带来一系列麻烦。竞争会破坏国防部与承包商之间的关系；竞争会增加采办部门评估竞争厂商的工作，加大工作量；竞争需要设计一系列配套方案，花费更多的时间与努力。但是，竞争性采办方式的好处也是显而易见的。Gansler，J. S. 估算，竞争可能产生 20% 的净节约，从而大约 50% 的美国生产计划中可以获得这种净节约。鉴于此，从 20 世纪 70 年代初期起，美国的国防采办政策开始改变，逐渐引入竞争因素。美国在 1997 年修订了国防采办规则，国家总务预算科也随之解除了对拍卖的禁令。随着现代网络技术的飞速发展，网上拍卖逐渐盛行，美国国家总务管理局（GSA）也鼓励在采办中使用这种方式。美国国防部于 2000 年开始尝试采用在线拍卖的方式采办物资、装备。海军首先通过在线拍卖方式购置船舰部件。之后，陆军用拍卖方式采办 IBM 手提电脑，节省了总务管理局大约 40% 的开支。从那以后，美军拍卖方式采办扩展到了购置爱国者导弹部件。2000 年 8 月，空军也加入到这一行列，用在线拍卖方式订购计算机，节约了 8000 美元，约为 27% 的预算开支。

既然拍卖方式在国防采办中可以使用并取得了不错的效果，那么研究拍卖行为就显得尤为重要。

二、拍卖行为的理论分析

拍卖是根据一系列的规则，通过竞买人的竞价行为来决定商品的价格从而进行资源配置的一种市场机制。本文所分析的拍卖类型为以下四种：英式拍卖、逆向拍卖、密封报价拍卖与密封出价拍卖。对这几种拍卖方式的简单描述如表1所示。

表1 拍卖方式分类

拍卖类型	竞价/出价方式	简单描述
英式	竞价逐步上升	单独卖方销售一个或多个商品，预期的购买者不断竞价。在事先预定的时间内，最高竞价者获得标的物，拍卖结束。这是最典型的拍卖类型
逆向	出价逐步下降	单独买方购买一个或多个商品，预期的供货者不断由高至低出价。在事先预定的时间内，商品由最低出价的供货商提供，拍卖结束。这与英式拍卖完全相反
密封报价	密封报价	单独买方购买一个或多个商品，买方接受预期供货商的密封报价。各个供货商互相的报价信息是独立的。商品由报价最低的报价者提供
密封出价	密封出价	单独卖方销售一个或多个商品，卖方接受预期购买者的密封竞价。各个购买者互相的竞价信息是独立的。商品由出价最高的竞价者获得

英式拍卖与密封出价拍卖是经济学家最普遍关注的基本拍卖方式。与这两种拍卖方式相对应，逆向拍卖方式（也称为"反拍卖采办"或"拍卖"）与密封报价拍卖方式则被广泛应用于采办领域。

1. 供货商在密封报价拍卖中的预期行为

假设政府通过密封报价拍卖方式采办某种商品，且只存在两个风险中性的供货商，它们各自的成本不相同，独立做出报价，并且报价服从 $[0，1]$ 区间上的均匀分布。这个拍卖当中的策略就可以视为供货商的报价函数，而且这个报价函数依赖于供货商的真实成本信息。我们很容易得出上面所描述的拍卖中供货商的均衡报价函数（供货商的报价与其成本之间的函数关系）：$P(c) = \dfrac{1+c}{2}$，式中，c 代表供货商的成本，P 代表供货商的报价。

下面我们对此函数的得出做简单推导：假设供货商追求利润最大化。因为供货商的报价函数是严格按照成本递增的，所以拥有最低成本的供货商将报出最低的报价并获得拍卖。假如 c 是供货商的最低成本，则 $1-c$ 代表了其次低报价，因为报价服从 $[0, 1]$ 区间上的均匀分布，所以有 $P(c) = \alpha + \beta \times c$（$\alpha$，$\beta$ 从 0 取到 1），$1-c = 1 - \dfrac{p-\alpha}{\beta}$。如果供货商获得拍卖，其利润为 $P \times (1 - \dfrac{p-\alpha}{\beta})$ 与 $P \times c$ 之间的最大差额，即 $\max P\left[1 - \dfrac{p-\alpha}{\beta} - c\right]$。对上述函数求导，得出其报价条件为：$\alpha + \beta - 2p - c = 0$，又 $p = \alpha + \beta \times c$，所以当 $\alpha = \dfrac{1}{2}$，$\beta = \dfrac{1}{2}$ 时，条件满足，此时 $P(c) = \dfrac{1+c}{2}$ 即为供货商的均衡报价函数。

据此类推，假设有 n 个供货商，前边的假定条件不变，他们的成本依然服从 $[0, 1]$ 区间上的均匀分布。那么，可以证明供货商的均衡报价函数为：$P(c) = \dfrac{1}{n}\left[1 + (n-1) \times c\right]$[①]。

推导出供货商的报价函数，我们就可以对密封报价拍卖的结果进行合理预期。首先，政府的期望支付是多少？采办商的预期支付为：$\alpha + \beta \times (1-c)$，其中 $1-c$ 为供货商的最低成本。

当有 n 个供货商时，最低报价的供货商的最低成本为：$c = 1 - \dfrac{n}{n+1} = \dfrac{1}{n+1}$，因而，政府的预期支付为：$P(c) = \dfrac{1}{n}\left[1 + (n-1) \times c\right] = \dfrac{1}{n} + \dfrac{n-1}{n(n+1)} = \dfrac{2}{n+1}$。

注意，随着供货商数目 n 的增大，政府的预期支付逐渐减少至 0（函数式的极限）。当然，与此同时，赢得拍卖的供货商的利润也逐渐减少。赢得拍卖的供货商的利润为：$P(c) - c = \dfrac{2}{n+1} - \dfrac{1}{n+1} = \dfrac{1}{n+1}$。其期望利润为 $\dfrac{1}{n(n+1)}$。

很明显，随着供货商的数目增多，期望利润逐渐减少至 0。

2. 逆向拍卖

逆向拍卖中的均衡策略要比密封报价中的策略简单一些。我们依然沿用上述有关供货商成本的假定。在逆向拍卖中，价格信息对所有供货商来说是公开的。

① 具体推导见 Bruce G. Linster，David R. Muuin. Auctions in Defense Acquisition：Theory and Experimental Evidence-researeh[M]. Defense Aequisition University Press，2002.

因而，对任意一个供货商来说，其占优策略必然是不断降低报价直至价格低于其成本。就像在密封拍卖当中，拥有最低成本的供货商将赢得拍卖，但是不同的是，他以次低的成本报价。我们首先分析两个供货商，从上边的分析可以看出，赢得拍卖的供货商的预期成本为1/3。考虑到输掉的竞标者失败，他们的预期为2/3。也就是说，在成本为1/3到1之间的所有供货商都有可能赢得拍卖，因此，报价的期望值应该在中间，因为成本是均匀分布的。所以，两供货商模型中的预期报价为2/3。值得注意的是，这与我们前边分析的密封报价拍卖中的结果是一样的。现在我们拓展到 n 个供货商，则 n 个供货商模型中，预期的赢得拍卖的最低成本为 $\dfrac{1}{n+1}$，次低供货商的成本为 $\dfrac{1-(n-1)}{n} \times \dfrac{n}{n+1} + \dfrac{1}{n+1} = \dfrac{2}{n+1}$，正好与上述密封报价拍卖结果相符。

由上述分析可以看出，尽管逆向拍卖方式与密封报价拍卖方式中，供货商的出价策略完全不同，但在风险中性假设条件下，其最终预期的报价相同。这就是拍卖理论中著名的收益等价定理①，在我们上边分析的拍卖类型中，称为支出等价定理更合适一些。我们可以将逆向拍卖与密封报价拍卖中的支出等价定理进行如下定义：假定给定数目的风险中性的供货商各自都有一个私有估价信息，而且这些私有信息独立地从一个共同的、严格单增的、连续的分布函数取得，则无论哪一种拍卖方式，采办部门将产生同样的支付，并且将对每个供货商产生同样的以报价信息为变量的期望报价函数。然而，需要注意的是，这种等价性在很大程度上依赖于风险中性的假定。如果供货商是风险厌恶型的，那么密封报价拍卖的均衡报价就会更低一些，当然逆向拍卖的结果不受影响。另外，随着供货商数目的增多，报价逐渐降低的直观感觉也得到了验证。

三、拍卖行为的实验研究

针对拍卖行为所进行的实验研究一般并不分析我们所关注的逆向拍卖方式与密封报价拍卖方式。然而，英式拍卖与密封出价拍卖的实验结果可以为其对应方式的理论分析提供佐证。

Vicki M. Coppinger 用实验检验了其对英式拍卖的理论预期行为，实验结果指出，竞买人的竞价行为符合理论假设，这有力地证明了供货商在逆向拍卖中的理

---

① 收益等价定理是拍卖理论中最基本也是最重要的定理之一。早在1961年，Vickrey 就在其论文中提到收益等价定理的一些特殊情况。之后，Myerson、Riley Samulson 证明了收益等价定理具有一般性。

论均衡报价应该是富有效率的。但是，密封出价拍卖的实验结果却与理论的假定结果不符，反而更接受风险厌恶者的行为。特别是，Cox、Roberson、Smith（1982）与Coppinger、Smith、Titus（1980）通过实验均发现在密封出价拍卖中，实际出价要比理论预期的出价更高，这更符合风险厌恶假设。而且这些实验结果与参加竞标者的人数无关。这就给我们以启示：在密封报价拍卖中，不论供货商的数目如何，实际的报价应该与风险厌恶者的行为一致，即比均衡报价要低。

通过计算那些竞价最高且赢得拍卖的时段比例①，可以衡量密封出价拍卖的效率。在由Vicki M. Coppinger、Vernon L. Smith和Jon A. Titus等人所做的一项拍卖实验中，英式拍卖的实验结果与理论预测相吻合，所有买卖时段的拍卖基本上均为帕累托最优，即赢得者均为拥有最高估价的竞买人，其时段比例为96%。然而，在密封拍卖实验当中却产生了非效率的结果（与理论预期的最优竞价行为不一致），在Coppinger等人的密封出价拍卖实验与Cox等人的类似实验当中，有12%的时段比例结果非效率。这就意味着，对于其对应形式密封报价拍卖来说，那些不是最低成本的供货商偶尔也会提供最低的出价，而且这种行为同参与拍卖的供货商的数目没有必然联系。

为了检验"大量的参与者会导致密封出价拍卖中较高的出价"这一理论假设，Battalio、Kogut、Myeer（1990）设计了一个简单的密封出价拍卖实验，并且在实验环境中不断改变竞标者的数目。竞价者被告知分别针对两个独立市场当中的同价值商品做出竞价，一个市场环境当中有5个竞价者而另外一个有10个竞价者。实际的市场规模将在竞价者的竞价之后决定。Battalio等人尽可能地使所有的实验安排与理论假定的程序一致。最终的实验结果是86%的竞价者在10个人的市场中出价更高。这对采办当中的密封报价拍卖的启示是显而易见的，正如理论预期的一样，供货商数目的增多会带来更低的报价。在另外的一项实验研究当中，Dyer、Kagel、Levin（1989）要求实验者依据市场的大小而做出相应的出价。实验结果发现，针对6个竞标者市场的出价比只有3个竞标者市场的出价要高的情况约占3/4，而相反的情况仅占3%。当出价最低的1/3估价的竞标者被忽略时，竞标者提升他们出价的比率又提升至85%。实验证据再一次支持了密封出价拍卖中越多的参与者导致越少出价的预测。

McAfee、McMillan（1987）和Matthews（1987）从市场竞标者数量的角度来考虑不确定性对拍卖的影响。他们从理论上说明了风险中性的竞标者在密封出价拍卖当中的期望收益（也就是密封报价拍卖当中的支付）不受竞标者数目不确定的影响。Dyer等（1989）针对此理论设计了类似的实验进行检验。他们发现，

---

① 时段比例指的是在拍卖实验中一定时间段上拍卖结果的比例分布，即帕累托最优的结果占总结果的比例。

拍卖市场中竞标者数量的不确定性会提升拍卖的竞价。这也就说明了在竞标当中高于预期竞价的那部分来源于风险厌恶。这再一次论证了我们前面有关密封报价拍卖的理论推测。

四、结论与启示

本文简要地分析了国防采办当中可能应用到的逆向拍卖与密封报价拍卖两种采办方式。我们首先描述了在这两种采办方式当中，理论预期的出价策略。尽管在风险中性假设条件下，供货商的预期报价在这两种方式中相同，但在风险厌恶条件下，密封报价拍卖方式又可能得到供货商更低的报价。相反，拍卖实验的结果却证明这两种拍卖方式不会得到相同均衡报价，在密封报价拍卖当中的供货商更倾向于提供低于预期的报价。这种结果应该是与供货商的风险厌恶行为相一致的。另外，我们也研究了拍卖中参与者数量的重要性。在这个问题上，拍卖实验的结果恰好反映了我们理论上的预测行为。随着参与者数量的增加，赢得拍卖的报价降低。当参与者的数量存在不确定性时，供货商的行为倾向于风险厌恶者的预期行为。

随着博弈论和实验经济学的发展，关于拍卖的研究不断深入，拍卖理论得以进一步发展和改进。而拍卖方式在国防采办活动中大有用武之地，对拍卖的理论与实验研究必然对政府的国防采办具有重要意义。美国在国防采办领域已经开始逐步转向拍卖方式，并且在实际采办活动中取得了一定的效果。我国虽然在国防采办领域还未走到这一步，但是采用拍卖方式进行政府采办计划也有一定的实践经验。我国从 2001 年起开始引入逆向拍卖技术，进行了一系列的网上公开招标的政府采办计划。通过网上限时集中竞价，不仅节约了政府的采办成本，而且大大减少了"暗箱操作"，在一定程度上避免了腐败的产生。总之，尽管通过拍卖采办商品与劳务对于军队来讲还是一种较新的方式，但是随着拍卖理论的进一步完善与发展，节约而高效的拍卖方式在国防采办领域必然会有广阔的发展天地。

参考文献

[1] Vickrey W. Counterspeculation, Auctions and Competitive Sealed Tenders [J]. Journal of Finance, 1961, 16 (1): 8 - 37.

[2] 高鸿祯. 实验经济学导论 [M]. 北京：中国统计出版社，2003.

装备维修保障外包经济学分析*

吴 鸣 刘 军

一、问题的提出

装备维修保障，是指为了保持和恢复装备的完好工作状态，体现其功能，发挥其效能以及提高其可用度而进行的活动。装备维修保障的目标是以最小的经济代价，使装备经常处于完好和战斗准备状态，保持、恢复和提高装备的可靠性，确保战斗、训练任务的进行，从而最大限度地提高战斗力。我军现有的装备维修保障沿用的是苏联模式，该模式把装备维修保障设计成一个庞大的系统，它由武器装备管理、装备人员管理、装备维修管理、装备经济管理、维修质量控制等诸子系统构成。该模式的突出特点是实行计划经济时代高度集中的管理，并且所有保障物资和人员都由军队垄断控制。

传统的理论认为，装备维修保障必须实行这种"大而包"的模式，装备维修保障的各个环节必须实行集中、统一的管理，这样才能充分调动各类资源为提高战斗力服务。但是，随着战争模式的发展变化，随着社会主义市场经济体制的初步建立，这种模式所表现出的消极作用越来越明显，主要有以下几方面：

1. 该模式无法适应高技术条件局部战争突发性强的特点

在先进科学技术的帮助下，高技术条件局部战争的爆发具有很强的突发性，这就要求装备维修保障必须与军队作战的快速反应同步，以最短的时间和最快速度，将平时积聚的保障力量转化成战时的保障能力。但是，目前的装备维修保障

---

* 本文原载于《装备指挥技术学院学报》2006 年第 2 期。

采用的是计划经济时代高度集中、统一的管理模式，信息的快速传递和要素的自由流动受到很大限制，这势必会延长整个装备维修保障体系对战争爆发的反应时间，进而影响到对战争主动权的掌握。

2. 该模式无法适应高技术条件局部战争机动性强的特点

在广泛使用现代化运输工具的高技术条件局部战争中，我们必须在很短的时间内将战争资源在各地之间相互转移，这就要求装备维修保障必须具有很强的机动性以便与战争的迫切需要相适应。然而，目前的装备维修保障庞大的模式、复杂的机构和高度集中的管理，决定了其不可能拥有很强的机动性，这将直接造成在战场上被动挨打的局面，从而影响战争的胜负。

3. 该模式增加了装备维修保障的成本，降低了装备维修保障的效率

由于在装备维修保障中缺乏必要的竞争机制，所有生产资源都由军队垄断控制，因此各类资源的配置并未达到最优，由此产生的结果有：一是提高了各类生产要素的使用价格，进而提高了装备维修保障的成本；二是造成了计划经济时代"3个和尚没水吃"的悲剧，降低了装备维修保障的效率。

为了从根本上提高我军战斗力，在不影响人民军队性质、宗旨和确保军事安全的前提下，必须打破传统的观念和模式，大胆吸收和借鉴外军的积极成果，在装备维修保障中引入外包。

二、外包及其在美军的应用情况

外包，是指企业利用外部专业资源为自身服务，从而达到降低成本、提高效率、充分发挥核心竞争力以及增强应变能力的一种管理模式。它通过委托某一代理契约的方式，把企业内部的某些职能或某些任务分包给其他企业或组织来完成，因而能够最大限度地发挥本企业的核心优势，最快地对外界环境做出反应。外包不仅是企业业务流程和管理范围的重新调整，而且是企业价值链中关键环节的重新组合，通过它，企业能够实现多个方面的增值。现代企业普遍采用的外包形式主要有：活动外包（Contracting Out the Activities）、服务外包（Outsourcing the Service）、内包（Insourcing）、合包（Co-sourcing）以及利益关系（Benefit-based Relationships）等。虽然外包并不是一种十分成熟的技术，但在现实中它仍然得到了广泛的应用。

在现代高技术条件下，装备维修保障的难度日益增大，任何一支军队都不可能独立地赢得战争，充分利用企业外包的技术和经验，把装备维修保障的非核心部分向地方产业转移，开发社会科技力量和资源，是精兵建设的发展方向，也反映了现代战争条件下装备维修保障的基本规律。

为提高战斗力和使装备更加现代化，美军把越来越多的装备维修保障任务外包给地方企业来完成，自己则集中精力于作战领域。美国国防部在一项研究报告中称：只有那些非由国防部做不可的事情才有必要留下，任何可以由地方企业完成的工作，都不是美国军队的核心任务。1991 年海湾战争时，美军士兵与地方产业人员的比例为(50 ~ 100) ∶1，而在伊拉克战争中，这个比例已接近于10∶1。近年来，美军规模不断削减，美军现役陆军总数在过去 10 年间下降了近1/3，美国海军和空军也相应减员，大量非核心部门、非战斗人员被裁撤。随着美军装备维修保障外包的逐步展开，与美军活动联系在一起的民间产业队伍在军事需求的拉动下日益壮大。美国国防外包行业已发展成为一个巨大的产业，国防承包商的数量约为1000 家，年产值高达 1000 亿美元。自 1994 年以来，美国军方与 12 家最主要的国防承包商所签署的合同金额就已超过了3000 亿美元。

三、装备维修保障外包经济学分析

装备维修保障是一个庞大的系统，为了便于从经济学角度进行理论分析，在不影响问题根本性质的前提下，可以对我军现有装备维修保障模式进行如下简化假设：

假设一：装备维修保障资源构成的简要划分。装备维修保障资源是由多种要素构成的，但是可以简要地把这些要素划分为人力资源和物力资源两种，并且这两种资源的使用均是有偿的。

假设二：装备维修保障所要实现的目标。装备维修保障所要实现的目标即为运用人力资源和物力资源最大限度地使所有武器装备的战斗力实现最大化，进而实现军事效益的最大化，这意味着装备维修保障的产出就是武器装备的战斗力水平。

假设三：装备维修保障模式的市场模型。在现实中，由于人力资源和物力资源的使用完全被垄断，因此，装备维修保障模式类似于垄断市场结构。

1. 装备维修保障最优产出的决定因素

根据假设一和假设二，可以运用经济学中的生产理论建立装备维修保障生产函数：

$$Q = f(L, K)$$

式中：Q 为装备维修保障产出，即武器装备的战斗力水平；L 为所投入的人力资源数量，其价格为 w；K 为所投入的物力资源数量，其价格为 r。

引入既定成本 C 这一约束条件，则可得成本方程为：

$$C = wL + rK$$

在既定成本 C 的约束下，要实现装备维修保障产出的最大化，应满足条件：

$$MP_L/w = MP_K/r$$

式中：MP_L 为人力资源的边际产量；MP_K 为物力资源的边际产量。

在此条件下，通过等成本线和等产量曲线的切点，便可得到在既定成本 C 约束下的装备维修保障最优产出。

如图 1 所示，在等成本线 A_1B_1 与等产量曲线 Q_1 相切的点 E_1 处，对应有最优人力资源投入量 L_1 和最优物力资源投入量 K_1，从而在既定成本 C 的约束下，实现了装备维修保障最优产出 Q_1。

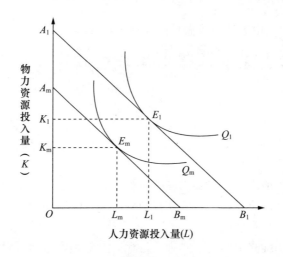

图 1　装备维修保障最优产出

在 C 一定的条件下，由 $C = wL + rK$ 可得出如下两个结论：

其一，当人力资源价格 w 和物力资源价格 r 较高时，所对应的最优人力资源投入量 L 和最优物力资源投入量 K 就较少，同时等成本线离坐标原点也较近，因而装备维修保障最优产出就较小。

其二，反之，当人力资源价格 w 和物力资源价格 r 较低时，所对应的最优人力资源投入量 L 和最优物力资源投入量 K 就较多，同时等成本线离坐标原点也较远，因而装备维修保障最优产出就较大。

所以，人力资源价格 w 和物力资源价格 r 就决定着最优人力资源和最优物力资源的投入量，从而最终决定着装备维修保障所能达到的最优产出。

2. 外包前后装备维修保障资源价格比较

根据假设三，装备维修保障模式类似于垄断市场结构。在此条件下，人力资源和物力资源的使用被完全垄断，整个国防经济体系将不可能获得关于人力资源和物力资源有偿使用的完全信息。以既得利益集团形式存在的垄断者，是追逐自身最大利益的"经济人"，他必定会利用国防经济体系的这一缺陷来尽量提高人力资源和物力资源的外在价格，以便从中获得更多的超额利润。所以，此时的资源价格要明显高于完全竞争条件下当国防经济体系能够获得交易完全信息时的资源价格。

设垄断条件下人力资源价格和物力资源价格分别为 w_m 和 r_m，自由竞争条件下人力资源价格和物力资源价格分别为 w^* 和 r^*，根据上述分析可得：

$$w^* < w_m, \qquad r^* < r_m$$

在实际运作中，由于装备维修保障模式的特殊性，决定其不可能采用完全竞争的市场模式。但是，在不影响我军性质、宗旨和确保军事安全的前提下，可以实行装备维修保障外包。在这种情况之下，人力资源价格和物力资源价格就不再由垄断者单方面控制，而是通过外包承包商内部以及外包承包商与军方之间的均衡来实现，具体分析如下：

（1）外包承包商是合乎理性的"经济人"，在一般条件下，各个承包商之间是自由竞争关系，因而他们所构成的竞争承包权的市场是完全竞争市场。通过自由竞争，能够实现他们各自所承包环节人力资源价格和物力资源价格的最优化，设此时所产生的人力资源价格为 w_2，物力资源价格为 r_2，则 w_2 和 r_2 应满足条件：

$$w^* < w_2 < w_m, \qquad r^* < r_2 < r_m$$

（2）同时，在(1)中产生的相对而言较低的人力资源价格和物力资源价格将会对军方的政策制定产生影响，进而通过该条件下资源价格与垄断条件下资源价格间的相互作用达到新的均衡，设此时所产生的人力资源价格为 w_1，物力资源价格为 r_1，由于 w_2 和 r_2 是在承包商完全竞争条件下产生的，而 w_1 和 r_1 是在资源价格达到新的均衡时产生的，因此有：

$$w^* < w_2 < w_1 < w_m, \qquad r^* < r_2 < r_1 < r_m$$

在现实的条件下，w^*、w_2、r^*、r_2 都是不可能达到的资源价格，所以对我们有意义的就是以下表达式：

$$w_1 < w_m, \qquad r_1 < r_m$$

此式表明，在实行装备维修保障外包之后，人力资源价格和物力资源价格明显降低。

3. 外包前后装备维修保障最优产出比较

已知外包前后人力资源和物力资源价格间的关系，就可以讨论在两种状态下的装备维修保障最优产出。

在上述第一个小标题中已经讨论过，人力资源价格和物力资源价格所决定的等成本线与等产量曲线相切，进而决定着既定成本下的最优产量。由上述第二个小标题的分析可知，在外包前后，人力资源价格和物力资源价格各不相同，因此会有不同的等成本线和不同的等产量曲线相切，从而决定不同的最优产量。外包前后人力资源价格和物力资源价格的具体关系为：

$$w_1 < w_m, \qquad r_1 < r_m$$

由上述第一个小标题所得的结论可知，由于外包之前的人力资源价格和物力资源价格均大于外包之后的人力资源价格和物力资源价格，因而在实行外包之后，我军装备维修保障最优产出明显增加，即：

$$Q_m < Q_1$$

这在图 2 中明显地被反映出来。

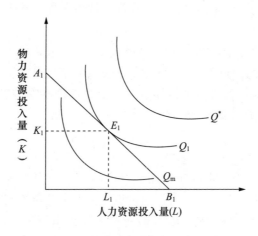

图 2   外包前后的装备维修保障最优产出

通过以上分析可知，在实行外包之后，装备维修保障资源价格明显降低，从而在既定成本约束下，使得装备维修保障最优产出明显增加，即所有武器装备的战斗力水平得到了明显的提高。

从另一个角度看，以上的分析还表明，在保持现有武器装备战斗力水平不变的条件下，实行装备维修保障外包之后，可以降低生产成本，从而为国家节省了资金，提高了军事效益。

以上仅仅是从经济学的角度对装备维修保障外包进行了一些简化分析，实际情况要复杂得多。在诸多因素的影响下，装备维修保障外包仍然面临一些实际的问题，这将直接影响到装备维修保障外包的效果，因此，有必要对其进行进一步的讨论。

四、外包面临的问题及对策

虽然外包有诸多益处，但在实际中，它并不总是只带来正面效益，必须清醒地看到外包所面临的实际问题。牛津大学信息管理学会的商业研究员，追踪过去8年的29宗大外包交易记录，研究所得的结论是，这些外包交易中超过35%都以失败告终。所以，具体到装备维修保障外包方面，有必要对其存在的一些问题加以研究，并提出相应的对策。

1. 对装备维修保障外包收支进行评估的问题

装备维修保障外包与企业外包相比，虽然有相同之处，但它毕竟是一个新鲜事物，没有现成的模式可以遵循。如果没有一套合理的体系对装备维修保障外包收支进行评估，就很难客观地对装备维修保障外包的效益进行评判，进而会直接影响到政策的进一步正确执行。因此，应当建立起一套相对独立的收支评估体系，对装备维修保障外包的成本和收益进行具体而科学的量化分析，并根据所得到的结果对其效益进行评判。为了确保结果的客观和公正，在这套评估体系的人员构成中，不仅要有军队人员，更应当包括一些地方财务专家和专业管理人员。

2. 对装备维修保障外包经费进行管理的问题

在实行外包后，装备维修保障经费的管理将会发生根本性转变。在装备维修保障经费中，不仅有按集中统一原则进行管理的资金，而且还有直接投向外包承包商的资金，资金流向将会呈现出多元化的特点，因此，有必要建立一个专门的机构来对这些经费进行合理的管理。这个机构的主要职能包括制订装备维修保障外包经费使用计划、控制装备维修保障外包成本以及解决装备维修保障外包过程中的一些技术性问题等。由于军队中绝大多数人员都缺乏管理大金额合同的专业技术，所以仍然需要一些地方的专业人员来充实该机构。

3. 向参加装备维修保障外包的民用人员提供保障的问题

参加装备维修保障外包的民用人员所需要的基本保障主要包括：安全保护、生活保障（食品、住宿和医疗）以及必要的技术设施。解决这一问题的基本途径有两个：一是将民用人员所需要的保障（安全保障除外）全部核算成资金，计入外包成本中，由军队统一向外包承包商支付保障费用；二是将这部分民用人员列入准军事编制，由部队统一向这部分人提供各类保障，当然，此时支付给外包承包商的经费也会相应地减少。但不管怎样，军队都必须向参加装备维修保障外包的民用人员提供安全保障。

4. 对装备维修保障外包承包商行为进行规范的问题

装备维修保障外包承包商的行为将会对战争的胜负产生重要影响，关键的问题在于，这些外包承包商并不是真正意义上的军方人员，他们不受部队条令、条例的约束，因此，在签订合同时，把对外包承包商行为进行规范的相关条款添加进去是很有必要的。但是，合同并不一定能够确保外包承包商在战场中也同样发挥积极作用，最终还是需要出台一部相关法规，以便对外包承包商的行为进行有效的规范。

参考文献

[1] 陈学楚. 现代维修理论 [M]. 北京：国防工业出版社，2003.

[2] 张清，章庆. 战场上的特殊"保障队" [N]. 解放军报，2003 – 04 – 30（12）.

[3] 高鸿业. 西方经济学（下册）[M]. 北京：中国经济出版社，1996.

[4] 中国国防科技信息中心. 装备维修保障动态 [R]. 中国国防科技信息中心，2003.

浅析武器装备成本价格监管及控制*

李 春 马正兵 张伟超

20 世纪末以来的几场高技术条件下局部战争的实践表明，现代战争是以信息和信息技术为核心的高技术战争。武器装备的技术含量与性能水平已经越来越成为影响战争胜负的关键。大量新技术、新工艺、新材料在武器装备中的应用，使得装备的成本价格急剧上涨。如何用有限的国防经费研发和采购更多的武器，如何对装备价格进行更有效的监管和控制，已成为各国都急需解决的问题。

一、目前武器装备成本价格上涨的现状

武器装备的价格是随着经济的发展和技术的更新不断发生变化的。"二战"以后，技术的发展与创新日新月异，导致武器装备的技术含量与性能水平迅速提高。特别是随着信息技术的迅速成熟和快速发展，其在侦察与探测技术、精确制导武器、电子战、C^4ISR 等方面都得到了充分的运用。由于信息技术具有高度创新性，所以其技术研发、生产和部署都需要大量的资金。这也就导致现代武器装备价格的不断上涨。例如，美国在 20 世纪 40 年代研制 F－80 亚音速战斗机的经费为 471 万美元，50 年代研制 F－100 超音速战斗机的经费为 2320 万美元，60 年代末至 70 年代初研制 F－14 战斗机费用为 12.22 亿美元，80 年代研制 F－117A 隐身战斗机的费用已高达 30 亿美元，而 B－2 战略轰炸机的研制费用则已超过 100 亿美元。而且，信息技术的进步提高了单件军事装备的技术含量，使其造价急剧增长。以西方国家单件军事装备造价的增长情况为例，主战坦克的造价由 50 年代的 7 万美元增加到 80 年代的 300 万美元，增长了 43 倍；航空母舰的造

---

* 本文原载于《国防技术基础》2006 年第 2 期。

价由 50 年代的 5000 万美元增加到 80 年代的 50 亿美元，增长了 100 倍；战斗机的造价由 50 年代的 10 万美元增加到 80 年代的 4000 万美元，增长了 400 倍；重型轰炸机的造价由 50 年代的 50 万美元增加到 80 年代的 2 亿美元，增长了 4000 倍。所以，据西方统计，许多大型设备（如飞机、导弹、战舰）的实际生产成本每年增长大约 10%，即每 7.5 年成本就会翻一番。因此，随着信息时代的到来，武器装备成本价格的攀升是一个不可避免的趋势，而且攀升的幅度越来越大。

二、当前武器装备成本价格上涨的原因分析

造成武器装备成本价格不断上涨的原因多种多样，主要有如下原因：

1. 技术牵引型价格上涨

信息化时代的战争是以信息化武器为主要工具，以信息为主导，在陆、海、空、天、电为一体的战场上，使用信息化武器，进行"非接触性作战""非线式作战"。武器装备性能的好坏和技术含量的高低，对战争胜负的影响已经达到前所未有的高度。由于武器性能的先进与否涉及原材料、原配件、集成技术、关键控制技术等诸多方面，所以研发项目多，研发难度大，研发经费也必然非常惊人。如美国和英国联合研发的 F15 战斗机的后续战斗机 F - 35，总研发费用为 240 亿美元；美海军下一代 12 艘航母中的首舰 CVN78 研发耗资将超过 120 亿美元；法国下一代核动力潜艇上的新型 M51 导弹的研发费用也达到 50 亿欧元。因此，可以将技术研发所导致的装备价格上涨称为技术牵引型价格上涨。

2. 利益博弈型价格上涨

目前我国的军品市场是一个完全政府垄断的市场，军工企业基本是国有企业，十大军工集团也是国有独资股份制企业集团。具体表现为对军工企业仍然是实施着中央垂直管理或分部门权力控制的管理模式，从根本上看仍具有一种分权式的计划经济特征。装备价格实施的是"国家定价"。由于国家制定的利润率有限，以及在企业主要产品既定的条件下，军工企业的市场竞争是极其有限的，企业为获取更多的利益，只能在成本上做文章。因此，在实际工作中出现了"虚增虚报""无降低动力""硬挤硬摊""只升不降"等怪现象。导致费用和成本越高，利润越大，价格也就越高的情形发生。这种状况的实质就是一种博弈，是厂

方和国家（军方）之间的利益博弈。所以，我们可以把这种价格上涨归结为利益博弈型的价格上涨。

另外，武器装备的价格也随着经济的发展而不断变化。经济的持续增长必然会带来适度的通货膨胀，使一般物价水平持续和显著提高，从而带来制造武器装备的零部件价格水平的水涨船高。最终促使武器装备成本的攀升。反之，经济的衰退就会导致通货紧缩，使物价水平下降，最终导致武器装备成本的减少。由于世界经济从长期来看是不断发展的，所以武器装备的成本价格也是不断提高的。

三、控制武器装备成本价格上涨的对策及途径

为打赢未来高技术条件下局部战争，就必须拥有大量高性能武器装备。这就导致一个非常现实的问题：国防预算难以跟上这种成本的迅速上涨。高昂的价格影响了高性能武器装备大批量地装备部队。因此，需要种种措施来解决这个问题。

1. 解决技术牵引型价格上涨的途径

（1）通过合作研发降低研发风险，节省研发资金。由于现代武器装备研制和生产不断采用新技术、新材料和新工艺，使得先进武器装备的研制费用和生产费用越来越高。比如，欧盟联合研制和生产的 EF－2000 "台风" 战斗机，采购价每架在 5500 万~6000 万美元之间；法国研制的 "阵风" 战斗机，每架采购费也达 8000 万美元左右；瑞典研制的 JAS－39 "鹰狮" 战斗机的单机采购价也在 5600 万美元左右。如此昂贵的价格，任何国家都是难以承受的，更何况我国还是一个并不富裕的发展中国家，不可能把巨额资金用来研发和购买大量的武器装备。

通过合作研发能够利用合作国的相关资源，实现强强联合、技术互补，减少合作中的技术 "瓶颈" 制约，使技术难题能够在较短的时间内得到解决，从而节约研发费用。同时合作研发能够分担研制费用，共担研发风险，避免一些有发展前途的项目因资金问题而无法启动的困境，而且也能增强合作方在面对项目研发失败时的承受能力。据统计，20 世纪 80 年代，英国每年用在国际合作上的费用已经占装备总费用的 20%；德国 60% 的国防科研费、50% 的装备采购费用于跨国使用上。近几年，欧洲各国合作研制的 JSF 联合攻击战斗机、中巴合作研制

的"枭龙"战斗机也都是国际合作研发的典范。

（2）通过金融创新使采购成本平滑。现代武器装备的高额采购价格，使得许多国家有限的国防经费无法承担这些先进武器大批量装备部队的问题，即使是美国也不例外。如美国空军大量订购的 F－35，其平均单机售价就将达到3250万美元。所以，通过先进的金融安排能够有效地解决这一难题。资产证券化即是一个良好的解决办法。美国空军和海军都已经采用这种方法来解决武器装备采购费用不足的问题。具体做法就是一些银行财团提出建立一个特殊实体（与从前安然的金融创新一模一样）SPV。SPV 通过发行设备信托凭证（Enhanced Equipment Trust Certificates），筹措到足够的经费，然后把武器装备买下来，再租给军方。军方每年通过付出一定的租金取得武器装备的使用权。通过使用这种商业"合成租赁"手段来购买设备能够把一次要付出的巨额资金化整为零到许多年份（如20年），使国防预算和政府支出更加平滑，使有限的国防经费能够采购到更多的武器装备。

2. 解决利益博弈型价格上涨的途径

（1）规范研制项目招标的价格竞争。由于我国法律规定，装备定价实行的是"全成本补偿加低利"，因此就限制了企业追求利润的动机和行为。军工企业之间为获取更多的军品订单，使竞争不甚公平和合理。所以，在装备研制过程中引入竞争机制，开展项目招标就显得更为急迫和合理。通过以上措施能够将市场机制和规则引入到军品市场，从根本上扭转过去装备研制过程中的种种问题。同时，在招投标过程中要加强审价和评估工作，使"标的"能够确保由性价比最优的企业获得。最后，在实际工作中要特别注意实行"赢者通吃"原则。

因为武器的研发和生产过程是一个高资金和高技术投入的过程，只有足够的军品订单才能弥补企业的高额投入，才能达到军品生产的规模经济，降低单件军品的价格，更重要的是"赢者通吃"原则能够促进企业的自主技术研发和产品的更新换代，为我国国防工业实力的增强做出贡献。

（2）强化价格论证。在装备研制立项过程中，对战术技术指标和研制经费总额论证要同等重视。同时要加强装备价格论证的系统性和规范性。实行多重价格论证机制，在采用"企业论证"中要给予审计更大的独立性，使企业的报价能更加真实。与此同时，要配套采取"专门机构论证"和"专家论证"，使论证更加科学、合理，贴近实际，使战术技术指标和研制经费总额达到一种和谐的统一，使有限的国防经费达到国防效用的最大化。

（3）完善装备价格管理规范，开展全过程价格监督管理工作。武器装备的成本控制是一种全过程的控制，最主要的是开展以"预防为主"的产品价格管理。对现行的《军品价格管理办法》进行补充，增加价格控制、成本管理等方面的内容，使武器装备成本管理有法可依。对产品成本设计和研制要加强评估，使军方对承制单位的预算执行情况和工作进度更加熟悉；对生产过程要加强日常监督，原材料的耗费、工装成本的核实、工时的测定等都要进行严格的考核，使军方对成本有一个准确的认识；对产品完工后的成本质量进行检查，评估成本的合理性、准确性，确保装备质量的合格。

关于建立我国国防承包商市场准入制度的思考[*]

旷毓君　吴　鸣　曾　立

市场经济条件下的武器装备采办，是一种典型的委托代理关系。作为委托人，国家授权的军队武器装备采办部门根据国家武器装备采办计划，使用国家拨出的专款，按照公平、效率和协商的原则，在竞争择优的基础上，以合同的方式委托具有资格的承包商（代理人）研制生产，同时对武器装备的研制、生产、维修保障等全寿命过程实施监督，为国家购买武器、武器系统和军事技术器材等装备。然而，在我国目前的武器装备采办实践中，国防承包商的产生仍然主要是计划指令的结果，这与市场经济条件下武器装备的采办要求很不适应，虽然我国市场经济体制尚不完善，但必须加以改变，以建立适合我国国情的国防承包商市场准入制度。

一、国防承包商产生的指令性

在成熟的市场经济条件下，武器装备采办委托代理关系是建立在完善、有效的市场机制基础上的，承包商是在武器装备采办中通过竞争产生的。这样的承包商具有为追求自身效用和军队效用而努力的行为能力，即在其获得报酬激励最大化的情况下，能够达到自身投入的最佳水平；否则，军队的期望收益会降低。军队应始终保持对承包商的选择权，因为如果一选定终身，激励与监督都是无效的。委托代理关系实质上是一种市场契约关系，军队选定承包商后，购买的是承包商研制生产的武器装备，同时军队利用激励约束机制去激励监督承包商。比如

---

　*　本文原载于《装备指挥技术学院学报》2006 年第 4 期。

军队付给承包商采办经费，使其为自身利益而努力经营，客观上促进采办经费使用效率和武器装备性能质量水平的提高，达到军队的目的；同时，又对承包商进行约束，即用替代和退出威胁承包商。如果承包商骗军队，军队"用手投票"解除与承包商的合同，重新选择承包商（当然承包商也可以"用脚投票"，主动退出与军队的委托代理关系而另谋出路）。

现阶段，我国国防承包商与其说是竞争还不如说是"竞选"。承包商是在有限的范围内竞选产生的，并且基本上是一选定终身。具体有如下表现：①未形成国防承包商竞争产生的市场环境。在计划经济体制下，我国长期实行的是武器装备研制生产单一方案，定点生产模式既剥夺了军队择优选择的权利，又挫伤了承包商竞争中标的积极性，严重制约了我军武器装备的发展。随着社会主义市场经济的发展，人们对市场竞争好处的认识越发深入，但由于军队与军工企业历史上的"亲情关系"，同时缺乏科学、公正、权威的评估体系，无法形成公开、公平、公正的招投标制度。②国防科技工业企业中仍存在严重的行业和部门垄断。目前，我国有意识地在军工企业集团体制设计上形成竞争，但由于受行业保护、专业分工过细等因素的影响，竞争难以形成。如在一些项目单位的选择上，主要依靠行政手段在本部门内确定，一些科研能力强、技术水平高的企业难以进行跨行业竞争。即使在本部门、本行业内，为照顾一些军工企业，也没有通过竞争选择最适合的单位进行生产，尤其是大型武器装备的研制生产，"独此一家，别无分店"。

武器装备采办定点"终身制"限制了市场竞争，给采办效率效益带来影响，其直接后果表现为：①弱化了对高素质承包商的需求。真正具备武器科研生产能力的承包商无法通过公开竞争的渠道进入这个市场；而且由于对高素质承包商需求的降低，也会直接影响武器的供给质量、性能与价格。②降低了对承包商行为的要求。由于缺乏市场竞争的选拔机制，其在"代理人"的位置上也会逐渐增加惰性，借助其垄断市场的地位恶意"拖、降、涨"，破坏合同的执行，或者已不再把工作重点放在自身科研生产能力的提高上，最终结果也是把采办合同当作"钓鱼工程"。

而在武器装备采办中，由于信息不对称，军队很难详细了解每个承包商的真实科研生产能力，再加上我国武器装备采办承包商产生的"指令性"，导致承包商的素质无法保证。在这种情况下，无论外部激励机制多么完善，武器装备采办都不可能有高效率运转的基础。相反地，这种激励机制还可能被"劣质"承包商滥用，使代理风险不降反升。西方先进国家的武器装备采办经验表明，市场竞争是提高承包商素质的根本保证。

二、国防承包商选择的竞争法则

武器装备采办中存在着明显的信息不对称问题。在采办契约达成前，承包商对自己的研制生产和保障能力、管理水平、操作人员素质、行为偏好等比军队更清楚。拥有私人信息的承包商会利用优势地位，提出有利于自己的契约形式，并且故意隐瞒对契约不利的信息，即使委托人已经意识到这个契约并不是一个好的契约，但由自己去耗费成本，收集新信息，从而设计新契约可能更加得不偿失，于是也会同意这样一个契约。一个好的契约之所以不能出现，往往还取决于武器装备采办需求信息根本无法在国防科技工业中得到较广泛的传递，不能为其他承包商所知晓，因而选择的就是一种不好的契约，而不是一种更好的契约，最终导致武器装备采办行为长期陷入一种僵滞的状态，即军队和国防承包商长期合作的低效率运行，这就是所谓的武器装备采办中的逆向选择。

适度的竞争机制可以减少逆向选择。军队一定要允许各类潜在的承包商都有参与武器装备采办竞争的机会。如果根本不允许采办方案的比较和选择，按照逆向选择理论，往往是那些更能满足小部分人，而不是满足军队利益的方案淘汰那些好的方案。逆向选择的规律会使武器装备采办经常出现低效的合同。逆向选择还会使一种武器装备采办行为陷入僵滞状态，因为逆向选择具有淘汰好的承包商的功能，从而使得有能力的承包商比没有能力优势的承包商愈加不能出现。影响逆向选择的主要因素有：武器装备市场自由进入程度、市场竞争程度、惩罚力度大小等。在武器装备采办过程中要消除逆向选择，一定要允许具备武器装备研制生产能力的各类承包商都能够有新方案提出或试验的权利，以尽可能制度化的信息公开形式，使人们选择有能力的承包商提交的合同。一般来说，武器装备采办愈是封闭，愈是只允许一个承包商提出采办合同，则这个武器装备采办出现坏合同的风险愈大。武器装备采办愈是开放，愈是允许不同承包商的竞争，并使不同投标书有一个择优比较的过程，则好合同出现的可能性愈大。因而，最有效的"路径"就是尽快建立寓军于民的国防科技工业新体制，提供选择承包商的新的"选择优势"，而适度竞争是承包商能力提高的根本保证。

从发达国家的实践来看，美军十分注重强调竞争中的总体最佳效益，而不只追求"最低报价"，以防厂商钻空子；为充分开展竞争，美国国防部局以上各部门都设有"竞争代言人"，负责为竞争创造条件；建立非竞争申报审批制度；注重维持一定数量的国防承包商，并吸引民用部门企业参与，加强国际竞争，积极维持竞争态势；等等。英国国防部规定，当主承包商或转包商对国内拥有有效垄断时，牵头公司对转包合同实行由英国国防部仲裁的竞争投标。法国国防部实行竞争采办政策和公开招标制度，当主承包商一级不能开展竞争时，就要保证在转包商一级开展竞争。德国国防部规定，武器装备主承包商必须向军队采购部门提交详细的转包计划，为了扶持中小企业，军队要求主承包商必须将承包计划的20%~30%转包给主承包系统以外的企业。通过竞争并根据"自由和公开竞争"原则选择承包商的最大好处就是，能够有效改善委托人在武器装备采办中所处的信息劣势地位，并降低武器装备发展中的技术风险，提高采办效益，促进武器装备建设的快速发展。因此，西方国家在武器装备采办中广泛引入竞争机制和维持竞争态势的做法很值得我军学习和借鉴。

三、国防承包商市场准入制度

在市场经济条件下，军方对作为代理人的国防承包商必须按照市场准入制度进行严格筛选，以确保其能力，使真正具有武器装备研制生产能力的企业成为国防承包商，并受到高利润激励。按照信息经济学的逆向选择理论，市场竞争选择承包商是选择合格承包商的根本保证。武器装备作为实现国防安全的重要物质手段，有极其严格的技术和质量要求，甚至常常是影响国家军事战略制定的重要因素，因此其研制、生产和销售一般都要受到军队的严格管制。为了确保武器装备的技术、质量以及保密性，各国都建立了严格的承包商市场准入制度。一般而言，国防承包商市场准入制度的建立包括三方面内容：条件进入、渠道进入和市场退出。

1. 条件进入，建立武器装备采办承制资格审查制度

目前，西方国家武器装备采办所通行的承制资格审查、注册制度，确保了只有具备资格的承制单位才能进入国防科技工业领域承担相应的武器装备承制任务，十分有效。例如，美国实行"具备资格的承包商名单"和"不具备资格的承包商名单"登录制，对合格承包商登记造册，通过"一事一审"方式选择承包商。当一项武器计划经国防部批准并得到国会的拨款授权后，即由负责该武器装备项目的军种发布招标书（内容包括性能指标、经费预算、进度要求等），由承包商提出各种投标书，并由专门机构进行鉴定与评比，选出承包商。在签订契约（合同）前，调查部门要对未来的承包商进行必要的资格审查，预先鉴定这

些承包商是否具备履行契约的条件，并且军队始终保持对承包商的选择权。

结合我国实际，本文认为军队可以采取以下措施：①军队成立军品承制资格审查监管机构。在全国范围内、在目前国家普遍实行对企业质量体系论证（GJB/Z9000）的基础上，对申请从事武器装备研制生产的单位进行资格审查，通过科学的评价方法，确定承制单位资格。②军队建立承包商信息系统进行动态管理。如创建承包商中央注册中心，该中心由承包商的采购及财务信息数据库组成。承包商在与军队进行交易之前必须在此注册中心登记，并根据变化情况每年重新注册一次。③军队建立承包商以往业绩自动化信息系统。对承包商履行合同的以往业绩进行评估，将评估结果纳入该信息数据库，以供下次选择承包商时参考，同时作为一种有效的交流手段，对履行中的合同起到激励作用。

2. 渠道进入，建立武器装备研制生产招标和竞争择优制度

首先是根据武器装备项目的特点，确定竞争类别和范围。凡是可以通过竞争研制生产的产品，要在全国范围内取得军品承制资格的单位中进行公平、公正和适度公开的竞争。不具备竞争条件的大型重点武器装备和关键系统要对其分系统和配套产品实行定向招投标。开展竞争要处理好竞争与避免低水平重复建设的关系，注意利用已经形成的武器装备研制生产设施，防止企业在不具备研制生产能力的情况下盲目上项目、铺摊子。其次是多次招标、分阶段选择承包商。制定颁发"招标书"之类的文件进行竞争，内容包括性能指标、经费预算、进度要求等。竞争过程的组织管理、竞争结果评估、各类样机和产品的试验与鉴定以及采办过程从一个阶段向另一个阶段推进的阶段审查等，都不能脱离军队的约束。

在武器装备科研生产的各个阶段，西方国防经济学家设计了一种分阶段选择承包商，并有目的地制造由军队控制下的竞争的方法。在产品研制方案的设计阶段，军队选择多个企业从事设计竞争，通常选择五个甚至更多。通过竞争，在上一阶段保留下来的两个最优的企业中，军队根据对竞争设计的评估（可靠性、生产成本、可维护性等）及其后续工件的投标，选择一个优胜者进行研制生产。在研制生产阶段，为了防止"后垄断"现象，尽可能实行分项承包制，形成竞争制衡机制。对大宗武器装备项目的关键任务系统，军队可考虑资助一个潜在的未来竞争者，这个潜在的竞争者被称为"影子团队"，它的存在虽然会招致额外的费用，加大生产成本，但同时也给军队带来了不菲的收益：①对主承包商构成强劲的竞争压力，迫使其不断提高生产质量；②为大型武器装备项目生产下一代任务设备，确保关键技术持续发展，不被唯一的承包商"锁定"；③有选择地支持一些同类产品生产企业，为研制开发未来的军工项目保存实力。美国的JSF联合攻击战斗机项目就是一个典型的范例。按照惯例，洛克希德·马丁公司将根据

"赢家通吃"（Winner–take–all）的游戏规则，独揽联合攻击机的生产，但仍然将面临残酷竞争的挑战。对于联合攻击战斗机的电子战系统、通信设施和导航设备等任务系统（Mission System），军队还考虑资助一个潜在的未来竞争对手。

3. 市场退出，建立武器装备需求牵引制度

从经济学上来说，国防承包商的研制生产能力是面对军品市场的不确定性，通过判断性决策和实施决策来获得盈利的能力。在武器装备采办过程中，一方面，军队要根据军事需求和国民经济中长期发展规划，制定武器装备中长期发展战略和规划，以持续稳定的武器装备需求信号，引导军品市场健康发展，引导国防承包商迅速成长，使国防承包商始终保持积极竞争的态势。另一方面，对武器装备采办契约履约情况好的国防承包商可以确定为长期承包商；而对于履约情况差的国防承包商，军队可以解除与承包商的合同，重新选择承包商，情节轻的可以扣除最后阶段预付款、罚款、取消后续合同以此威胁，严重的甚至取消承制资格，永久性地取消其武器装备研制生产资格，并且完全退出后的国防承包商不能再回到国防生产领域。

四、结束语

发达国家对国防承包商准入制度的实践与探索，给我们提供了很好的借鉴。目前，在我国对国防承包商的选择主要依靠计划手段，对国防承包商的管理仍然存在"一选定终身"现象的情况下，尝试在我国武器装备采办中，引入国防承包商市场准入制度，对于提高我国武器装备采办的效率和效益，无疑是大有好处的。但建立国防承包商市场准入制度牵涉到武器装备采办的方方面面，是一项复杂的系统工程，尤其是在我国市场经济体制还不完全成熟、市场竞争规则还存在诸多漏洞的情况下，这项制度的建立无疑会面临比别的国家更多的困难。但无论如何，建立国防承包商市场准入制度，是在市场经济条件下必须面对的时代课题。

参考文献

[1] 于连坤. 中国国防经济运行与管理 [M]. 北京：国防大学出版社，2002.

[2] 哈特利，桑德勒. 国防经济学手册 [M]. 姜鲁鸣译. 北京：经济科学

出版社，2001.

　　［3］张连超．美军高技术项目的管理［M］．北京：国防工业出版社，1998.

　　［4］乔·B．史蒂文斯．集体选择经济学［M］．上海：上海三联书店，上海人民出版社，1999.

　　［5］周建设．中国国防经济面临的新变化［J］．中国国防经济，2002（1）：12－16.

　　［6］刘佐太．军品采办论［M］．北京：军事科学出版社，1999.

　　［7］卢周来．剑与犁——当代国防经济的理论与实践［M］．北京：石油工业出版社，2003.

　　［8］陈俨．国际经济非均衡研究［M］．北京：国防大学出版社，2000.

　　［9］古先光．装备投资军队主导机制模型分析［A］//国防建设与经济建设协调发展的新探索［M］．北京：国防大学出版社，2003.

　　［10］旷毓君．武器装备采办中的竞争与激励法则［N］．经济学消息报，2005－08－19（7）.

基于演化博弈的武器装备研制
合同定价模型研究*

郭　静　陈英武　郭　勤

引　言

　　1987 年，国务院、中央军委发布的《武器装备研制合同暂行办法》中，就已明确武器装备研制合同必须以国家批准的武器装备研制中长期计划和批准的项目为依据，即实行指令性计划指导下的合同制。我国武器装备研制实行合同制以来，对于缩短研制周期、保证产品质量、提高效益等方面起了一定的推动作用。由于装备的合同制在我国刚刚起步，在实行中还存在一些问题，其中一个突出的问题就是如何对合同进行定价。研制合同价格制订的准确与否直接决定着研制合同的成败，决定着采办的质量。

　　从装备合同管理理论的有关文献［1］～［6］中可以看出，常用的方法是经典的博弈理论。经典博弈在博弈方信息量的拥有和理性程度方面强加太多的限制，使其在应用中存在一定的问题。由于技术的进步，武器装备研制项目技术含量越来越高，更新换代的速度也越来越快，费用和技术的不确定性因素增多，风险增大。而且武器装备的研制通常要持续许多年，在没有完成之前，设计会不断改进，军方的需求也在不断变化。因此装备研制合同不是一个完全的合同，而是一个动态的不断调整的过程。演化博弈论放宽了经典博弈论的假设条件，并适合于解决以上的动态性问题。本文基于以上优点把演化博弈理论引入军方与承包商之间的合同定价，建立了基于演化博弈的研制合同定价模型。并考虑到决策群体

---

　　* 本文原载于《运筹与管理》2007 年第 1 期。

中个体的认识误差，对所建立的定价模型进行修正。最后运用实例对两者的结果进行比较，得出一些有关合同定价的重要结论。

一、经典博弈与演化博弈

由于经典博弈的局限性，许多专家学者对此进行了深入的研究，并开始将注意力转移到演化博弈，因为它不需要假设所有的博弈方都是复杂的和完全理性的，而这些经常是不现实的。以下通过对两种理论的比较（见表1），得出演化博弈理论的优越性。

表1　经典博弈论与演化博弈论之间的区别

项目	经典博弈论	演化博弈论
均衡概念	Nash均衡	演化稳定均衡（ESS）
博弈方	个体	种群
理性程度	完全理性	有限理性
支付	效用函数	适应度
博弈对象	确定的	随机的
研究方法	结果	过程
策略均衡	一次性选择	学习调整

经典博弈论的基本概念是纳什均衡（Nash Equilibrium），即在假定其他参与人的策略选择不变的情况下，每个人都选择使自己达到最大期望收益的策略。显然，纳什均衡是一个静态概念，不能描述系统的动态性质。演化稳定均衡（Evolutionary Stable Strategy）是在重复博弈中，具备有限信息的个体根据其既得利益不断地对其策略进行调整以追求自身利益的改善，最终达到一种动态平衡，在这种平衡状态中，任何一个个体不再愿意单方面改变其策略。在演化博弈分析中，博弈方的行动与博弈环境和其他博弈方行动之间是相互影响的，根据其适应度的不断增加或减少进行学习，得出稳定的均衡，适合解决动态性问题，如图1所示。

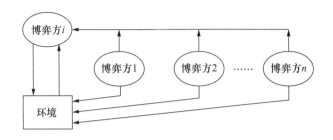

图1 动态系统博弈

博弈方 i 的策略受到其他博弈方策略和博弈环境的影响，博弈方 i 所采取的策略反过来影响博弈环境。

二、基于演化博弈的定价模型

假设军方的价格空间为 $A = \{a_i \mid i = 1, 2, \cdots, n\}$；承包方的价格空间为 $B = \{b_j \mid j = 1, 2, \cdots, m\}$。

军方与承包方之间基于演化博弈的定价模型如下：

$$\begin{cases} \theta(a_i) = \sum_j q_j E(a_i, b_j) \\ \bar{\theta} = \sum_i p_i \theta(a_i) \\ \dfrac{\dot{p}_i}{p_i} = \theta(a_i) - \bar{\theta} \\ \sum_i p_i = 1 \\ \sum_j q_j = 1 \end{cases} \tag{1}$$

其中，$\theta(a_i)$ 表示军方采用策略 a_i 的适应度函数；$\bar{\theta}$ 为采取策略 a_i 的平均适应度函数；p_i 表示军方选择纯策略 a_i 的概率；q_j 表示对手选择纯策略 b_j 的概率；$E(a_i, b_j)$ 表示主体采用策略 a_i，其对手采用策略 b_j 时的收益。

根据公式（1），当 $\theta(a_i) > \bar{\theta}$ 时，该策略有较高的适应度，复制该策略到下一时期；当 $\theta(a_i) < \bar{\theta}$ 时，淘汰该策略。

为简化问题只考虑一个 2×2 博弈，即军方与承包商的价格空间分别为 (a_1, a_2)、(b_1, b_2)，p_1 表示军方选择纯策略 a_1 的概率，q_1 表示对手选择纯策略 b_1

的概率, 其博弈如图2 所示。

承包方			
军方		b_1	b_2
	a_1	$(a_{11},\ b_{11})$	$(a_{12},\ b_{21})$
	a_2	$(a_{21},\ b_{12})$	$(a_{22},\ b_{22})$

图2 军方与承包方的博弈

根据公式 (1) 可得:

$$\begin{cases} \theta(a_1) = q_1 a_{11} + (1-q_1)a_{12} \\ \theta(a_2) = q_1 a_{21} + (1-q_1)a_{22} \\ \bar{\theta} = p_1\theta(a_1) + (1-p_1)\theta(a_2) \\ \dfrac{\dot{p_1}}{p_1} = (1-p_1)\left[\theta(a_1) - \theta(a_2)\right] \end{cases} \tag{2}$$

由 $\dot{p_1} = p_1(1-p_1)\left[q_1(a_{11}-a_{21}) + (1-q_1)(a_{12}-a_{22})\right] = 0$, 可得:

$$\begin{cases} p_1 = 0 & \text{或} \\ p_1 = 1 & \text{或} \\ q_1 = \dfrac{a_{22}-a_{12}}{a_{11}-a_{21}-a_{12}+a_{22}} \end{cases}$$

同理由 $\dfrac{\dot{q_1}}{q_1} = (1-q_1)\left[\theta(b_1) - \theta(b_2)\right] = 0$, 可得:

$$\begin{cases} q_1 = 0 & \text{或} \\ q_1 = 1 & \text{或} \\ q_1 = \dfrac{b_{22}-b_{12}}{b_{11}-b_{21}-b_{12}+b_{22}} \end{cases}$$

由以上分析可知, 该系统可能有5 个局部平衡点, 即 $A(0,\ 0)$、$B(0,\ 1)$、$C(1,\ 0)$、$D(1,\ 1)$、$E\left(\dfrac{b_{22}-b_{12}}{b_{11}-b_{21}-b_{12}+b_{22}},\ \dfrac{a_{22}-a_{12}}{a_{11}-a_{21}-a_{12}+a_{22}}\right)$。

由于 a_{mn}, $b_{kl}\{m,\ n,\ k,\ l\in(1,\ 2)\}$ 有不同取值, 解的情况可以有多种, 可根据实际数据选择最优解。

三、考虑偏离的定价模型

由于决策者种群是有限理性的，不可避免地会出现选择误差。考虑突变属性，即决策者对计划选择策略的一个小概率的偏离，该偏离影响主体的适应度，要对其进行修正，如：

$$\hat{\theta}(a_{ki}) = \left[\theta(a_i) - \theta(a_k)\right] + \varepsilon \tag{3}$$

其中，$\hat{\theta}(a_{ki})$ 为修正后的适应度函数；$\left[\theta(a_i) - \theta(a_k)\right]$ 为决策者从策略 a_k 转移到策略 a_i 的平均支付；ε 为误差因素。当 $\varepsilon = 0$ 时，定价模型同式（1），否则就要进行如式（3）所示的修正。

这部分也是考虑一个 2×2 的博弈，设 ε_1 为决策者从策略 a_2 转移到策略 a_1 时所发生的偏离，ε_2 为决策者从策略 b_2 转移到策略 b_1 时所发生的偏离，p_2 表示军方选择纯策略 a_1 的概率，q_2 表示对手选择纯策略 b_1 的概率。

式（2）中的 $\dfrac{\dot{p_1}}{p_1}$ 可修正为：

$$\frac{\dot{p_2}}{p_2} = (1 - p_2)\hat{\theta}(a_{21}) \tag{4}$$

即：$\dfrac{\dot{p_2}}{p_2} = (1 - p_2)\left[\theta(a_1) - \theta(a_2) + \varepsilon_1\right]$

由 $\dot{p_2} = p_2(1 - p_2)\left[q_2(a_{11} - a_{21}) + (1 - q_2)(a_{12} - a_{22}) + \varepsilon_1\right] = 0$，可得：

$$\begin{cases} p_2 = 0 & \text{或} \\ p_2 = 1 & \text{或} \\ q_2 = \dfrac{a_{22} - a_{12} - \varepsilon_1}{a_{11} - a_{21} - a_{12} + a_{22}} \end{cases}$$

同理可得：

$$\begin{cases} q_2 = 0 & \text{或} \\ q_2 = 1 & \text{或} \\ p_2 = \dfrac{b_{22} - b_{12} - \varepsilon_2}{b_{11} - b_{21} - b_{12} + b_{22}} \end{cases}$$

我们可以看到，不考虑偏离的定价模型与考虑偏离的定价模型有 4 个解相同，也用 A、B、C 和 D 来表示，一个解是不同的，即：

$$E_2\left(\frac{b_{22} - b_{12} - \varepsilon_2}{b_{11} - b_{21} - b_{12} + b_{22}}, \frac{a_{22} - a_{12} - \varepsilon_1}{a_{11} - a_{21} - a_{12} + a_{22}}\right)$$

其中，E_2 如果存在，就要满足：

$$0 < \frac{a_{22} - a_{12} - \varepsilon_1}{a_{11} - a_{21} - a_{12} + a_{22}} < 1$$

即 $\varepsilon_1 > a_{21} - a_{11}$，并且 $\varepsilon_1 < a_{22} - a_{12}$，满足：

$$0 < \frac{b_{22} - b_{12} - \varepsilon_2}{b_{11} - b_{21} - b_{12} + b_{22}} < 1$$

即 $\varepsilon_2 > b_{21} - b_{11}$，并且 $\varepsilon_2 < b_{22} - b_{12}$。

由于考虑了偏离 ε，可能导致式（2）和式（4）有不同的解。如前所分析，在图 2 中，由于 a_{mn} 和 b_{kl} 的不同取值，解的情况可以有多种，下面以一种情况为例说明 ε 对定价模型解的影响。

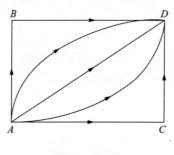

图3　相图

不考虑偏离，当 $a_{12} > a_{22}$，$a_{11} > a_{21}$，$b_{11} > b_{21}$，$b_{12} > b_{22}$ 时，如图 3 所示，利用式（2）可得系统有 4 个结点，D 为稳定的结点，A 为不稳定的结点，B 和 C 为鞍点。

在考虑偏离的情况下，以下几种情况的 a_{mn} 和 b_{kl} 之间的关系式都可导致同上不考虑偏离的相同的关系式。

（1）当 $\varepsilon_1 > a_{21} - a_{11}$，并且 $\varepsilon_1 < a_{22} - a_{12}$，$\varepsilon_2 < b_{21} - b_{11}$，即 $\varepsilon_2 < b_{22} - b_{12}$，有 5 个结点。

1）当 $a_{11} < a_{21}$，$a_{12} > a_{22}$，$b_{11} < b_{21}$，$b_{12} > b_{22}$ 时，B 和 C 为稳定的结点，A 和 D 为不稳定的结点，E_2 为鞍点。

以这个为例，该关系式与不考虑偏离的关系式不同在于其 $a_{11} < a_{21}$，$b_{11} < b_{21}$，由于认识上的偏差及 ε_1 和 ε_2 的存在，$a_{12} > a_{22}$、$b_{11} > b_{21}$ 是可能的，如果不考虑偏离，就会认为 D 为稳定的结点，而实际情况是 B 和 C 为稳定的结点。以下分析相同。

2）当 $a_{11} < a_{21}$，$a_{12} < a_{22}$，$b_{11} > b_{21}$，$b_{12} < b_{22}$ 时，A 和 D 为稳定的结点，B 和 C 为不稳定的结点，E_2 为鞍点。

3）当 $a_{11} < a_{21}$，$a_{12} > a_{22}$，$b_{11} > b_{21}$，$b_{12} < b_{22}$ 时，A、B、C 和 D 为鞍点，E_2 为中心。

4）当 $a_{11} > a_{21}$，$a_{12} < a_{22}$，$b_{11} < b_{21}$，$b_{12} > b_{22}$ 时，A、B、C 和 D 为鞍点，E_2 为中心。

（2）ε_1 和 ε_2 取其他值的情况下，有 4 个结点。存在以下几种情况：

1）当 $a_{11} > a_{21}$，$a_{12} > a_{22}$，$b_{11} < b_{21}$，$b_{12} > b_{22}$ 时，C 为稳定的结点，A 为不稳定的结点，B 和 D 为鞍点。

2）当 $a_{11} < a_{21}$，$a_{12} < a_{22}$，$b_{11} > b_{21}$，$b_{12} < b_{22}$ 时，A 为稳定的结点，C 为不稳定的结点，B 和 D 为鞍点。

3）当 $a_{11} > a_{21}$，$a_{12} > a_{22}$，$b_{11} > b_{21}$，$b_{12} < b_{22}$ 时，D 为稳定的结点，B 为不稳定的结点，A 和 C 为鞍点。

4）当 $a_{11} < a_{21}$，$a_{12} < a_{22}$，$b_{11} < b_{21}$，$b_{12} > b_{22}$ 时，B 为稳定的结点，D 为不稳定的结点，A 和 C 为鞍点。

5）当 $a_{11} > a_{21}$，$a_{12} < a_{22}$，$b_{11} > b_{21}$，$b_{12} > b_{22}$ 时，D 为稳定的结点，C 为不稳定的结点，A 和 B 为鞍点。

6）当 $a_{11} < a_{21}$，$a_{12} > a_{22}$，$b_{11} < b_{21}$，$b_{12} < b_{22}$ 时，C 为稳定的结点，D 为不稳定的结点，A 和 B 为鞍点。

7）当 $a_{11} > a_{21}$，$a_{12} < a_{22}$，$b_{11} < b_{21}$，$b_{12} < b_{22}$ 时，A 为稳定的结点，B 为不稳定的结点，C 和 D 为鞍点。

8）当 $a_{11} < a_{21}$，$a_{12} > a_{22}$，$b_{11} > b_{21}$，$b_{12} > b_{22}$ 时，B 为稳定的结点，A 为不稳定的结点，C 和 D 为鞍点。

9）当 $a_{11} > a_{21}$，$a_{12} > a_{22}$，$b_{11} < b_{21}$，$b_{12} < b_{22}$ 时，C 为稳定的结点，B 为不稳定的结点，A 和 D 为鞍点。

10）当 $a_{11} < a_{21}$，$a_{12} < a_{22}$，$b_{11} > b_{21}$，$b_{12} > b_{22}$ 时，B 为稳定的结点，C 为不稳定的结点，A 和 D 为鞍点。

11）当 $a_{11} < a_{21}$，$a_{12} < a_{22}$，$b_{11} < b_{21}$，$b_{12} > b_{22}$ 时，A 为稳定的结点，D 为不稳定的结点，B 和 C 为鞍点。

以上 15 种情况在不考虑偏离时，都可能导致与所列举的情况相同的解，这时得到的解与实际情况是不相符的，有可能得到错误的解。因此，在运用演化博弈进行分析时，要考虑到偏差对解的影响。

只要迭代的次数足够多，可以消除决策者的选择误差，ε 趋近于 0，即：

$$\lim_{\varepsilon \to 0} = \hat{\theta}(a_{ki}) = [\theta(a_i) - \theta(a_k)] = \theta(a_{ki})$$

四、实例分析

下面用实例进行说明。设博弈如图 4 所示。

		承包方	
		高价	低价
军方	高价	(9, 9)	(5, 6)
	低价	(6, 4)	(8, 7)

图 4 军方与承包方的博弈

此种情况为，$a_{11} > a_{21}$，$a_{12} < a_{22}$，$b_{11} > b_{21}$，$b_{12} < b_{22}$，其解 A 和 D 为稳定的结点，即（高价，高价）和（低价，低价）。

由于 ε_1 的存在，当 $a_{12} < a_{22}$ 并且 $\varepsilon_1 > 3$ 时，也可导致 $a_{12} + \varepsilon_1 > a_{22}$，如果不考虑偏离，即认为 $a_{12} > a_{22}$，这时满足当 $a_{11} > a_{21}$，$a_{12} > a_{22}$，$b_{11} > b_{21}$，$b_{12} < b_{22}$ 的情况，即 D 为稳定的结点，其解为（高价，高价）。

通过实例分析，我们可得出偏离（ε）影响定价模型的最优解。

由于演化博弈与经典博弈的不同在于，通过演化博弈最终可选择一个最优解。选择以上两个结点中的哪一个，跟初始条件有关。一种解的情况是 $p = 0$，$q = 0$，即双方都采取低价策略。在这种情况下双方都是风险规避的，在既定的性能条件下，计算所研制的装备所需的费用。另一种解的情况是 $p = 1$、$q = 1$，双方都采取高价策略。这种情况是除满足既定性能的条件下，还给承包方以改进的空间。

五、结束语

在合同的定价过程中，会获得新的信息，而且可能不断出现新的情况，因此必须考虑定价过程中的动态性，根据条件的不断变化调整合同的定价，使价格更符合现实的情况。本文提出采用演化博弈来解决合同定价过程的动态性。由于研制合同的定价是由一个决策群体所做出的，但群体中的个体具有不同的知识、经验和信息，在决策过程中不可避免地出现决策误差，该误差会影响所采取策略的适应度，进而影响到最终的决策。为了解决以上问题，根据文中的分析，建议采取以下措施来减少决策中可能出现的误差：①谈判次数足够多。经过多轮谈判，决策群体会对所谈判的项目有更深入的了解。②收集研制项目定价的足够信息，并且军方个体之间不断进行交流，减少决策的误差率。③收集有关信息，分析投标方以往决策情况，判断其对所要研制项目的偏好。

参考文献

［1］Clippinger A，Gaier E. Characterizing commercial market effects on military electronics development program costs – An analytical framework ［R］. Logistics Management Inst，ADA355679，1998.

［2］Steinar Vagstad. Promoting fair competition in public procurement ［J］. Journal of Public Economics，1995（58）：283 – 307.

［3］Kucama A. Bidding for contract games applying game theory to analyze first price dealed bid auctions ［R］. Naval Postgraduate School，ADA331673，1997.

［4］Paul H，Jensen. The impact of incentives，uncertainty and transaction costs on the efficiency of public sector outsourcing contracts ［D］. Universities of Sydney and New South Wales，2004.

［5］David G，Pearce. The interaction of implicit and explicit contracts in repeated agency ［J］. Games and Economic Behavior，1998（23）：75 – 96.

［6］敖志军. 委托—代理理论的若干拓展和应用研究 ［D］. 北京航空航天大学博士学位论文，1997.

［7］李鸣. 军品采办理论研究 ［D］. 北京航空航天大学博士学位论文，2002.

［8］魏刚. 武器装备采办合同理论研究与实证分析 ［M］. 北京：国防大学出版社，2003.

"5R 型军事装备供应链"模型的构建*

吴 鸣 邹小军

在未来的信息化战争中,战场瞬息万变,战争消耗巨大,战争的经济成本越来越高,装备保障的难度越来越大。装备保障是因为战争而产生的,因此必然要随着战争形态的变化而不断发展。面对信息化条件下战场的变幻莫测和巨额的战争费用,装备保障不仅要追求保障的精确性,而且还要考虑国家经济的可承受性,实现"精确 + 经济"保障。本文拟通过引进先进的"5R"经营理念和物流与供应链管理理论,结合信息化战争条件下装备物资实现"精确 + 经济"保障的要求,提出构建"5R 型军事装备供应链"的设想。

一、"5R 型军事装备供应链"的提出

现代企业经营强调"5R"原则经营理念,即以正确的价格(Right Price)提供正确的商品(Right Commodity),同时还必须做到在正确的操作成本(Right Cost)前提下,在正确的时间(Right Time)送到正确的地点(Right Place)。装备保障跟企业有很多相似的地方。企业是在追求成本最小化的同时实现自身利润的最大化,而装备保障则是在追求保障费用最低的同时实现保障效益的最大化。基于装备保障与企业经营的相似性,结合现代物流与供应链的相关理论,笔者在这里提出构建"5R 型军事装备供应链"模型的设想,以实现装备"精确 + 经济"保障的要求。

供应链的思想起源于后勤,原指军方的后勤补给活动,随着商业的蓬勃发展才逐渐推广应用到商业活动之中。目前关于供应链(Supply Chain)和供应链管

---

* 本文原载于《军事经济研究》2007 年第 2 期。

理（Supply Chain Management，SCM）还没有统一的定义。比较具有代表性的是学者马士华的定义，他认为，供应链是围绕核心企业，通过对信息流、物流、资金流的控制，从采购原材料开始，制成中间产品及最终产品，最后由销售网络把产品送到消费者手中的将供应商、制造商、分销商、零售商直到最终用户连成一个整体的功能网链结构模式。供应链管理则把供应链上的各个企业作为一个不可分割的整体，使供应链上各企业分担的采购、生产、分销和销售职能成为一个协调发展的有机体。

军事装备亦指军事装备物资（简称装备），是用以实施和保障军事行动的武器、武器系统和其他军事技术器材的统称。主要指武装力量编制内的武器、弹药、车辆、机械、装具等。"5R 型军事装备供应链"是运用现代先进信息技术和网络技术以保障作战部队（最终用户）为核心，将军事装备由生产、包装、采购、仓储、运输、补给、维修等环节连接成为一个经济高效具有整体功能的网状结构模式，追求的是以正确的价格提供正确的装备，在正确的操作成本下，在正确的时间和正确的地点实现有效的装备保障的一种新型军事装备供应链，是传统军事装备供应链在信息化时代的新发展，是追求军事效益和经济效益的高度统一，是一条"增值链"。

构建"5R 型军事装备供应链"是提高装备保障效益的重要途径。通过构建"5R 型军事装备供应链"，可根据战场形势的变化以及部队的需要实时进行保障，避免堆积大量的装备物资在战场和进行大规模的保障活动，减少保障人员和装备物资的损失。"5R 型军事装备供应链"以网络技术为依托，在应用现代信息技术手段实施精确保障的同时，对保障过程全程监控和管理，消除传统保障模式下的管理"盲区"，提高装备保障效益。美国很早就提出了"聚集后勤"的概念，这是一种精确保障的思想。精确保障作为一种全新的管理思想对装备保障具有重大的启发和推动作用。随着新军事变革的进一步推进，以信息技术应用为主要特征的精确保障将成为主流。目前，我军装备保障经历几十年的发展虽然有了长足的进步，但是科技含量还不高，缺乏先进的技术指挥系统和手段，缺乏新装备管理理论指导。在吸收其他国家和军队装备保障先进理论的基础上，我军装备保障也要向精确保障方向迈进。"5R 型军事装备供应链"不但贯彻精确保障的思想，而且还能在实现精确保障的前提下实现"经济"保障。

二、基于"战区配送中心"的"5R型军事装备供应链"模型构建

随着信息技术的发展，供应链不再是由人、组织简单组成的实体，而是以信息处理为核心，以计算机网络为工具的人—信息—组织集成的超智能体。要在未来信息化条件下的装备保障中贯彻"5R"理念，就必须具有动态的建模思想，针对战场形势的发展变化，适时调整装备物资供应链，既要实现精确保障的要求，又要实现"经济"保障的要求。本文正是基于对信息化战争特点和发展趋势的认识，提出了基于"战区配送中心"的"5R型军事装备供应链"建模设想。

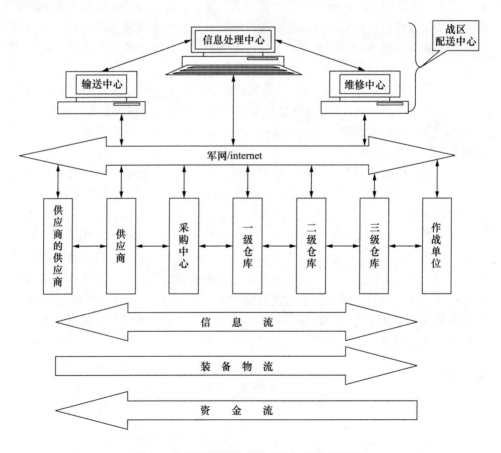

图1 "5R型军事装备供应链"网络结构图

1. 基于"战区配送中心"的"5R 型军事装备供应链"网络结构图（见图1）

"5R 型军事装备供应链"由信息处理中心、输送中心和维修中心构成，"战区配送中心"是核心，它是实现"5R"理念的关键。如何选择"战区配送中心"就成为构建"5R 型军事装备供应链"的核心。

2. "战区配送中心"选择模型

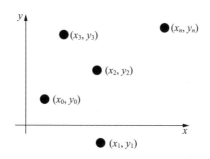

图2　"战区配送中心"选择模型示意图

在这个装备保障供应链中，"战区配送中心"既是基于局域网络的信息处理中心，也是整个装备供应链的管理者和指挥中心。其可以和装备供应链上的任何节点进行信息双向流动，因此可以根据具体情况适时调整供应链的长度和结构以实现装备保障的"5R"理念。本文应用"重心法模型"来选择战区配送中心。如图2所示，设有 n 个作战单位需要保障，它们的坐标是 $(x_i, y_i)(i = 1, 2, \cdots, n)$，战区配送中心坐标为 (x_0, y_0)，有：

$$H = \sum_{j}^{n} C_j \tag{1}$$

式中，H：从配送中心到各作战单位的总发送费用。C_j：从配送中心到各作战单位的发送费用。而 C_j 又可以表示为：

$$C_j = h_j w_j d_j \tag{2}$$

式中，h_j：从配送中心到作战单位 j 的发送费用率（单位为吨每公里）；w_j：从配送中心到作战单位的发送量；d_j：从配送中心到作战单位的距离。其中：

$$d_j = \sqrt{(x_0 - x_j)^2 + (y_0 - y_j)^2} \tag{3}$$

将（2）式代入（1）式可以得到：

$$H = \sum_{j=1}^{n} h_j w_j d_j \tag{4}$$

对于配送中心的选择问题就可以简化为求解方程：

$$\text{Min}H = \sum_{j}^{n} h_j w_j d_j$$

根据函数的一阶求导取极值的条件可知（x_0，y_0）应满足方程（5）、方程（6）。

$$\frac{\delta H}{\delta x_0} = \sum_{j=1}^{n} h_j w_j (x_0 - x_j)/d_j = 0 \tag{5}$$

$$\frac{\delta H}{\delta y_0} = \sum_{j=1}^{n} h_j w_j (y_0 - y_j)/d_j = 0 \tag{6}$$

求解方程（5）、方程（6）可以求得最佳配送中心位置坐标为（x_0^*，y_0^*），其中：

$$x_0^* = \frac{\sum_{j}^{n} h_j w_j x_j/d_j}{\sum_{j=1}^{n} h_j w_j/d_j} \tag{7}$$

$$y_0^* = \frac{\sum_{j=1}^{n} h_j w_j y_j/d_j}{\sum_{j=1}^{n} h_j w_j/d_j} \tag{8}$$

3. 基于"战区配送中心"的"5R 型军事装备供应链"的说明

利用重心模型求得配送中心的最佳位置，对于构建"5R 型军事装备供应链"来说，已经成功了一半。"战区配送中心"的选择对于节约供应链成本，提高装备保障能力和效益具有举足轻重的作用。它的成功选择有助于实现"5R"理念中正确的操作成本、正确的时间、正确的地点等内容。

在"战区配送中心"中，信息处理中心主要管理供应链的信息流并及时将各种信息准确传递到各个部门。它是"战区配送中心"的中枢。输送中心是整个装备保障物资流协调和管理中心，它的目标是实现以最低的成本、最快的速度将作战单位所需的装备保障物资准确送到作战单位(最终用户)。

由于军事装备的特殊性和战争的残酷性，"战区配送中心"还需有一个维修中心，它将保障损坏的武器装备在最短的时间在尽量靠近前线的地方完成维修，继续投入战斗。为了完成"5R 型军事装备供应链"赋予装备维修中心的使命，在这个供应链中装备维修中心还有自己的子网，如图 3 所示。

装备维修中心对于构建"5R 型军事装备供应链"来说也是十分重要的。由于装备生产、采购周期比较长，造价十分昂贵，因此，能够维修的装备就不需要再采购，这样就可以大大降低成本、节约时间。组织一个反应迅速、技术过硬的装备维修网络是构建"5R 型军事装备供应链"的重要组成部分。

在"战区配送中心"的成功选择的基础上，"5R 型军事装备供应链"还需要实现正确的价格、确保正确的装备。因此在构建装备供应链模型中还有一个重要的节点那就是装备采购中心，它是实现这"2R"理念的关键部门。装备采购中心既同装备供应商有实时的信息交流，又同"战区配送中心"以及各级仓库保持着实时的通信，确保实现"5R"保障理念。

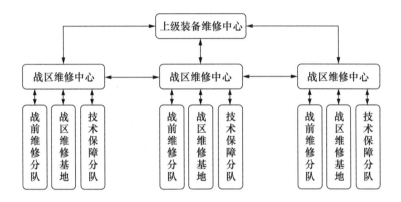

图 3 "5R 型军事装备供应链"装备维修中心网

三、构建"5R 型军事装备供应链"需要解决的问题

1. 加强军用网络基础设施建设，构建"5R 型军事装备供应链"所需的通信网络平台

现代信息和网络技术是新型军事装备供应链的基础。要构建新型军事装备供应链必须有完善的网络基础设施。虽然我国现有的民用网络基础设施建设已经取得了很大的成就，但是由于涉及军事行动的保密性和安全性，在构建"5R 型军事装备供应链"的过程中不可能完全利用民用的通信网络平台，应该建立面向作战的具有较强保密性的军用网络基础设施，这是构建新型军事装备供应链的基础。

同时要建立起以战区为中间点，上连接各大军区、四总部和中央军委，下连接各个战役战术分队的装备保障通信网络。

2. 调整军事装备保障组织结构，建立与"5R 型军事装备供应链"相适应的灵活、高效的组织结构

在我军传统的装备保障模式中，组织结构是垂直突兀的，供应层次和保障环节过多。这种传统的装备保障组织结构，容易造成信息流不通畅，保障交易费用和指挥成本过高，不能实现"5R 型军事装备供应链"的"精确＋经济"保障的要求。因此，要构建新型军事装备供应链就要建立柔性的具有快速响应能力的装备保障组织结构。

3. 优化装备物资储备，提高"5R 型军事装备供应链"的运行效率

从宏观上分析，装备物资储备量太大，会造成资源浪费，储备太少又难以满足战争的需求。尤其是在"5R 型军事装备供应链"中，强调不但要精确保障也要经济保障。这对装备物资的储备提出了更高的要求。装备储备布局的合理与否，直接影响军事装备物资的保障效能。储备物资的结构失调，则影响装备物资供应链目标的实现。因此，装备物资储备量的合理确定，储备布局的优化，储备结构的合理调整，对于提高"5R 型军事装备供应链"的运行效率具有重要的意义。

4. 培养供应链管理人才，提升"5R 型军事装备供应链"管理水平

装备保障是涉及工程技术、组织管理和军事指挥等多方面的系统工程。新型装备供应链以供应链理论和装备保障基础为核心。人才又是装备保障的核心。因此，在装备供应链构建以后，还需要不断优化，这个过程就需要大量精通供应链管理的新型装备保障人才。由此，要在军队强化供应链管理理论的学习，提高相关人员的素质和业务水平；加强对"5R 型军事装备供应链"的管理，尤其是针对战时情况实时做出调整，以适应信息化战争的需要。

参考文献

[1]王进发，李励. 军事供应链管理[M]. 北京：国防大学出版社，2004.

[2]宋华. 电子商务与电子供应链管理[M]. 北京：人民大学出版社，2004.

[3]余高达，赵潞生. 军事装备学[M]. 北京：国防大学出版社，2000.

[4]佟伟民. 乳制品行业基于供应链的物流建模系统研究[D]. 哈尔滨工业大学硕士学位论文，2003.

武器装备采购的竞争性定价研究*

郭　静　陈英武　郭　勤

由于用途的特殊性，武器装备（本文所指的是大型武器装备）的研制、生产和销售受到政府的许多控制，技术含量高，资金投入大，使得它不同于一般的商品。并且军方作为唯一的购买者，使其具有基本稳定的供求关系。装备的研制生产只是个别企业行为，特别是大型武器装备的科研生产，往往是独此一家，造成了卖方的垄断。尽管这种模式在一定时期曾经强有力地保证了军事需要，但随着市场经济的发展，该模式的弊端也越来越明显。单一来源、垄断经营使装备价格上涨幅度过快，使得有限经费购买装备的数量越来越少，直接影响到军队现代化的进程。引入竞争机制，打破长期以来国防工业形成的"只此一家，别无分店"的垄断经营局面，是当前军事装备采购面临的突出问题。

1998 年党中央国务院、中央军委决定组建新的国防科工委，并决定组建总装备部。1999 年又将原五大军工总公司一分为二，组建了十个军工企业集团，成为自主经营、自负盈亏的市场主体。国防科技工业的调整改革，标志着国防科技工业已开始按照市场经济规律运行，为打破行业垄断及部门的限制，积极引进竞争机制。本文拟从存在多个投标方，每个投标方在出价时要考虑到对手的可能出价的情况，建立考虑其他对手出价的定价模型，并对所建模型与传统的定价模型进行比较分析，从而通过竞争性定价达到有效节约采购经费的目的。

一、传统的装备垄断定价模式

垄断是指在市场交易中，少数当事人或经济组织凭借自身的优势，对商品的

＊　本文原载于《后勤工程学院报》2007 年第 3 期。

生产、价格、数量及市场供求状态实行排他性控制，以牟取长期稳定超额利润的经济行为。按形成原因可划分为以下三种形式：①经济垄断，是指在竞争过程中，凭借技术、资本、管理等优势在市场中形成的竞争性垄断；②自然垄断，是指某个产业由一个厂商提供产品或服务时，成本低于多个厂商共同提供产品或服务时的成本；③行政垄断，是指政府给予一个企业排他性的生产或出售某种产品（服务）的权利，是基于行政权力形成的垄断。而我国的武器装备的研制和生产就属于行政垄断的形式。本文先从军工企业与一般企业的比较分析中得出其垄断定价的特点。

1. 装备垄断定价的特点

（1）双边垄断。我国传统的武器装备的研制和生产是国家指令性计划，由国家指定某个军工企业代表国家来进行军品研制和生产，因此，代理方是唯一的，委托方没有更多的选择权利和自由。显然，这样的企业往往独此一家，因而形成了卖方垄断。而军方作为唯一的买方，形成了买方垄断。是一种垄断—垄断形式的市场结构。

（2）垄断定价的非独立性。一般的垄断企业所追求的是利润最大化，在这一前提下，根据边际收益等于边际成本（即 $MR = MC$）决定其生产的数量与价格。而武器装备的采办，首先必须体现国家利益最高原则，在此基础上，站在政府的角度，兼顾军方与企业两者的利益，即首先实现政府目标最优，然后是军方和企业目标的优化。

（3）采购的数量与定价无关。一般行业的需求曲线是自左上方向右下方倾斜的，因而垄断企业的需求也是符合需求定律的，即当价格下降时，需求量上升；当价格上升时，需求量下降。而对于武器装备市场，其需求曲线是一条折线，即在短期内，军方的需求是根据国际形势、国家安全战略以及军事战略等确定的，除非外因有变，一旦确定一般不可更改，因此，军工企业面临的需求并不符合需求定律，其需求曲线如图1所示。在装备的价格小于 P_m（军方购买单位数量装备所愿意支出的最大采购费用）时，需求曲线垂直于横轴，即在装备采购费限制内，军方的需求是既定的，采购的数量与价格是无关的；而当装备的研制或生产费超出 P_m 时，在有限的装备采购费内，其需求曲线是自左上方向右下方倾斜的，即需求与价格是呈反方向变化的。长期来说，当国家战略等发生变化，装备的需求数量发生变动（假设影响装备价格的因素不发生变化），其需求曲线左移或右移，如图2所示，在生产能力范围内，由于规模经济的效应，生产的数量越多，价格越低。其长期的需求曲线如 D_L 所示，该曲线的意义是，价格随需求数量发生变动，反之，不成立。

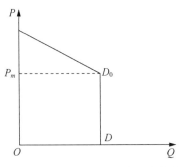

图 1　军方对装备的短期需求曲线

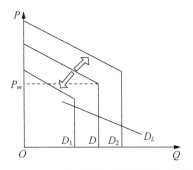

图 2　军方对装备的长期需求曲线

2. 装备的垄断定价

我军现行的武器装备采办合同定价主要以 1996 年颁发的《军品价格管理办法》为依据，沿袭着计划经济体制下的定价方法，即：军品价格 = 军品定价成本 ×（1 + 5%）。价格的高低最终取决于成本的高低。个别生产成本或个别劳动时间构成了装备的定价成本，制造费用、管理费用不论高低统统可以列入生产成本，在装备价格中得到全成本补偿。装备的生产成本越高，则价格越高，利润也就随之越高。卖方作为委托方没有降低装备的研制和生产费用的动力，反而拥有增加成本和提高利润的动力。而对于装备采办人员来说，即使通过提高管理效率节省了资金，也没有任何有效的奖励措施；即使节余了资金，也没有可上交的单位，转作其他用途的申报程序也很烦琐。为了避免不必要的麻烦与责任，采办人员往往只注重按计划数额将钱花完，而不是在装备采办时精打细算，尽可能节省费用，从提高管理效率的角度来管理资金，提高装备采办效益。如图 3 所示。

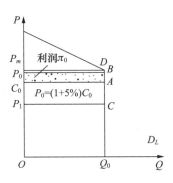

图 3　军方的定价原则图

图 3 中，P_0 为垄断定价确定的军品价格；C_0 为垄断定价确定的成本；P_1 为引入完全竞争后军品的价格。

根据上面的分析，P_0 接近 P_m，并且 $P_1 < P_0$，$O_{P_0BQ_0O}$ 为军方采购具有唯一来源装备的实际支出，$O_{P_1CQ_0O}$ 为军方从完全竞争性卖方购买装备的实际支出，下面对两者差额 $O_{P_0P_1CB}$ 进行分析。

$$O_{P_0P_1CB} = O_{P_0C_0AB} + O_{C_0P_1CA} \tag{1}$$

而
$$O_{P_0C_0AB} = (P_0 - C_0)Q_0 = 5\% C_0 Q_0$$
$$O_{P_0P_1CB} = (P_0 - P_1)Q_0$$
$$O_{C_0P_1CA} = (C_0 - P_1)Q_0$$

其中，$O_{P_0C_0AB}$ 为单一来源卖方所获得的利润，而 $O_{C_0P_1CA}$ 部分为军方采购活动中所造成的浪费。

也就是说，该定价方法与市场惯例相悖，不仅不能控制装备采购的成本，反而极大地助长了装备成本的提高，从而使国防费使用效率不断下降。为了提高采办效率，适应市场经济发展，要对垄断定价方法进行改革，而最好的方法就是引入竞争，使 P_0B 线下移，接近 P_1C 线，减少 $O_{P_0P_1CB}$ 部分。

二、装备的竞争性采购定价

由于武器装备的特殊性，决定了其市场有着很高的进出壁垒，不可能出现完全竞争的市场结构，卖方的数量是有限的，这样形成了垄断—垄断竞争的市场结构。进行装备研制和生产的垄断竞争的市场结构也是不同于一般的企业，具有自身的特点。如前面所分析，军方作为唯一的买方，其需求量 Q 是固定的，军方从多个竞争的投标方选择一个承担项目。

企业在出价时不仅考虑自身的生产状况，还应考虑其他竞争对手的可能出价情况。企业 i 的出价可用对策 $\Gamma_i = (I, S_i, S_{-i}, U_i)$ 来表示，其中，$I = \{i \mid i = 1, 2, \cdots, n\}$ 为参与出价的所有企业的集合，S_i 为主体 i 采取策略的集合，S_{-i} 为其对手采取策略的集合，U_i 为主体 i 采取策略所获得的效用。

当价格为 p_i 时，企业的需求函数为：

$$Q_i = a_i - b_i p_i + \sum_{m=1}^{n(m \neq i)} \mu_{im} p_m \tag{2}$$

其中，a_i 为产品的垄断产量；b_i 是产品市场价格对产品顾客需求量的影响系数；$\mu_{im} \in [0, 2]$，表示第 m 个厂商与第 i 个厂商产品间的替代系数，$\mu_{im} = -1$

意味着所有企业生产的产品可以完全替代，而 $\mu_{im}=0$ 表示每一个企业都是垄断生产者（μ_{im} 可以通过减少企业 i 一个单位数量而带来另一个企业 m 需求数量增加的比值来确定）。假设厂商无固定成本，边际生产成本为 C_i。厂商同时做决策，则各厂商的收益函数 $U_i(p_1, p_2, \cdots, p_n)$ 为：

$$U_i(p_1, p_2, \cdots, p_n) = Q_i(p_i - C_i) \tag{3}$$

将（2）式代入（3）式得：

$$U_i(p_1, p_2, \cdots, p_n) = -b_i p_i^2 + \left(a_i + \sum_{m=1}^{n(m \neq i)} \mu_{im} p_m + C_i b_i\right) p_i - a_i C_i - C_i \sum_{m=1}^{n(m \neq i)} \mu_{im} p_m \tag{4}$$

根据利润最大化 $\partial U_i / \partial p_i = 0$，可得：

$$p_i = \frac{a_i + \sum_{m=1}^{n(m \neq i)} \mu_{im} p_m + C_i b_i}{2b_i} \tag{5}$$

由于武器装备的研制和生产不同于一般的商品，其需求量 Q 是固定的。设这种情况下的供需均衡点为 (p_{ie}, Q_{ie})，p_{ie} 为产品需求量固定值的均衡价格。此时参与出价的各个厂商的供应量 q_i 必须满足 $q_1 = q_2 = \cdots = q_n = Q_{ie} = Q$，即满足约束条件：

$$Q = a_i - b_i p_{ie} + \sum_{m=1}^{n(m \neq i)} \mu_{im} p_m \tag{6}$$

对（4）式进行改进，通过拉格朗日乘子引入数量平衡约束，其要求是厂商的供给量必须等于军方给定的需求量，构造的拉格朗日函数如下：

$$L_i = U_i - \lambda \left(Q - a_i + b_i p_{ie} - \sum_{m=1}^{n(m \neq i)} \mu_{im} p_m\right) = -b_i p_{ie}^2 + \left(a_i + \sum_{m=1}^{n(m \neq i)} \mu_{im} p_m + C_i b_i\right) p_{ie} - a_i C_i - C_i \sum_{m=1}^{n(m \neq i)} \mu_{im} p_m - \lambda \left(Q - a_i + b_i p_{ie} - \sum_{m=1}^{n(m \neq i)} \mu_{im} p_m\right) \tag{7}$$

利用最优化一阶条件 $(\partial L_i / \partial p_{ie}, \partial U_i / \partial p_i) = 0$，得：

$$p_{ie} = \frac{a_i + \sum_{m=1}^{n(m \neq i)} \mu_{im} p_m + C_i b_i - \lambda b_i}{2b_i} \tag{8}$$

$$\lambda = C_i - p_{ie} \tag{9}$$

将（9）式代入（8）式，可得：

$$p_{ie} = \frac{a_i + \sum_{m=1}^{n(m \neq i)} \mu_{im} p_m}{b_i} \tag{10}$$

考虑固定需求与不考虑固定需求的定价之差为 $\hat{p}$，存在以下三种情况：

第一，当 $Q_i < Q_{ie}$ 时，$p_i > p_{ie}$，$\hat{p} = p_i - p_{ie} = \dfrac{C_i b_i - a_i - \sum\limits_{m=1}^{n(m \neq i)} \mu_{im} p_m}{2 b_i}$。可得到考

虑固定需求的定价小于不考虑固定需求的定价，由于厂商的定价很高，可能会失去该项目。

第二，当 $Q_i = Q_{ie}$ 时，$p_i = p_{ie}$，$\hat{p} = p_i - p_{ie} = 0$。不考虑固定需求，在竞争性定价下厂商的供给量恰好等于军方的需求量时，两者的定价是相等的，这种情况出现的概率很小。

第三，当 $Q_i > Q_{ie}$ 时，$p_i < p_{ie}$，$\hat{p} = p_{ie} - p_i = \dfrac{a_i + \sum\limits_{m=1}^{n(m \neq i)} \mu_{im} p_m - C_i b_i}{2 b_i}$。可得到考

虑固定需求的定价大于不考虑固定需求的定价，因此厂商获得的利润就会减少。

当前一些对装备定价的研究，是按照市场经济规律，套用一般的寡头定价模型，没有考虑到装备研制和生产的特点，即需求量是固定的，如上分析，得出的定价存在一定的误差。

三、结　语

我国装备的垄断定价模式造成了采购资金的浪费，而引入竞争可以有效解决该问题。由于其他竞争对手的出价可能会影响企业的出价，因而企业在出价时要权衡其他竞争者的可能反应，因此本文建立了考虑其他对手出价的定价模型，并针对军方需求量固定的特点，对其进行改进。文中还对两种模型的解进行比较分析，得出两者存在的偏差。通过竞争性定价可以有效节约采购费用，这在装备采购费用有限的今天，具有重要的现实意义。

参考文献

[1] Rogerson W. P. Profit reguiation of defense contractors and prizes for innovation [R] . r‒3635‒PA&E（RAND Corporation, Santa Monica, CA），1991.

[2] 张连超. 美军高技术项目管理 [M]. 北京：国防工业出版社，1997.

[3] [英] 基斯·哈特利，[美] 托德·桑德勒. 国防经济学手册 [M].北京：经济科学出版社，2001.

[4] 刘鹏. 武器装备竞争性采办研究 [D]. 国防科学技术大学硕士学位论文，2002.

［5］许高峰．基于竞争性谈判的军事装备采购机制和方法研究［D］．天津大学博士学位论文，2004．

［6］于勇，李中学．单一来源装备采办下定价策略的博弈分析［J］．后勤工程学院学报，2005，21（1）：8－10．

［7］寒宏强．我国垄断的形式、弊端及对策［J］．商业研究，2003，3（3）：68－70．

［8］李鸣．军品采办理论研究［D］．北京航空航天大学博士学位论文，2002．

［9］陶治洲．装备采购中军品定价模式研究［D］．重庆大学硕士学位论文，2004．

外军装备保障外包实践及启示*

刘 军 吴 鸣

一、问题的提出

在新军事变革条件下，随着武器装备技术水平和复杂程度的不断提高，装备保障的作用日益增强。在信息化条件下的高技术局部战争中，装备保障效益的优劣直接决定着武器装备战斗力水平的高低，进而直接影响着军队战斗力水平的发挥。然而，高技术武器装备自身的特点决定了其保障任务的艰巨性和复杂性，仅依靠军队有限的资源已远远不能满足现代战争条件下装备保障的迫切需要，严重地制约了装备保障水平的发挥。为进一步提高装备保障效益，需要充分利用民用资源为装备保障服务，以实现装备保障效益的最大化。

装备保障外包就是一种较好地利用民用资源的全新的装备保障模式。按照学术界普遍认同的定义，外包（Outsourcing）是指企业利用外部专业资源为自身服务，从而达到降低成本、提高效率、充分发挥核心竞争力以及增强应变能力的一种管理模式。装备保障外包则被定义为，在有限的装备保障经费约束之下，为提高装备保障效益，进而提高武器装备的战斗力水平，仅保留装备保障过程中与战斗力生成直接相关的核心资源，而把其他的通用性资源借助于地方企业的专业化资源予以整合，以降低装备保障成本，提高装备保障效率和增强装备保障体系应变能力，最终提升军队战斗力水平的一种管理模式。简言之，通过装备保障外包，军队只需要完成装备保障过程中与战斗力生成直接相关的核心业务，任何非核心的装备保障业务，都应该交由地方企业来完成。

＊ 本文原载于《装备指挥技术学院学报》2007 年第 6 期。

进入 20 世纪 90 年代以来，欧美各国军队先后通过引入装备保障外包的模式来降低装备保障成本，提高装备保障效率，增强装备保障体系的反应能力，并取得了一定的成效。在现有的物质条件和制度条件下，要提高我军的装备保障效益，除了不断增强装备保障的技术含量以适应信息化条件下高技术局部战争的需要外，更为重要的是，应着眼于新军事变革和社会主义市场经济的要求，积极借鉴外军装备保障外包方面的有益做法，结合我国的具体国情和我军的实际情况，积极推进中国特色装备保障外包的理论与实践研究。

二、美军装备保障外包实践

美军装备保障外包活动的开展与国内、国际环境的变化息息相关。在 1980 年，当时的美国总统里根就曾提出要对军队等公共机构进行社会化改革的想法，但当时美国正处在与苏联展开全方位军备竞赛的阶段，还不可能真正实行装备保障外包政策。20 世纪 90 年代初，美国所面临的国际国内环境发生了一系列重大的变化：苏联的解体标志着冷战的结束；美国国内的经济问题日益凸显；以信息化为主要特征的新军事变革席卷全球。在新的国际、国内环境下，美国政府很快意识到，要适应这一系列变化，必须适当缩减军队规模，提高国防经费的使用效率，美军的装备保障外包政策正是在这一背景下开始实施的。

在确立军事外包政策的目标之后，美国政府和军方首先开展了包括装备保障外包在内的军事外包的理论研究与实践试点工作，并最终将其成功经验逐步推广。1992 年，当时的国防部长切尼决定出资 390 万美元聘请工程建筑集团（The Engineering and Construction Group）就部分军事事务私营化的问题进行专题研究。该公司提交的报告中建议，可以把约 2 万名美国士兵的后勤服务交给私营公司来完成，这样可以大大减少军费负担。随后，国防部又出资 500 万美元委托该公司进行后续研究。1992 年 8 月，美国陆军工程兵部队把后勤服务外包给哈利波顿公司，为期 5 年。美军大规模外包业务是从 1994 年开始的，据统计，截止到 2005 年，外包给私营军事企业的合同大约有 3000 项。

为了与蓬勃开展的装备保障外包实践活动相适应，美国政府和军方通过十几年的努力，逐步建立起对装备保障外包活动进行管理的专门机构，为装备保障外包活动的开展提供了有力的制度保障。1993 年，为发展军民两用技术，美军专门成立了"高级研究计划局"；1995 年，克林顿总统又下令成立安全计划局，其主要职责之一就是定期向美国国家安全委员会提出国家高技术产业民转军的相关建议；1998 年，美国军事工程师协会设立了外部资源与私营化分会，专门就利用外部资源与私营企业进行联系；1999 年，美国陆军器材部成立了"后勤民力增强计划"支援部，该部参与美军各种演习、作战和应急行动，在陆军和外包承包商之间进行联络，并对合同制保障行动进行监督。

美国的装备保障外包政策在伊拉克战争中发挥了重要的作用。在这一政策指导下，军方与装备保障外包承包商签订了各种承包合同，要求他们为一些技术含量高、维修保养较困难的装备提供必要的技术保障服务。例如，"掠夺者"无人驾驶飞机 70% 的维护保养工作都是由外包承包商承担的；由外包承包商组成的"阿帕奇系统"保障队也为"阿帕奇"系列直升机精确快速的保养和维修提供了全方位的服务。华盛顿布鲁金斯研究所的研究员辛格在其著作《企业战士》中写到："我估计，这次伊拉克战争期间，美国几百家国防承包商最起码派遣了 2 万名企业员工到战争第一线，美军士兵与技术民工的比例约为 10∶1。"

装备保障外包活动给美国政府和军队带来了巨大的收益。据文献统计，由于实行了军事外包政策，美军规模不断削减，美军现役陆军总数在过去 10 年下降了近 1/3，美国海军和空军也相应减员，大量非核心部门、非战斗人员被裁撤。随着包括装备保障外包在内的军事外包的逐步展开，与美军活动联系在一起的民间产业队伍在军事需求的拉动下日益壮大。美国军事外包行业已发展成为一个巨大的产业，军事外包承包商的数量约为 1000 家，年产值高达 1000 亿美元。自 1994 年以来，美国军方与 12 家最主要的军事外包承包商所签署的合同金额就已超过了 3000 亿美元。

美国前国防部长拉姆斯菲尔德在 2002 年度国防报告中明确指出："国防部已经采取措施将一些非核心的战斗业务外包出去，其中包括军队房产的私有化计划和军事设施使用体系的私有化计划。国防部将根据已取得的成功经验，进一步推进外包和私有化的进程。"这表明，美军已经将军事外包作为一项对军队有益的、积极的长期政策来加以贯彻执行。

三、英军装备保障外包实践

英国在装备保障外包实践方面的起步要早于美国。1983 年，为了实现提高军队运作效率、节约国防经费的目标，当时的英国国防部就制定了一项不同于以往的竞争性采办政策，首次把竞争机制引入装备保障领域。该政策的基本出发点在于，如果某些装备保障业务对于军队核心战斗力的生成没有直接的贡献，或者在军队内部开展这些活动会降低国防经费的使用效率，那么这些装备保障功能就应该由私营企业来完成。英国国防部认为，让私营企业完成这些非核心的装备保障业务，能够节省军费，提高效率，并且不会损害到军队自身的战斗力。后来，该政策逐步得到完善，最终演变成为国防部军事外包政策的一部分。1991年，国防部在一份报告中指出，"在诸如炊事、清洁、洗衣、安全保卫、维护、工程和供应品、一定范围的作业和保障、训练和教学、鸟类驯养、军校的教学保障功能、目标模拟以及电子战训练等领域使用了承包商和市场实验（Market Testing）"。

在此基础之上，1992年，国防部又实施了一项内容更加广泛的市场实验政策，该项政策旨在鼓励军队内部部门与军事合同承包商之间展开竞争，以便通过这种方式来降低军队的运营成本，提高国防经费的使用效率。这就是英国国防部所推行的"质量竞争"（Competing for Quality）计划，该计划把部分军事业务交由私营企业来完成，并通过市场实验来实现竞争，提高效率。这里的市场实验包括了私有化、战略外包以及允许军事合同承包商与国防部的内部供应商间竞标等具体内容。

1995年，英国国防部强调，"……正在演进的质量竞争计划将促进并加强国防部与私营企业之间的一种有价值的思想和经验方面的伙伴关系，这反过来又会有助于提高前线保障的质量和效率"。需要指出的是，该报告特别强调了国防部与私营企业之间的"伙伴关系"，这并非是空穴来风。实际上，这种提法和英国政府的两项计划的出发点相一致，即英国政府提出的"私人财政计划"（Private Finance Initiative，PFI）和"公私伙伴关系计划"（Public Private Partnerships，PPP），它们的目标是使"公共部门更好地利用私营企业在财务和管理技能方面的优势"。

英国全国审计办公室（National Audit office，NAO）在一份报告中将私人财政计划定义为，建立在使用私营企业专业技术基础之上的政府谈判项目，这些专业技术包括提供资金，以及提供传统意义上由公共部门提供的服务。英国政府于1992年实行了"私人财政计划"，1997年的工党政府以"公私伙伴关系计划"的名义再次实行了"私人财政计划"。通过这两项计划，英国的私人资本和私营企业进入了先前属于公共机构的交通运输部门。英国在包括装备保障外包的军事外包领域所开展的活动与这两项计划之间有着密不可分的联系，是典型的制度层面的"军民结合"。

四、启　示

经过几十年的发展，我军已经初步建立起了一套比较完善的装备保障体系，该体系曾经为军队现代化建设做出过积极的贡献。然而，随着社会主义市场经济体制的初步建立，随着战争模式的不断发展变化，原有的建立在计划经济体制之下的装备保障体系与信息化条件下高技术局部战争的要求愈来愈不相适应。为了克服当前装备保障体系存在的问题，从根本上提高我军战斗力水平，在不影响人民军队性质、宗旨和确保军事安全的前提下，必须打破传统观念和模式，立足我国国情，积极借鉴国外在装备保障外包方面的有益经验，改革我军现有的装备保障体系。在这方面有以下几点启示：

1. 构筑中国特色装备保障外包的研究框架

理论创新是实践创新的积极动力，对于装备保障外包这一新鲜事物而言，这一点显得尤为重要。当前，学术界在外包方面的分析理论主要包括交易成本理论、核心竞争力理论、比较成本理论、劳动分工理论以及价值链理论等，这些分析理论从不同侧面反映了外包的本质，被广泛应用于各种外包活动的理论分析当中。然而，装备保障外包有着自身的特殊性，外包的主流分析理论虽然可以合理地解释装备保障外包某些方面的问题，但却无法对装备保障外包的本质问题进行正确的分析。这就需要学术界在积极借鉴主流外包理论分析框架的基础之上，针对我国的具体国情，构筑中国特色的装备保障外包研究框架，为深化对装备保障外包的认识，进而为更好地开展装备保障外包活动提供强有力的理论支撑。

2. 加强装备保障外包核心问题的研究力度

笔者认为，装备保障核心业务的界定和装备保障外包承包商的选择，是开展装备保障外包所要解决的两个核心问题。对于我军而言，装备保障核心业务主要是指装备保障过程中与战斗力生成直接相关的业务，这些业务牵涉到国家的安全利益，其实施过程具有一定程度的保密性，不能交由地方企业操作，只能由军队自己来完成。例如，按照以上的定义，一般情况下，歼击机上的武器与火控系统的保障业务就属于装备保障核心业务，因而不能将其交由地方企业来完成。如何科学、合理地界定装备保障过程中的核心业务，进而更好地维护国家安全利益，已成为亟须解决的重点问题。所谓装备保障外包承包商的选择，是指在确立好装备保障核心业务之后，选择合适的地方企业来完成剩余的非核心装备保障业务。如何客观、公正地挑选出优秀的地方企业参与装备保障活动，进而实现军事效益的最大化，也是另一个亟待解决的问题。为确保装备保障外包活动的顺利实施，应有针对性地着重加强对这两个问题的理论与实践研究力度。

3. 从点到面逐步推广装备保障外包的实践经验

装备保障外包是一项实践性很强的活动，无论其理论研究多么完美，最终还是要放到实践中来检验。在装备保障外包的实践方面，应结合我国国情，并借鉴国外的相关经验，采取循序渐进的做法，逐步实现预期目标，具体应从军队和地方两方面分别着手。对于军队而言，在科学、合理地界定装备保障外包核心业务的基础上，可以先进行小范围的装备保障外包试点，并及时总结经验、教训，然后采取适当的方式逐步加以推广。试点可以分批次、有重点地开展，同一类型的试点也可以重复多次开展，力求实现预期的目标。在合理引导军工厂家为武器装备提供维修保障方面，我军积累了较为丰富的经验，应将这些有益的经验引入到装备保障外包试点及实践工作中来。对于地方而言，应根据军队的具体需求，积极研究并整合与装备保障外包业务相关的地方资源，并形成与此相关的装备保障外包产业链。不论是军队还是地方，最终都需要形成装备保障外包方面的条令、条例与法律、法规，以便为装备保障外包的实施提供坚实的法制基础。

4. 积极研究并规避装备保障外包的风险

任何活动都存在一定的负面效应，装备保障外包也不例外，必须在充分考虑我国国情和我军特点的基础上，积极研究并探索消除装备保障外包负面效应的方法和途径，最大限度地规避装备保障外包过程中的各种风险。具体来讲，装备保障外包活动所带来的潜在风险主要表现在两方面：一是国家安全方面的风险；二是技术方面的风险。所谓国家安全方面的风险，是指由于某些外包承包商在政治上的不可靠性，造成涉及国家安全的某些军事秘密的泄露，或者造成与国家安全相关的某些装备保障业务流程的外泄。对于这部分风险的规避，应通过加强对外包承包商的政治审查并严格控制各种非核心装备保障业务流程的透明度等方式来实现。所谓技术方面的风险，是指在开展装备保障外包活动的过程中，由于某些外包承包商技术实力方面的不足，造成其所承担的装备保障外包任务不能顺利完成。在实践当中，应通过加强对外包承包商相关技术基础的考察和考核等方式来规避这部分风险。

五、结束语

装备保障外包是提高装备保障效益，进而提高武器装备战斗力水平的有效途径，是建立军民结合、寓军于民装备保障体系的重要内容。应积极借鉴外军装备保障外包方面的有益经验，结合我国的具体国情和我军的实际情况，逐步开展我军特色的装备保障外包实践活动，推动我军装备保障体系建设又快又好地发展。

参考文献

[1] 周学海. 企业·外包·战争：私营军事企业在战争中的作用 [J]. 国际论坛，2005，7 (1)：6 - 9.

[2] 刘志钢，祝厚明. 外军装备保障社会化透视 [EB/OL]. http://www. pladaily. com. cn/gb/pladaily/2004/02/03/20040203001 150_ jsld. html,2006 - 11 - 13.

[3] 胡磊. 美军在伊拉克战争中的"民技军用"及对我们的启示 [J]. 军民两用技术与产品，2004 (1)：3 - 7.

[4] 张清，章庆. 战场上的特殊"保障队" [N]. 解放军报，2003 - 04 - 30 (12).

[5] U. S. Department of Defense. Annual defense report, 2002 [EB/OL]. http://www. dod. mil/execsee/adr2002/html_ files/chap9. htm,2006 - 11 - 13.

[6] Hartley K. Military outsourcing：UK experience [EB/OL]. http://www. york. ae. uk/depts/econ/research/documents/outsourcing. pdf,2006 - 11 - 13.

日本武器出口市场的特点和发展趋势 *

杨建伟　何正斌

日本作为第二次世界大战的战败国，受和平宪法的约束，一直实行所谓的"武器出口三原则"政策，就是日本在 1967 年 4 月针对出口武器问题提出的三项基本原则，即不向共产主义阵营出售武器、不向联合国禁止的国家出售武器，不向发生国际争端的当事国或者可能要发生国际争端的当事国出售武器。1976 年 2 月，三木首相提出，对"三原则"对象以外的地区也不出售武器。1981 年 1 月，日本国会做出了《关于武器出口问题的决议》。此后，日本一直实行禁止对任何国家出口武器的方针。但是，日本在武器出口问题上经常打擦边球，典型的事件就是以出口猎枪和运动用枪为幌子大量出口轻武器，日本的轻型武器出口近几年一直排在世界前列。如果说出口轻武器还只是日本政府玩文字游戏的伎俩，日本防卫厅决定将同美国联合生产用于导弹防御计划的下一代拦截导弹则使"武器出口三原则"名存实亡。日本从与美国进行拦截导弹的"联合研究"升级到"联合生产"对日本有着重要的战略意义。日本在"联合生产"的名义下，向美国出口可运用于导弹生产的先进技术。这意味着对其现存的"武器出口三原则"有实质性突破。

现在世界军品贸易市场竞争日趋激烈，很多国家实行"以出口养军工"的政策，并且成绩斐然，如法国和俄罗斯。俄罗斯武器出口近年来争得世界第一宝座，这不但繁荣了俄罗斯的军工企业，更拉动了俄罗斯的经济发展。拥有发达重工业的日本自然也不甘落后，国内经济发展疲软和日美军事同盟的发展使日本跃跃欲试，积极地走武器出口大国之路。但是日本不可能像俄罗斯等国一样公开在国际市场上叫卖自己生产的武器，日本武器出口市场有着不同于别国的特点，其发展趋势也值得我们关注。

---

*　本文原载于《国防科技》2007 年第 7 期。

一、日本武器出口市场特点

1. 小型武器出口市场活跃

日本是小型武器出口大国之一。所谓小型武器，是手枪、自动步枪、携带型的反坦克炮、地对空飞弹等的总称。根据联合国的规定，小型武器在国际上没有特别的管制措施，因此日本这类武器出口一直在进行，但由于这些武器在很大程度上助长了地区冲突和恶性犯罪的发生，因而被称为"事实上的大规模杀伤性武器"。

根据瑞士日内瓦高等国际问题研究所发表的 2004 年度《世界小型武器概览》（以下简称《概览》）中的数字表明，2001 年日本共出口小型武器 7000 万美元，世界排名第 9 位。《概览》指出，在有关小型武器贸易的透明度方面，日本则排在第 20 位。《概览》中的小型武器是指短枪、自动步枪及反坦克装甲车炮的总称，与联合国定义的重机枪和迫击炮等小型武器有较大区别，而正是由于国际上对小型武器定义的混乱导致了难以控制这个目前拥有 40 亿美元贸易额的武器交易领域。日本政府辩解说他们出口的猎枪和运动用枪不属于轻武器，日本政府自己颁布实施的《武器出口禁令》，只适用于符合军事规格的武器。这种辩解显然难以让人信服。日本自己在报告中声称，多年来一直向很多国家出口"军事武器零部件"。2003 年，日本声称向菲律宾出口"军用来复枪、机关枪和其他"。另外，联合国商品贸易统计数据库显示，日本 2001 年共出口价值 5570 万美元的"炸弹、手榴弹、地雷和其他武器"，其中相当大一部分被美国买走。

2. 军用技术出口市场发达

早在 20 世纪 80 年代，日本就向美国转让了用于机器人的视觉传感器——图像识别制导装置，这种民用技术在军事上有很大的应用价值，并向美国提供了 5 种先进军工技术：毫米波和红外线复合跟踪技术、反坦克导弹弹药技术、火箭发动机技术、激光输出技术、潜艇消磁技术。在核心军事技术领域，军用与民用的界限越来越模糊。日本一向把军事高技术视为推动经济持续发展的动力和国家安全防卫的基石。日本军事技术发展战略是：在未来若干年内继续保持和发展在军民两用高技术领域的领先地位，以此为基础积极开发高技术武器装备。日本的军民两用高技术覆盖微电子、光电、材料等各个领域，其中许多技术如砷化镓器件、图像寻的器、光纤通信和精细陶瓷技术等，已被美国、日本广泛用于研发各类战斗机、C4ISR 装备、战略轰炸机等先进武器系统。在武器装备日益走向信息化、精确化和智能化的当今时代，日本军民两用技术的出口对国际军火市场的意义是显见的。有研究认为，日本一旦完全解除军火出口限制，其厂商将可以控制世界舰船建造业的 60%、军用电子市场的 40%、汽车市场的 46% 和航空航天业市场的 30% 左右。

3. 以出口民品形式出口武器配件

日本的工业品在世界市场上有很强的竞争力，其中包括军民两用产品和设备。现在的民品和军品的互通性越来越多，许多民用品加上攻击系统后就成为了不折不扣的武器。例如直升机用作民品可以救灾、运输等，加上枪炮或导弹就可以作为武器使用，日本曾对出口到我国的雅马哈无人直升机进行调查，称其可以改装用于军事。其实这种直升机的技术并不是最先进的，在日本国内只是出售给农民用作喷洒农药。既然如此，那日本出口到别的国家的更先进的直升机岂不是更容易用于军事目的？

军民两用品还有一个典型就是汽车。只要用"军民两用"这个借口，一些可以用于军事的交通工具也可以逃脱禁令，实现出口。世界各国的军队几乎都乘坐日本的丰田、铃木和三菱出产的汽车。2005 年 3 月，阿曼机动车工程公司宣布，他们将在最新型的私人轻型装甲车 Nimer1 号上，使用日本丰田公司出产的 4×4 底盘的"陆地巡洋舰"。这款汽车不仅有开火口甚至可以安装机关枪机座。显而易见，这些车都是用于军事。但是因为丰田的"陆地巡洋舰"是按照民用出口的，所以轻松逃过了武器出口禁令。2004 年，日本新明和工业株式会社推出了美国 1A 水陆两栖型飞机，可以用于海军巡逻，也可在战争中对抗潜艇。新明和工业安全保卫部门的副主任承认，虽然日本禁止出口国防安全系统有关的武器，但是这款新型机械可以面向市场售卖，具有"多种用途"。我国也购置了相当数量的日本三菱越野车作为部队训练之用，军用越野指挥车部分也是用的尼桑。

电子设备在提升现代武器性能方面的作用已经得到广泛认可，日本发达的电子技术产业使其电子产品在世界市场上成为抢手货，其中有部分出口的电子技术和设备被用于军事，美国的洲际导弹都依赖于日本的半导体芯片。尽管美国对日本的半导体器件日益深入到美国武器装备的中枢感到不安，但出于技术和成本上的考虑美国还是大量进口日本的电子设备。

4. 美国是日本武器最大出口国

日本是美国在亚太地区最忠实的盟友，美国是日本最主要的军火贸易对象，日本出口美国的武器总额近年来一直稳居亚洲第一，同时日本凭借强大的科技实力向美国大量出口军用技术。日本技术已经在提升美国武器的性能，日本的军事工业是在美国的扶植和控制下发展起来的。不过，随着信息产业的兴起，日本迅速表现出后发优势，开始在许多方面超越了自己的"老师"。在软件处理、雷达、通信网络管理、微电子和特殊材料等军事领域，日本有着美国无法比肩的优势。在美军现役的武器装备中，潜艇用的高强度钢材是日本生产的；车辆、战斗机引擎用的特种陶瓷材料是日本研发的；巡航导弹的核心部件——微电子芯片80%是由日本企业生产的；就连美军曾经引以为豪的撒手锏F-117隐形战斗机的"外衣"——雷达吸波涂料也是日本研发的。日本在军用计算机应用领域内也取得了很大的进展，例如已经研制出探测潜艇的功能十分强大的反潜飞机——"P-3C"中控制飞行的计算机系统。美国把这种计算机系统供应给日本，而日本立刻把这些系统加以改良，使其更为简便和实用，然后返销美国。

二、日本武器出口市场发展趋势

1. 谋求大型武器的出口

随着世界军品贸易的升温和日本国内经济发展的需要，日本国内已经出现要求扩大武器出口的呼声。如果放松武器出口禁令，日本武器出口将不再限制于小型武器，可能出口大型武器。日本防卫厅长官石破茂在会见来访的美国国防部长拉姆斯菲尔德时表示，"武器出口三原则"已经成为两国合作生产新型导弹防御系统的最大障碍。自民党干事长、原防卫厅长官久间章生则公开表示："我认为日本至少应该向我们的盟友美国出口导弹部件。"报道称，为加快导弹防御系统输出，日本政府在2004财政年度和2005财政年度分别编列了高达1068亿日元和1442亿日元的预算，专用于部署和研发导弹防御系统，并修改了"武器出口三原则"，为向美国或其他国家出口导弹开了绿灯。

日本的造船业非常发达，日本公开出口大型武器很有可能在舰艇上突破。日本现在很多舰艇处于更新换代时期，日本出口这些旧舰艇不但有经济上的实惠，更能作为一个政治试探。如果感觉阻力不大，以后就可能逐步放开手脚出口大型武器。日本政府于2006年6月1日高调宣布，将放宽"武器出口三原则"，为打击恐怖活动和海盗，向印尼提供3艘巡逻艇。这是日本首次利用政府开发援助（ODA）向外国提供武器。

2. 武器出口对象多元化

日本为了军事和经济利益积极开拓武器出口市场，不再局限于美国等少数国家，而是以亚洲国家为发展重点向世界推销其先进的武器装备和技术。在小型武器市场，日本除美国这个最大买主外还有丹麦、德国、韩国、马来西亚和泰国等买主。而在大型武器市场，日本更是通过外交等各种途径积极争取市场。印度国防部长慕克吉与日本防卫厅长官额贺福志郎签署了一项加强两国军事合作的协议，希望日本的先进技术能够在印度军队现代化方面发挥"适当作用"。目前，印度正面临军事技术落后的窘境。同时，日本也急于向他国出口武器，打破"武器出口三原则"，为其成就军事大国梦铺路。

值得我们关注的是，日本如果解除武器出口禁令，很有可能向包括中国台湾在内的敏感地区出售武器或零部件。中国台湾"总统府国策顾问"黄昭堂在东京参加"2004 年日美台合作研讨会"时称，日本的潜艇"性能极好"，希望未来中国台湾能够购买日本潜艇。目前对于日本在检讨是否要放开武器输出一事，他认为这对中国台湾来说"是件好事"。美国已经承诺要出售 8 艘先进的柴油潜艇给中国台湾，但是美国早已停止了常规潜艇的制造，而日本的潜艇制造技术非常发达，日本做这桩买卖的中间商也不是没有可能。

日本和美国合作开发弹道导弹防御系统将会使日本出口大型武器得到美国的支持。《日本经济新闻》称，目前，澳大利亚、印度和以色列等国都已宣布要建立自己的导弹防御系统。日美研发的导弹防御系统一旦成功，未来将有广阔的市场，上述国家都有可能成为输出对象。

3. 大力推动武器出口带动军工产业发展

日本政府正急于向他国出口武器，以赚取外汇，推动军事技术发展，实现军事大国的梦想，并从中获得政治资本。武器出口禁令的取消为像三菱、川崎这样的日本工业巨头在世界范围拓宽市场开了绿灯。禁令取消后，它们可以向以前那些它们不能涉足的市场进军，不再受禁令的"羁绊"，从而捞取更多的外汇，再用这些经费来推动军事科研的开展与军工企业的发展。这种"产业链"式的发展模式对提高日本军工水平的作用不言而喻。

目前，日本自卫队武器装备，特别是大型武器装备基本上都是美国制造，对美军的依赖性非常大。所以，日本为了减少对美国军事装备的依赖性，欲放松武器出口禁令，与美国或其他国家合作研制武器，推动军工企业与军事技术的发展，实现武器装备的自给。

三、结　语

据英国《金融时报》近日报道指出，现在日本要求取消出口禁令的呼声越来越高，包括防卫厅长官石破茂在内的一些有影响力的日本政治家、学术界人士以及分析人士也指出这项禁令"可能会损害国家利益"。东京的一位航空航天顾问兰斯·加特林称"这个禁令不能提升日本的安全能力，反而会限制日本在防御技术和工业领域进行政治、技术以及经济合作的选择"。

加入导弹防御计划是日本武器出口政策的一个转折点。日本借机和美国谈判要求修改"武器出口三原则"，理由如下：一是在日美联合进行技术研究的导弹防御系统进入联合开发和生产阶段后，日本需要向美国出口相关零部件；二是日本经济界极力主张放宽武器出口限制，以保持日本在技术方面的国际竞争力；三是日本单独开发需要尖端技术的武器很困难。日本在武器出口问题表现出来的积极姿态与其和平宪法严重背离，日本武器出口政策何去何从，我们静观其变。

信息非对称条件下的装备采办
成本控制研究*

周建设　闫作创

装备采办是军方发展、获取和使用装备全寿命过程的活动，包括装备的需求确定、研制试验、生产部署、使用保障和退役处置①。装备采办成本是装备全寿命采办过程中所有耗费资源的货币衡量，包括装备全寿命采办费用及装备采办过程中的非生产性的交易成本。装备采办成本是国防经济学研究的核心问题。装备是一种特殊的商品，其采办过程中的信息严重不对称，同时存在道德风险和逆向选择。

装备采办成本控制问题是当前装备采办中的突出问题。而当前我军装备采办体制不完善、装备采办市场没有形成有效的竞争、相关法律制度不健全、缺少科学有效的采办成本控制方法及信息的严重不对称等多方面因素，易诱发不利于军方的寻租行为。"拖、降、涨"问题一直未能很好解决，导致装备采办效益低下，大量交易成本的存在严重损害了军方的利益，困扰我军装备建设的跨越式发展。装备采办成本控制研究正是在当前军事斗争准备的大背景下，立足"投入少、效益高"的目标，寻求装备采办最佳效益实现的对策，从而为解决困扰我军装备采办发展的难题奠定基础。

一、装备采办过程中的非对称信息及其影响

信息经济学是不对称信息博弈论在经济学上的应用，不对称信息包括道德风

---

*　本文原载于《军事经济研究》2007 年第 8 期。

①　美军新的采办条令把采办过程重新划分为四个阶段：立项与技术开发阶段、系统开发和演示阶段、生产部署阶段和作战与保障阶段。

险、逆向选择、隐蔽行动和隐蔽信息四种类型①。道德风险以隐蔽行动和交易成本为核心展开，目的是在买卖双方之间进行合理的风险分摊与成本分担，以取得最优的合同形式。而逆向选择是以隐蔽信息和交易成本为核心展开的，探讨买卖双方之间风险分摊与利益分配的问题。军队主导的装备采办体制下，军队与企业是装备采办的两个主体。在装备采办的利益博弈过程中军队要达到成本控制的目的，必须使企业在利益的驱动下，按照军队的期望行动，达到鼓励企业降低成本、保证质量、提高效率等目标。

从合同理论来讲，装备采办合同是一个不完全合同，信息不对称是造成合同不完全问题的根源。而企业是信息不对称的主要受益者，军队是主要的受害者。装备采办中同时存在道德风险和逆向选择，所谓逆向选择就是个别科研生产厂商利用签约前的信息不对称，以极低的价格先把合同争取到手，再"拖进度、降指标、涨价格"。而道德风险就是企业在追求自身利益最大化的同时，损害军队利益的行为。

从理论上讲，处于信息不对称劣势的一方，用于获取信息的代价越大，其获取的信息量越大，即使信息不对称中优势一方的优势越小，只要代价足够大，信息不对称就会最终消失。对装备采办合同进行优化，进而使装备采办成本得以控制，关键在于不对称信息消除的制度设计。

设消除信息不对称所需费用记为 X_{max}，此时线性合同能达到最优水平，并记合同价格为 C^*，I 为军队总投入。若 $X_{max} + C^* < I$，则此线性合同就是最优合同。但消除信息不对称所需费用一般是一个很大的量，使 $X_{max} + C^* > I$。因此，军队博弈的目的是，减少 X_{max} 到 x，同时，增加 C^* 到 $C^* + z$，且满足 $X_{max} - x > z$，即军队使 $X_{max} + C^*$ 减少的同时，达到利用 $C^* + z$，诱使企业从自身利益出发，与军队合作，主动公开军队所需的有关信息，以减少信息不对称的程度。与此相对应，企业通过利用信息优势，进行讨价还价式的博弈，在提供军队所需信息，减少信息不对称程度的同时，想方设法提高 $C^* + z$。在合同交易成本中，把除 x 之外的任何其他费用记为 y，这样，军队与企业在合同的博弈中，影响信息不对称程度大小的因素有 x，y，z。

因此，可建立如下优化模型：

$$\min x + C + y$$
$$F(x, y, z) \leqslant a$$

---

① 阿罗将非对称信息分为两种形式：隐蔽行为和隐蔽知识。隐蔽行为指签约时信息是对称的；签约后，代理人选择行动。代理人的行动和合同的风险一起决定可观测的结果；委托人只能观测到结果，而不能区分代理人的行动和合同的风险。隐蔽知识则是指合同由代理人的私人信息与合同风险决定而委托人不能区分。

$$\frac{C}{1+5\%}\times 5\% - c(z)\geqslant b$$

$$C,\ x,\ y,\ z\geqslant 0$$

把 $C=C^*+z$ 代入上式得：

$$\min x+z+y$$

$$F(x,\ y,\ z)\leqslant a$$

$$\left(\frac{C^*}{1+5\%}+z\right)\times 5\% - c(z)\geqslant b$$

$$x,\ y,\ z\geqslant 0$$

函数 $F(x,\ y,\ z)$ 满足几个性质：

第一，$\dfrac{\partial F}{\partial x}<0$，$\dfrac{\partial^2 F}{\partial x^2}<0$，即当 $F(x,\ y,\ z)$ 越接近 0，使用同等资金增量 Δx 带来的效用越低。

第二，$\dfrac{\partial F}{\partial z}<0$，$\dfrac{\partial^2 F}{\partial z^2}<0$，即当 $F(x,\ y,\ z)$ 越接近 0，使用同等资金增量 Δz 带来的效用越低。

第三，存在一定值 a，当 $x,\ z\leqslant a$，$\dfrac{\partial^2 F}{\partial x^2}>\dfrac{\partial^2 F}{\partial z^2}$；当 $x,\ z>a$ 时，$\dfrac{\partial^2 F}{\partial x^2}<\dfrac{\partial^2 F}{\partial z^2}$。即在 $F(x,\ y,\ z)$ 大于某定值时，同样增量的 Δz 与 Δx，Δx 带来的效用增量大于 Δz 带来的效用增量；而当 $F(x,\ y,\ z)$ 小于该定值时，正好相反，同等增量的 Δx 与 Δz，Δx 带来的效用增量小于 Δz 带来的效用增量。

第四，由于军队的采办管理资金 y 作为交易成本的一部分，不直接与减少信息不对称程度有关，这里为分析军队与企业的博弈均衡，在 $F(x,\ y,\ z)$ 中不包含变量 y 是可行的。因此，把 $F(x,\ y,\ z)$ 改记为 $F(x,\ z)$，即把 y 当作定值处理，这时模型为：

$$\min x+z$$

$$F(x,\ z)\leqslant a$$

$$\left(\frac{C^*}{1+5\%}+z\right)\times 5\% - c(z)\geqslant b$$

$$x,\ z\geqslant 0$$

根据 $F(x,\ z)$ 的性质，上述模型的求解结果是装备采办合同的价格，即 $C=C^*+z$ 比最优化的平均价格提高了 z，但由于模型能保证信息不对称程度小于给定的阈值 a，所以军队与企业之间的信息不对称得到了很好的改善，在一定程度上，为避免"拖、降、涨"问题的出现，提供了必要的信息基础。

从上面的分析可知，装备采办合同是一个不完全合同，由于装备采办过程中存在大量的不对称信息，道德风险和逆向选择的同时存在使得军方和企业间难以就风险分担和利益分配达成一致，信息不对称引起的利益非均衡必然导致装备采办交易费用的大幅增加，继而使装备采办成本增加。在现实中保留线性式合同，即军品价格 = 成本(1 + 5%)的情况下，要实现装备采办合同的最优，实现军方的主导作用，必须积极引入竞争机制，通过制度设计的优化降低信息不对称程度，降低交易成本。

二、装备采办成本控制主体的行为分析

装备采办涉及政府、军队和企业三个主体，存在双层委托代理关系，要实现装备采办成本控制的目标，作为委托方必须设计一套合理的激励约束机制。由于信息的严重不对称，装备采办委托人、代理人的行为符合不完全信息的委托代理博弈模型，在这里重点考察军队采办方为委托方、企业为代理方的博弈关系。

装备采办中，委托人不可能观察到代理人的行为，也不能确定代理人的行动是否符合自己的利益，而代理人可能会利用自己的信息优势来追求个人利益，因此，委托人的任务就是如何设计合适的激励约束机制使代理人按照委托人的利益来行事。

约束机制可设计为"监督"和"不监督"，通过监督可发现代理人符合或违背委托人利益的情况；激励机制设计为根据监督的结果对代理人给予一定的激励或惩罚，委托人要对监督付出一定的成本作为代价。代理人努力程度的选择仍然简单地设计为"努力"和"偷懒"。图1为动态博弈模型的扩展型，①为委托人，②为代理人。设 A_1 是代理人努力情况下委托人的利益，A_2 是代理人偷懒情况下委托人的利益($A_1 > A_2$)，B_1 是代理人努力情况下的所得，B_2 是代理人偷懒情况下所获得的额外收益，C 是委托人的监督成本，D 是代理人选择努力的成本，E 是代理人选择努力的物质奖励和精神鼓励，F 是对代理人选择偷懒的物质惩罚等。

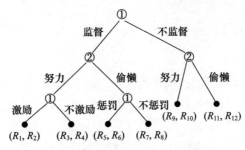

图1　有激励约束的委托代理模型

委托代理人的得益如下：

$R_1 = A_1 - C - E$ $R_2 = B_1 - D + E$

$R_3 = A_1 - C$ $R_4 = B_1 - D$

$R_5 = A_2 - C + F$ $R_6 = B_1 + B_2 - F$

$R_7 = A_2 - C$ $R_8 = B_1 + B_2$

$R_9 = A_1$ $R_{10} = B_1 - D$

$R_{11} = A_2$ $R_{12} = B_1 + B_2$

假定 p 代表委托人监督的概率，q 代表代理人努力的概率，r 代表代理人因努力而受奖的概率，s 代表代理人因偷懒而受罚的概率，U 和 V 分别为委托人和代理人的期望收益。

给定 q，委托人选择监督（$p = 1$）和不监督（$p = 0$）的期望收益分别为：

$$U(1, q) = [(A_1 - C - E)r + (A_1 - C)(1 - r)]q + [(A_2 - C + F)s + (A_2 - C)(1 - s)](1 - q) = A_1 q - Erq - Fsq - A_2 q + Fs + A_2$$

$$U(0, q) = A_1 q + A_2(1 - q) = A_1 q + A_2 - A_2 q$$

令 $U(1, q) = U(0, q)$，得 $q^* = (Fs - C)/(Er + Fs)$。

即若代理人选择努力的概率大于 q^*，委托人的最优选择是不监督；若代理人选择努力的概率小于 q^*，委托人的最优选择是监督；若代理人选择努力的概率等于 q^*，委托人随机地选择监督或不监督。

给定 p，代理人选择努力（$q = 1$）和偷懒（$q = 0$）的期望收益分别为：

$$V(p, 1) = [(B_1 - D + E)r + (B_1 - D)(1 - r)]p + (B_1 - D)(1 - p)$$
$$= Erp + B_1 - D$$

$$V(p, 0) = [(B_1 - B_2 - F)s + (B_1 + B_2)(1 - s)]p + (B_1 + B_2)(1 - p)$$
$$= B_1 + B_2 - Fsp$$

令 $V(p, 1) = V(p, 0)$，得 $p^* = (B_2 + D)/(Er + Fs)$。

即若委托人选择监督的概率大于 p^*，代理人的最优选择是努力；若委托人选择监督的概率小于 p^*，代理人的最优选择是偷懒；若委托人选择监督的概率等于 p^*，代理人随机地选择努力或偷懒。

博弈的混合策略为 $[q^* = (Fs - C)/(Er + Fs), p^* = (B_2 + D)/(Er + Fs)]$。

可见，该纳什均衡与激励的概率 r、惩罚的概率 s 和委托人的监督成本 C、代理人努力的成本 D 有关。如果委托人提高对选择偷懒的代理人的惩罚力度 Fs，对选择努力的代理人给予一定程度奖励 Er，则代理人选择努力的概率增大；同时，由于惩罚所得变为委托人的监督收益，使委托人监督成本下降，监督概率增大，则代理人选择努力的概率增大。

因此，要实现装备采办成本的有效控制，作为装备采办主导方的军方必须设计一套合适的激励约束机制，而机制的有效性依赖于装备采办的体制、制度设计。

三、装备采办成本控制过程的博弈模型

装备采办是采办主体间的一种动态博弈过程，在装备成本控制主体行为分析的基础上，分析现实装备采办成本控制的博弈过程，进而得出有效结论。

装备采办是采办主体信息非对称条件下的一种动态博弈过程，信息不完全，寻租就难以避免，那么监督机制有效与否对于交易成本的降低关重要。

设军队纯策略是检查或不检查，企业纯策略是违约与不违约。记企业违约所得为 E，检查成本为 C，惩罚数量为 P，假设 $C < E + P$，且 $E < C$。该博弈的理想支付为：

表 1　装备采办成本控制博弈的理想支付表

		企　业	
		违约	不违约
军队	检查	$E - C + P$, $-E - P$	$-C$, 0
	不检查	$-E$, E	0, 0

可以验证，该矩阵博弈不存在纯策略的纳什均衡解。用 θ 代表军队检查的概率，r 代表企业违约的概率。

给定 γ，军队检查和不检查的期望收益分别为：

$$\pi_M(1, \gamma) = (E - C + P)\gamma - C(1 - \gamma) = \gamma P + E\gamma - C$$

$$\pi_M(0, \gamma) = E\gamma + 0(1 - \gamma) = -E\gamma$$

解 $\pi_M(1, \gamma) = \pi_M(0, \gamma)$，得 $\gamma^* = \dfrac{C}{2E + P}$，即如果企业违约的概率小于

$\dfrac{C}{2E + P}$，军队的最优选择是不检查；如果企业违约的概率大于 $\dfrac{C}{2E + P}$，军队的最

优选择是检查；如果企业违约的概率等于 $\dfrac{C}{2E + P}$，军队随机选择检查与不检查。

给定 θ，企业选择违约和不违约的期望收益分别为：

$$\pi_A(\theta, 1) = -(E + P)\theta + E(1 - \theta) = E - 2E\theta - P\theta$$

$$\pi_A(\theta, 0) = -0\theta + 0(1 - \theta) = 0$$

解 $\pi_A(\theta, 1) = \pi_A(\theta, 0)$，得 $\theta^* = \dfrac{E}{2E+P}$，即如果军队检查的概率小于

$\dfrac{E}{2E+P}$，企业的最优选择是违约；如果军队检查的概率大于 $\dfrac{E}{2E+P}$，企业的最优

选择是不违约；如果军队检查的概率等于 $\dfrac{E}{2E+P}$，企业随机地选择违约与不

违约。

混合策略纳什均衡解，军队检查的概率为 $\dfrac{E}{2E+P}$，企业违约的概率是 $\dfrac{E}{2E+P}$。

从企业违约的概率中可以发现，军队的最优选择为加大惩罚数 P，从而降低企业
违约的概率。

以上是一般性数学推导，但在实际过程中，装备采办存在着纯策略的纳什均
衡解，如表 2 所示。

表 2 装备采办成本控制博弈的实际支付表

企业

		违约	不违约
军队	检查	$-C, E-P$	$-C, 0$
	不检查	$0, E$	$0, 0$

军队检查要支付成本 C，军队不检查，企业的收益是 E，如果企业不管军队
检查与否，违约都会带来收益，即 $(E-P) \geqslant 0$，那么企业肯定违约，军队就只
有选择不检查。显然，这一在个体理性支配下达成的均衡不是集体的最优解。该
博弈模型对当前装备采办成本控制现状具有较好的解释性。我军装备采办成本控
制体制不完善、制度不健全，而各个国防科技企业具有很强的独立利益，它们是
现行武器装备建设投资体制的获益者，为了追求利润最大化，它们有可能不遵循
合同的约定，想方设法去违约，因为即使受到违约的惩罚也有正的收益，因而装
备采办成本控制的有效性便大大降低。

出现上述结果的原因在于对违约惩罚不足以改变企业违约的最终收益。要想
使企业愿意遵守合同，必须大大降低企业违约获得的效益，使 $(E-P) < 0$，此
时，不遵守合同获得的收益已经不再是企业在任何情况下特别是受到检查时的最
优解。博弈有了两个均衡解，即"不检查，不违约"和"检查，违约"。也就是
说，博弈的结果具有不确定性，既可能出现企业不违约的结果，也可能出现违约
的结果。由于装备采办成本控制体制不健全，成本控制主体不明，要对采办合同
进行检查，军队需要付出很多努力而且又要承担失败的风险，最后的结果是装备
采办成本控制的有效性大打折扣，所以在这种情况下，仍然不会检查，不会选择

"检查，不违约"这个均衡解，而得到均衡解仍是"不检查，违约"。

要实现军队与企业博弈的均衡解"检查，不违约"，或者是更理想的"不检查，不违约"，必须完善装备采办管理体制和制度，从根本上改变当前的激励约束机制，从而使企业愿意让合同发挥作用，也使军队在严格的责任约束下去积极履行检查的职责，减少采办过程中非生产性的交易成本，从而实现装备采办的最佳效益。

四、装备采办成本控制的对策

1. 完善装备采办成本控制管理体制，有效降低装备采办内耗

西方国家大多形成了集中统一的装备采办管理体制，这种集中统一性体现在机构设置、权责划分、管理流程等各个方面。我军建立完善、集中、统一的管理体制有利于装备采办各环节的衔接与过程的完整性，也体现了装备采办全寿命和全系统的特点。同时合理高效的装备采办制度设计可以降低装备采办过程中的内耗，从而控制装备采办中非生产性的交易成本，有助于提高装备采办效益，实现对装备采办成本的有效控制以及装备采办成本与效益的"综合均衡"。

2. 健全装备采办成本控制管理制度，实现装备采办军方主导

装备采办管理制度是实施装备采办的基础，科学合理的装备采办管理制度可以规范采办行为主体的行为，提高采办效率。目前，我国装备采办的管理制度还不够健全，加之装备采办中信息的不对称，道德风险和逆向选择同时存在，寻租行为难以避免，军方在装备采办成本控制中处于被动。因此，必须建立科学、合理、完备的评价和评审制度，健全全方位、全过程的管理、监督制度，从而形成职能相对分开、权力相互制衡的采办管理制度，有效抑制寻租行为的发生，真正实现军方在装备采办成本控制中的主导作用，实现装备采办的最佳效益。

3. 完善装备采办成本控制监审机制，力求主体利益博弈均衡

市场经济是一种法制经济，国家的各项经济活动必须依法进行，装备采办成本控制同样必须依靠相应的法律法规来支持其运行。目前我国的市场经济体制还处于完善的阶段，法律法规体系还不够健全。装备采办成本控制难以实现的重要原因在于激励约束、管理监督机制的不健全。因此，必须尽快地制定和完善有关

的装备采办成本控制法律法规，通过制度设计，完善装备采办成本控制中的监审机制和租金消散机制，减少装备采办中的交易成本，在装备采办整体优化的基础上实现采办主体利益博弈均衡。

参考文献

［1］张维迎．博弈论与信息经济学［M］．上海：上海人民出版社，1996.

［2］刘佐太．军品采办论［M］．北京：军事科学出版社，1999.

［3］果增明，孙超．装备采办［M］．北京：海潮出版社，2003.

［4］魏刚，艾克武．武器装备采办合同管理导论［M］．北京：国防工业出版社，2005.

［5］谢湘泉．委托代理关系中激励约束机制的博弈分析［J］．经济师，2005（5）.

论我军装备市场有效竞争[*]

周建设　张　霖

　　装备市场竞争一直是装备采办领域的焦点问题。国内外大量研究表明，装备市场引入竞争既必要也可行。实践中各国也都在积极探索和完善武器装备竞争性采办体制。我军装备市场处于经济体制转轨的历史时期，装备竞争性采办问题具有特殊性。借助有效竞争理论和可竞争性市场理论构建我军装备市场的竞争模式，有助于解决这一理论和实践难题，形成具有我国特色的装备采办市场，提高我军装备采办效益。

一、装备市场的马歇尔冲突

　　装备市场不同于一般民用品市场，马歇尔冲突是其显著特征。国防工业具有自然垄断特征，平战转换时期装备需求波动大。因此，国防工业生产能力存在大量闲置。同时，军事装备资产专用性较强，投入到国防工业领域的资源再难转为他用，若缺乏完善的承包方投资补偿机制，将削弱其他企业进入装备市场的意愿，导致投资不足。再者，随着军事技术更新速度加快，装备更新换代周期变短，武器装备非批量生产趋势逐渐加强。而且装备市场中交易者数量有限，只能开展有限竞争，其竞争行为还受行政主体干预。这些因素导致竞争效应与规模经济的矛盾。为此，必须综合权衡各种因素，使军方、承研承制单位双方、市场力量和政府行政力量以及装备产品的特殊性相协调，实现竞争与调控、竞争效应与规模经济的动态均衡，保证装备市场交易顺利实现。

---

　　* 本文原载于《军事经济研究》2008 年第 1 期。

二、我军装备市场的有效竞争

　　我军装备市场的主要市场结构是寡头垄断市场和垄断性竞争市场，垄断程度较高，竞争有限。但由于装备市场中技术进步显著，政府对国防工业的管制明显，技术和规制调节对市场结构的影响较大，规模经济不足以抑制竞争。特别是随着信息技术等军民两用技术的飞速发展，以及国防工业逐渐开放，装备市场进出的技术、政策壁垒正逐步降低，使原国防工业不断面临竞争压力。在政府调控和竞争机制的共同作用下，装备市场具备进入马歇尔冲突收敛区的条件，企业规模将逐渐稳定在马歇尔冲突缓冲区内。

　　图1刻画了装备市场规模与竞争的动态调整过程。$A(q)$ 是竞争成本线，$B(q)$ 是规模经济线，曲线斜率代表成本增（减）变化快慢程度。装备市场垄断现象较为严重，企业初期规模较大，规模经济带来的社会成本降低被内部管理成本的上升所抵消，此时 $A(q)$ 的斜率一般大于 $B(q)$ 斜率的绝对值。假定此时企业处于点1，随着政府逐渐放宽政策，减小进出壁垒，使包括非公有制经济在内的其他企业进入装备市场，在位企业努力降低成本，但其规模近似不变，竞争使企业生产由点1变至点2；随着国防工业封闭体系的打破（部分表现为国防工业的部分部门转为民用，业务和职能从中剥离）、反垄断政策的出台、企业规模收缩，生产由点2变至点3；企业为保持其利润，内部垄断加强，使企业规模在近似不变的基础上成本上升，企业生产从点3变至点4；而后企业往往又通过兼

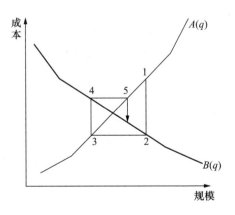

图1　马歇尔冲突收敛区

并重组扩大规模，即从点4转向点5。之后，再进入新一轮的竞争引入、业务外包、规模缩小、成本上升、垄断加强、政府管制，如此循环，逐渐收敛于规模与竞争的动态均衡区域。

整个过程反映了企业与政府间的重复博弈，也反映了竞争与调控、竞争效应与规模经济效应之间的互动调整过程。最终，企业规模将在图2的 q_1 与 q_2 之间进行动态调整。区域内，规模与竞争实现长期动态均衡，两者稳定兼容，这一区域被称为马歇尔冲突缓冲区。

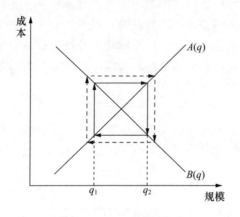

图2 马歇尔冲突缓冲区

特别强调的是，装备市场中军工企业实现规模经济的最小最佳规模由于项目的不同而不同，对于专用性较强的武器装备而言，军工企业的最小最佳规模较大，企业规模扩张的动力强劲。大企业不断兼并重组趋于扩张，中小企业则由于专业化分工的需要趋于收缩。因此，上述模型中，大企业业务外包、职能剥离，而小企业则不断进入。大企业的动态调整依然遵循图1中的点1→点5，但时有波动。同时小企业游离于大企业之外的趋势逐渐弱化，表现为逐渐增多的小企业使竞争的成本减小，收益提高。这样，小企业的生存空间扩大。大企业通过兼并重组而有规模扩张的趋势，以满足规模经济的需要，并形成对外竞争优势，而小企业则不断诞生以享受专业化分工带来的好处。竞争与企业规模的动态均衡最终形成少数大企业和大量小企业并存的局面，竞争程度从主承包商一级至分包、转包层次逐渐减弱，装备采办市场的有效竞争最终形成有层次、有差别的竞争，企业规模相应也是有层次、有差别的。部分中小企业可利用自身优势（如灵敏的市场反应能力）形成对大企业的竞争冲击。根据装备专用程度的差别，形成有差别的有效竞争。表现为图2中虚线和实线不同范围的马歇尔冲突缓冲区（不包括完全竞争和完全垄断）。政府可以通过政策调控，控制马歇尔冲突收敛区的发散和收敛趋势，使马歇尔冲突缓冲区在收敛和发散趋势共同作用下形成相对稳定的动态均衡。

三、实现我军装备市场有效竞争的途径

我军装备市场培育相对不足，竞争有限，装备采办过程存在大量交易成本，采办效率低下。随着市场经济发展和国防工业改革的深入，许多非公有制经济实体参与军品研制生产的能力越来越强，军品市场对其的吸引力也越来越大。这种情形下，可竞争性市场理论为解决上述问题提供了思路。在政府管制和市场机制协同作用下，通过提高装备采办市场甚至完全垄断市场条件下的市场可竞争性程度，可实现装备市场有效竞争，提高采办绩效。

假定装备采办市场的产业结构是由厂商 i（$i = 1, 2, \cdots, k, k+1, \cdots, m$）（其中，$1, 2, \cdots, k$ 为市场中的在位者；$k+1, \cdots, m$ 为潜在的进入者），各个厂商的产出向量 $y^1, y^2, \cdots, y^m$；以及使各个厂商赢得利润并使总供给等于总需求的市场价格向量 p 组成的，即 $py^i - C(y^i) \geq 0$，$\sum y^i = D(p)$，其中 C 为成本函数，D 为市场需求函数。同时，假设进入者进入市场的沉没成本为 C_s，这时进入者在 $py^i - C(y^i) - C_s > 0$ 时选择进入市场，在 $py^i - C(y^i) - C_s \leq 0$ 时不进入市场。

沉没成本 C_s 足够时：在可竞争性市场理论的基本假设下，若 $py^i - C(y^i) > 0$，进入者采取进入市场的决策，如果在位者无任何反应，源源不断的进入者将使市场达到出清水平；如果在位者（垄断者或多寡头合谋）为维持其垄断利益，采取定价策略 $py^i - C(y^i) \leq 0$ 以实施报复，这时市场获利潜力降为零甚至亏损，潜在进入者没有进入市场的动机，此时没有新进入者，已进入者采取"打了就跑"的策略，迅速退出市场，而在位厂商由于无法长期忍受亏损的局面，市场最终将形成 $py^i - C(y^i) \equiv 0$ 的竞争性均衡；如果潜在进入者一开始就面对在位者 $py^i - C(y^i) \leq 0$ 的定价策略，那么进入者将不进入市场，在位厂商迫于潜在的竞争压力和长期亏损的局面，最终还是会形成 $py^i - C(y^i) \equiv 0$ 的均衡结果。此时在市场机制作用下，可以取得一定效率。

沉没成本比较大时：通常，装备采办市场存在较为显著的进出障碍，如法律法规严格；资产专用性强，成本沉没可能性大；产品的替代有限，需求弹性小；初始资本费用大；企业最小最佳规模大，而市场规模小且不稳定，产品差别程度大等。但军方作为装备采办市场的特殊买方，是决定市场变量变化的重要因素。首先，政府可对装备市场实施管制使 $py^i - C(y^i) \geq 0$。其次，采取措施减小沉没成本，如发展军民两用技术；为符合条件的企业提供资助；为其提供一定退出补偿；在系统承包商的分包、转包层次鼓励非公有制经济实体进入。这同样可以提高市场效率，迫使在位者迫于潜在的竞争压力而采取竞争性行为。再次，签订长期契约，即政府承诺与进入者签订长期契约，保证进入者在市场中拥有足够的在位时间，使其资本增值足以补偿沉没成本。此时原在位者无法实施报复，有利于促进市场竞争。这种情况适于完全垄断市场和部分寡头垄断市场。最后，鼓励非公有制企业参与军工企业改革重组，以资金、技术或设备等多种形式参与军品的研制、生产，有利于打破军工企业自我封闭、自成体系的局面。

四、结　论

竞争性采办政策有利于提高装备采办效益。因此，第一，要加强军方主导与政府调控。充分发挥装备市场中军方的主导作用和政府的调控作用，从法律的高度确立军方的甲方优势地位，从全局的角度改善政府的引导和调控功能。这不仅有利于理清政府、军方、企业间的关系，同时也有利于装备市场竞争与调控、竞争效应与规模经济的动态均衡，从而有利于提高装备市场的可竞争程度。

第二，建立多层次的有效竞争。依据装备项目专用程度、系统分级层次以及和国家安全的相关程度，实行分层次、有差别的有效竞争。增强装备市场内非公有制经济实体之间及其同军工企业、国内外军工企业之间分层次、有差别的有效竞争；促进采办项目在系统承包商及分包、转包不同层次的有效竞争。这既有利于增强国防工业实力，建立"军民融合"的国防军工体制，也有利于降低成本，实现"经济可承受性"的目标。

第三，允许非公有制经济进入。建立和完善非公有制经济准入制度，打破卖方垄断。对企业资质严格审查，严格把关，实行准入准出制度、许可证制度；实现企业的有序进退，对进入企业实行破产保障制度，控制其进出装备采办市场的沉没成本，并采用灵活多样的进入形式，降低进入门槛；对不同层次的非公有制经济退出国防工业要区别对待，使其符合市场机制和国防安全要求。这不仅有利于提高我军装备采办市场的竞争性，促进资源有效配置，激活装备采办市场活力，也有利于确保国防工业安全有效运行。

第四，加强竞争与合作。加强装备市场竞争者之间的竞争合作关系，从外部引入可以合作的或竞争实力相当的实体分享合同，利用契约关系加强企业间以及军方与企业间的竞争合作关系。这将有利于共赢局面的形成和装备市场的健康发展。

参考文献

［1］朱江. 论收敛于马歇尔缓冲区的有效竞争——中外电信改革理论与实证研究［J］. 财经研究, 2003 (9).

［2］李国璋, 白明. 市场可竞争性与绩效: 对我国工业行业的实证分析［J］. 统计研究, 2006 (6).

［3］刘军, 吴鸣. 可竞争武器装备市场的经济分析［J］. 中国国防经济, 2006 (2).

俄罗斯发展军贸的经济动因探析 *

朱 博 张允壮 曾 立

一、引言

军火贸易是一根深化政治、经济和军事意义的外交杠杆。

军火贸易是国际贸易重要组成部分，是世界上最赚钱的交易之一，也是获取经济利益、赚取外汇、解决就业问题的重要手段。美国大约有 1/3 ~ 3/4 的经济活动是靠军费来维持的，全国工业企业有 1/3 在不同程度上参加了军火生产。军火贸易的动因涉及许多方面，防务经济学家鲍尤斯和洛斯彻尔（1998）对军火贸易的原因进行了如下概括：第一，维护国内的国防工业，维持规模经济，节省武器的研究和开发成本，解决国防工业就业；第二，平衡贸易，获取硬通货；第三，影响接受国的外交政策；第四，维护地区力量平衡，提高接受国的国内安全度；第五，加强盟国力量，盟国间武器相互使用。新古典学派认为，影响国际军火贸易的因素主要有三个，即偏好、生产技术和能力、资源禀赋。军火贸易的均衡水平是由两国国内军火需求和供给的变量共同决定的。一国国内武器需求由预期外部威胁强度、内部稳定性、军事战略和军事行动计划、国民收入、外汇供给、供给替代品状况等多种因素决定；而一国国内武器供给则由资源价格、武器生产技术、替代品的价格等多种因素决定。

军火贸易动机尤其是军事大国的军贸动机都是多元的。许多国家都把维持国防工业基础看作是维护国家安全所必需的，而国防工业基础对其军火贸易政策以及该国在军火市场上的地位有着重大影响。国防相关就业也是各国发展军火贸易

---

* 本文原载于《国防科技》2008 年第 1 期。

的动力之一。因为随着国防产品需求的下降，国防工业的就业水平也随之下降。面对国内武器需求下降，刺激武器出口、限制武器进口就通常作为维持国防工业就业水平的手段。随着国际形势的发展变化与国家战略的调整，大国军火贸易动机呈现出一种动态的结构组合（军火出口的动因结构如图 1 所示）。

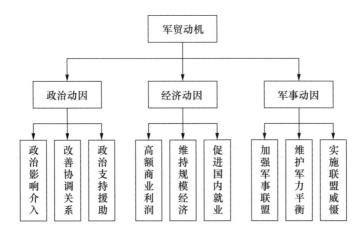

图 1　军火贸易的动因结构图

军火贸易输出对军火贸易出口国家的效用一般有三种：一是国家安全效用，即加强盟国和友好国家的军事援助有助于出口国的国家安全；二是政治效用，即通过援助，作为交换，政府可获得对外国政界和军界领导人的影响和接近其设施的权利；三是经济效用，即考虑武器转让的经济利益，认为它保证了出口国国防工业的健康发展，并降低了采购费用。从军火贸易的效用看，无论是对于国家的内部发展战略，还是国家的外部发展战略，军火贸易都能够产生作用。并且根据变化不定的国际形势，西方军贸大国的军火贸易会凸显不同的动因，有时甚至为强调一种动因，而可以忽略甚至牺牲别的动因下的利益。这种军贸动因组合的灵活性，使得军火贸易成为推进国家各项战略的一种非常有效的工具。

二、俄罗斯军贸发展现状

冷战结束后，俄罗斯作为苏联的继承者跌落到与英、德、法同一层次，形成了美国一枝独秀，俄、法、德、英诸国竞争的格局。进入 21 世纪，俄罗斯把军品贸易作为推动整个经济的支点，不遗余力推销武器，实现了军品出口的连续增长。根据斯德哥尔摩国际和平研究所统计，俄罗斯自 2001 年武器出口额超过美国起，连续四年成为世界最大的军品出口国（俄罗斯 2000 ~ 2004 年的常规武器出口额分别为：40.16 亿美元、55.16 亿美元、55.41 亿美元、56.55 亿美元和61.97 亿美元；美国分别为 64 亿美元、50.79 亿美元、44.70 亿美元、45.28 亿美元和 54.53 亿美元）。俄罗斯虽然在其他领域落后美国许多，但就军品出口而言，它抢回了失去的地盘，向冷战时期军贸格局回归。纵观近年来的世界军品出口市场，美俄两国保持了冷战时期世界军品出口超级大国的地位，在世界军品贸易市场上占据了约 2/3 的出口份额，其余 1/3 主要由法国、德国、英国、中国、加拿大、以色列、乌克兰、瑞典等国所瓜分。而在第二梯次的军品出口国中，法、英、德等国以及中国近年军品出口下降幅度较大，据美国国会研究机构发布的《对发展中国家的常规武器交易》年度报告统计，西欧主要国家的出口份额由 1996 ~ 1999 年的 29.2% 下降到 2000 ~ 2003 年的 15.8%，同期，中国从 5.1%下降到 1.8% 左右。基本上形成了俄美两国称雄、多国竞争的态势。

如果说，冷战结束以来世界军品贸易市场的一个重大变化是出现了政治经济利益兼顾、经济因素上升的趋势的话，那么进入 21 世纪以来，这种趋势表现得更加明显。由于国际局势的缓和，世界军贸市场继续在低水平徘徊，军品订货的减少使许多国家的军工企业举步维艰。在这种情况下，争取军贸订单、为军工企业生存和发展寻找出路，不仅具有政治军事意义，更具有重大的经济意义。为了促进军品出口，2000 年 11 月，俄罗斯总统普京签发命令，决定将对外军事技术合作的职能划归国防部承担，在管理体制上形成"总统—国防部—对外军事技术合作委员会—国防出口公司—企业"的纵向管理格局。同时，决定将俄罗斯国家武器和技术兵器进出口公司和俄罗斯工业出口公司合并，成立俄罗斯国防产品出口公司，并确立了该公司的军品出口（进口）的"国家中介人"地位。为了获得经济利益，俄罗斯国防出口公司把军品当成民品卖，不论国别、地区和武器种类如何，只要支付硬通货，就连竞争对手美、英、法等国也可从俄购买命中率比"爱国者"导弹还高的 S - 300W 反导弹系统。

三、1992 ~ 2005 年俄罗斯军品贸易与经济发展的相关性实证分析

本文应用 EViews 5.0 软件，使用 1992 ~ 2005 年斯德哥尔摩和平研究所发布的军贸数据和世界银行发布的各国经济数据。这些数据均是以 1990 年不变美元

价格计算的，部分国家或部分年份数据由斯德哥尔摩研究所在官方数据的基础上
推算修正所得。

图 2 反映了经济发展与军品贸易具有相关性的特征。在 1994 年俄罗斯军品
贸易总额（13.68 亿美元）跌入谷底的时候，俄罗斯国民经济也出现了下降趋
势，并且由于受 1998 年金融风暴的影响，俄罗斯军火贸易总额和国民生产总值
均出现了明显的下降趋势。此外，俄罗斯经济发展的高涨期与军火贸易的对照也
能反映出俄罗斯经济增长与军贸的相关性。

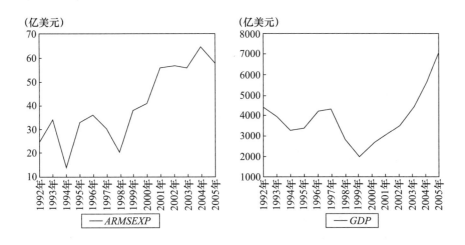

图 2　1992～2005 年俄罗斯军火出口总额和国内生产总值趋势图

1997 年俄罗斯出口额为 590 亿美元，其中军品占 14%；1998 年俄罗斯出口
额为 739 亿美元，其中军品占 37%；1999 年俄罗斯出口额为 648 亿美元，其中
军品约占 21%；2000 年俄罗斯出口额为 1052 亿美元，其中军品约占 32%。俄罗
斯军品出口已达到相当大规模，成为俄罗斯经济增长的一个重要因素。

为进一步研究一国经济发展与对外贸易的相关性，简单起见，本文选择使用
一元线性回归模型。考虑到军贸数据统计的特殊性（军贸数据通常为当年的合同
数据，并未完全付诸生产），本文通过考察国内生产总值与上一期所签订的军品
贸易的相关性，建立模型如下：

$GDP = C + \alpha ARMSEXP(-1)$

其中，GDP 为当年的俄罗斯国内生产总值总额，$ARMSEXP(-1)$ 为上一期军
贸总额，C、α 为参数。通过回归分析得出结果：

$GDP = C + \alpha ARMSEXP(-1)$

$R^2 = 0.48$,　　$t = 3.0509$

简单的回归数据表明，样本决定系数为 48%，检验在 t 的水平上显著，俄罗斯国内生产总值和其军品贸易具有较强的相关性。此外，俄罗斯 1/3 以上的外贸收入来自石油、燃料和能源产品出口，军品收入占 7% 左右。从近几年军品生产出口的数额看，可以看出军工产品在其经济恢复增长中的作用。

四、俄罗斯发展军贸的经济动因

军火贸易最初被看成是一种地缘政治现象，它服从于国内政治变化，并伴随着国际体系中的主要事件而出现。冷战结束后，国防经济学研究改变了过去从政治动因去研究军火贸易的做法。俄罗斯军品贸易与经济发展的相关性分析更说明，经济利益是世界军火贸易的主要动因，俄罗斯发展军贸具有深层次的经济动因。

发展军品贸易，有利于俄罗斯经济产业结构调整和经济稳定发展。苏联解体、俄罗斯独立以来，俄罗斯经历了长达近十年的经济下降的艰难时期。1991～1998 年经济形势未有明显好转，国内生产总值下降近 50%，尤其是 1998 年 8 月发生的金融危机更是严重地影响了俄罗斯经济发展。俄罗斯种种经济危机的发生无不与其继承的苏联时期的经济结构体系有很大的联系。而在其原有经济结构体系中，军事工业在国民经济中达到近 70%，从而形成了严重畸形的工业体系。苏联时期的军工产品大约 80% 供应本国军队、15% 供应给华沙条约集团、5% 供应其他友好国家。苏联的解体，使世界军火市场一度萎缩。俄罗斯经济生活的急剧动荡不安，一定程度上促使俄罗斯军工企业处于减产和停产的状态；同时在俄罗斯经济体制转型当中，庞大的军工企业实现所有制改造所面临的问题十分复杂。外国投资者向俄罗斯投资时，不能不考虑对军工企业投资所产生的难以预料的种种风险，因而不愿向军工企业投资（涉及俄罗斯国内政策与社会形势的相关制约）。国内资本和外国资本投入的不足必然影响到俄罗斯经济的恢复增长。

军品的生产属于科技含量较高的工业制造产品，而俄罗斯工业体系中制造业占的比例十分大。苏联时期对军工企业的某些倾斜政策在苏联解体后给俄罗斯产业结构的调整带来许多不平衡，比如国内轻工业发展严重滞后等。虽然冷战已经结束，俄罗斯军工企业的调整也面临着巨大的资金投入的压力，但毕竟俄罗斯军工企业的技术装备与技术人员素质是属于基础较好的经济部门，因此军工部门始终是俄罗斯政府重视的经济发展的一个重要方面。1991～2000 年的近十年中，俄罗斯政府每年都对俄罗斯军工企业的结构调整不断地提出指导意见，尤其是

1995 年俄罗斯政府针对其远东地区军工企业的调整改革提出了一系列具体的要求，如保持和发展国防综合体的科技发展潜力；充分利用闲置设备，保证最新民品的生产，实行军品和民品生产一体化；调整军工企业的所有制关系，在军工企业建立大型康采恩、技术园区等；充分利用转产企业生产民用产品的条件，发展燃料动力系统的基础设施，解决生产问题。从俄罗斯政府对军工企业的关注，不难看出俄罗斯军工企业在俄罗斯经济恢复增长中的作用与影响，显示出俄罗斯经济结构的一个重要特点。

军贸出口可以创造大量的外汇资源，有利于国家经济的平衡发展。俄罗斯经济转轨以来，国家的外汇收入主要依靠石油等原材料的出口，其经济形势的好坏在一定程度上取决于石油等原材料产品的国际市场行情的好坏。1999～2000 年的经济回升很大程度上得益于世界市场石油价格的上涨。俄罗斯政府意识到石油、能源等原材料出口不应是唯一的外汇来源，需要再开拓其他外汇收入的来源。而原来庞大的军工企业的转产又难以在很短的时间内完成，那么只有重新重视军工企业产品、技术出口创汇所带来的潜在能力。从叶利钦到普京执政，都十分重视军工企业恢复生产的问题。2000 年 3 月，普京总统在全俄国防工业综合体会议上再次强调了必须使经济增长达到 7%～10%，表明了军火贸易出口创汇对经济增长的影响。

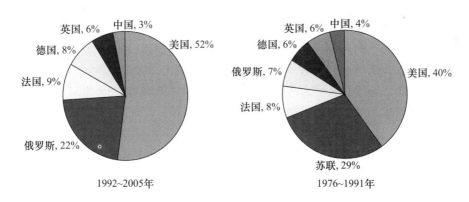

图 3 世界主要国家军贸总额比重图

五、结论及启示

通过对俄罗斯发展军贸的经济动因研究，反观我国军品贸易现状，进入 21 世纪，我国军品贸易的形势并不容乐观。在出口方面，由于各种因素的综合作用，我国军品出口的规模大幅度下降，一些军工企业步履维艰。1976～1991 年间我国军品出口总额占世界主要国家出口总额的 4%，而 1992～2005 年间却只相当于世界主要国家出口总额的 3%（见图 3）。军工企业的扭亏为盈不仅需要国内军事的持续投入和其自身的改革创新，更需要外部的需求拉动，只有这样，才能充分发挥我国军事工业的规模经济效应，降低我国的军事技术研究和发展成本，实现军事工业的长期可持续发展。

参考文献

［1］Bajusz, W. D. , D. J. Louscher. Arms sales and the U. S. economy：the impact of restricting military exports ［M］. Westview Press, 1988.

［2］黄如安，罗革伪. 后冷战时代的世界军事工业与贸易 ［M］. 北京：国防工业出版社，2004.

［3］卢周来. 现代国防经济学教程 ［M］. 北京：石油工业出版社，2006.

［4］赵赢. 浅析军火贸易 ［J］. 台声，2006 (1)：263 - 264.

［5］李霖. 国际军火贸易 ［M］. 北京：解放军出版社，1998.

［6］贾利军. 俄罗斯经济增长因素实证分析 ［J］. 俄罗斯研究，2006 (1)：41 - 47.

［7］侯德贤. 俄罗斯经济恢复增长中军品、技术出口因素影响 ［J］. 西伯利亚研究，2006 (2)：10 - 12.

［8］冯绍雷. 制度变迁与对外关系——1992 年以来的俄罗斯 ［M］. 上海：上海人民出版社，1997.

［9］马蔚云. 转型时期的俄罗斯远东军事工业综合体分析 ［J］. 东欧中亚研究，1999 (5)：24.

基于斯坦克尔伯格博弈的装备
采办最优合同设计*

旷毓君　张　霖　胡庆元

随着我国社会主义市场经济体制的逐步发展和完善，装备采办内涵发生了变化，合同制成为武器装备采办管理的重要基础。从装备采办过程来看，合同是联结采办需求方和供给方的纽带，是交易双方关注的焦点，也是装备采办中心工作之一。但由于装备采办合同具有显著的不完全性，会诱发逆向选择、道德风险等理论和现实问题，特别是随着我军装备采办改革的进一步深化，装备采办工作日益集中于装备采办合同，研究和探索装备采办最优合同的机制设计问题就显得特别重要而迫切。

一、装备采办的最优合同方案

任何合同的形成过程都是交易当事人将各自交易目标函数转化为共同接受的契约条件的过程。在不同的信息结构下，交易当事人采取的策略不同，适用的最优合同方案就会不同，但最优合同始终以实现交易双方自身效用最大化为前提。在动态条件下，当事人行动有先后之分，具有"斯坦克尔伯格博弈"的特征，交易主体会根据对方的反应做出策略选择，具有一定的策略模糊性。作为装备采办市场中的特殊买主，采办方是领导者（Leader），承包商则为尾随者（Follower）。交易双方实现交易的过程是双方利益博弈的过程，同时也是相互竞争、妥协的过程。承包方的进攻性行动，如采取积极行动提高成本，并不会使采办方采取保守行动，如减少购买。特别是对于专用性强的武器装备而言，产品替代有

＊　本文原载于《军事经济研究》2008 年第 2 期。

限，且市场中无替代买者，双方的专用性投资只有在策略互补时，才能使双方价值增值。因此，在完全性契约缔约方式下，买卖双方的竞争性行动在策略替代的条件下不会引起市场均衡而有利于任何一方，反而会使双方同时受到价值损失。相反，出于武器装备专用的军事目的，采办方同承包商之间的相互依存关系在策略互补条件下，通过不完全契约方式可以实现有效率的交易，此时双方的竞争性行动都会引起对方的积极回应。可见，完全合同难以实现装备采办效益最佳，设计一份最优的不完全合同十分重要。

二、不完全合同与重新谈判

不完全合同的一个基本命题是重新谈判。重新谈判在装备采办合同中扮演的角色决定了所设计的不完全合同能否达到最优。

不妨设装备采办项目研发（生产）经历的阶段如下（见图1）：

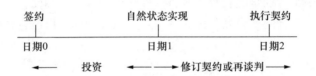

图1　不完全合同博弈时间序列

阶段1：采办方和承包商在日期0根据初始条件 ε_0 签订一份不完全合同，合同中包括价格 p_0、交货时间 t_0，以及随着项目实施，交货时间、支付情况发生变化的合同变更规则 R。

阶段2：签约后，采办方首先做出投资决策，承包商根据观察到的采办方的投资结果做出投资决策，双方的投资水平分别用 i、j 表示。

阶段3：投资完成，承包商于日期1观察到项目执行条件 ε_0 的变化，并且可以证实，向采办方提出合同变更要求，采办方观察到项目执行条件变化后，按合同变更规则 R 进行合同变更，变更后的交货时间为 t^*、支付为 p^*，不允许承包商对变更的合同内容提出异议。

阶段4：项目开始实施，承包商投入可变要素如劳动、材料等。承包商的最小可变费用是交货时间、交易双方投资水平以及项目实施条件的函数，用 $C(t, i, j, \varepsilon)$ 来表示，且假设可变费用成本函数具有凸性，即 $C_j < 0$，$C_{ii} > 0$，$C_j < 0$，

$c_{ij} > 0$，$C_{ij} > 0$。

假定采办方和承包商均为风险中性，则：

承包商的期望利润为：

$$E[\;\text{II}\;] = p - E[\,C(\,t\,,\;i\,,\;j\,,\;\varepsilon)\,] - \varphi(j) \qquad (1)$$

采办方的利润为：

$$B = V(t\,,\;\varepsilon) - p - \psi(i) \qquad (2)$$

社会总剩余期望值为：

$$E[\,W(\,t\,,\;i\,,\;j\,,\;\varepsilon)\,] = V(t\,,\;\varepsilon) - E[\,C(\,t\,,\;i\,,\;j\,,\;\varepsilon)\,] - \psi(i) - \varphi(j) \qquad (3)$$

其中，II 为承包商的利润；$\varphi(j)$ 为承包商的投资费用函数，且 $\varphi' > 0$，$\varphi'' > 0$；$V(t\,,\;\varepsilon)$ 为项目进度及产品所带来的价值，且 $V' < 0$，$V'' > 0$；$\psi(i)$ 为采办方投资费用函数，且 $\psi' > 0$，$\psi'' > 0$；$W(t\,,\;i\,,\;j\,,\;\varepsilon)$ 为社会总剩余。

假定只有卖方（即承包商一方）做出关系专用性投资，即 $i = 0$，并假设 $\varphi(j) = j$，买卖双方没有外部选择权，没有谈判成本，没有贴现，并按 $\alpha\!:\!(1 - \alpha)$（其中，$0 < \alpha < 1$，α 表明采办方在事后谈判中的地位）的比例分享再谈判剩余，那么社会最优（first - best）的投资决策是最大化社会总剩余的解，即：

$$SO = \max_{j}[\,W(\,t\,,\;j\,,\;\hat{\varepsilon})\,]$$
$$= \max_{j}[\,V(t\,,\;\varepsilon) - E[\,C(\,t\,,\;j\,,\;\varepsilon)\,] - j\,]$$

其一阶条件为：

$$-C_{j}(t\,,\;j^{*}\,,\;\varepsilon) = 1 \qquad (4)$$

纳什均衡下，卖者的最优投资决策由他的期望利润函数决定，即：

$$U_{S} = \max_{j}\{(1 - \alpha)[\,V(t\,,\;\varepsilon) - E[\,C(\,t\,,\;j\,,\;\varepsilon)\,]\,] - j\}$$

其一阶条件为：

$$-(1 - \alpha)C_{j}(t\,,\;j^{N}\,,\;\varepsilon) = 1 \qquad (5)$$

根据函数 $C(t\,,\;j\,,\;\varepsilon)$ 的性质，可以证明，$j^{N} < j^{*}$，即卖方单方面做出专用性投资，且双方无法承诺事后不再重新谈判时会导致事前投资不足。而且卖方预期到单方面做出专用性投资，会提高对方的讨价还价能力，从而会更加弱化事前投资激励。

如果双方承诺事后不再重新谈判，令 $\alpha = 0$，那么卖方可以向军方提出"要么买断，要么走人"的威胁，卖方可达到最优投资水平 $j^{N} = j^{*}$，此时实现帕累托最优。但事实上，由于军品替代有限，对于军方来讲，卖方提议是不可置信的威胁。

分析表明，不完全合同的重新谈判是不可避免的，要实现帕累托效率，就必须设计能够激励事前投资达到最优，并实现社会总剩余最大化的合同。

三、最优合同设计

考察图 1 中不完全契约的博弈时间序列，以斯坦克尔伯格博弈为分析工具，设采办方为领导者，承包商为尾随者。并增加以下假设：

延长交货时间会增加管理费用，缩短时间则必须增加直接费用。因此，必然存在关于可变费用的临界时间 $\bar{t}$，在 $[0, \bar{t}]$ 内，$C_t \leq 0$，$C_{tt} > 0$，$C_{ti} > 0$，$C_{tj} > 0$，$\lim\limits_{t \to +0} C_t = -\infty$，延长交货时间将使可变费用下降，投资使其下降的幅度增大。

ε 为一维随机变量，且 ε 越大，表示项目执行条件对承包商越不利，ε 是在 $[\underline{\varepsilon}, \bar{\varepsilon}]$ 内的随机变量；ε 的概率分布函数 $F(\varepsilon)$ 是双方的共同信息；在 $[\underline{\varepsilon}, \bar{\varepsilon}]$ 内，$C_\varepsilon > 0$，$C_{i\varepsilon} < 0$，$C_{j\varepsilon} < 0$，$C_{t\varepsilon} < 0$。

$$E[C(t, i, j, \varepsilon)] = \int_{\underline{\varepsilon}}^{\bar{\varepsilon}} C(t, i, j, \varepsilon) dF(\varepsilon)$$ 在 $(0, \bar{t}(i, j, \varepsilon))$ 内 必须满足 $V'' < C_{tt}$。意味着在 $(0, \bar{t}(i, j, \varepsilon))$ 内必然存在着最优合同期限。

1. 基于斯坦克尔伯格博弈的完全合同机制分析

装备采办交易双方目标不同，采办方（政府代表）的目标是实现国家军事经济利益，即社会总剩余最大化（或净福利损失最小化），而承包商的目标则是实现自身期望利润最大化。即采办方追求的是：$\max\limits_q [W(t, i, j, \varepsilon)]$，承包商追求的是 $\max[E(\text{II})]$。

在完全合同条件下，采办方可以观察和控制承包商的行为，双方对自然状态具备同样的观察和证实能力。这时项目在 c 阶段双方均可获得关于装备项目执行条件变化的真实值 $\hat{\varepsilon}$ 以及投资水平 i_0、j_0，采办方的目标为：$\max\limits_q [W(t, i_0, j_0, \hat{\varepsilon})]$，（其中 $0 < t < t(i_0, j_0, \hat{\varepsilon})$），对该式求 t 的一阶导数并令其为零，最优合同期 $t^*(i_0, j_0, \varepsilon)$ 满足：

$$\partial C(t^*, i, j, \hat{\varepsilon})/\partial t = dV(t^*, \hat{\varepsilon})/dt \tag{6}$$

承包商的最优投资水平 $j_0 = (i, \varepsilon)$ 需满足：

$$E\left[\frac{\partial C(t^*(i_0, j_0, \varepsilon), i_0, j_0, \varepsilon)}{\partial j}\right] + \frac{d\varphi(j_0)}{dj} = 0 \tag{7}$$

采办方的目标约束为：

$$\max\limits_i [W(t^*(i, j(i, \varepsilon), \varepsilon), i, j(i, \varepsilon), \varepsilon)]$$

对其求导并令其为零，结合式（6）和式（7）可得：

$$E\left[\frac{\partial C(t^*(i_0, j_0, \varepsilon), i_0, j_0, \varepsilon)}{\partial i}\right] + \frac{d\varphi(i_0)}{di} = 0 \tag{8}$$

则采办方和承包商的最优投资水平由斯坦克尔伯格博弈均衡解 i_0、j_0 给出。最优合同期及投资水平须满足(6)式~(8)式。

2. 基于斯坦克尔伯格博弈的不完全合同设计

装备采办实践中，采办方不能完全观察和控制承包商的投资行为，而且承包商往往具有信息优势，项目执行条件的变化承包商可以观察且可以证实，若承包商将项目执行情况如实告知采办方，合同变更有可能使承包商利润减少（因为采办方拥有谈判力），因此承包商会隐藏信息，但采办方往往是可观察但不可证实，这样承包商往往会利用信息优势，影响合同交付、支付等变量，如"拖进度、降指标、涨费用"，从合同变更中获取利益。但通过设计合同内容，可激励承包商投资和揭示真实信息，避免道德风险。

考察项目执行的 c 阶段，若承包商能够披露项目执行条件真实值 $\hat{\varepsilon}$，采办方可根据项目执行条件的变化变更合同，变更后的最优交货时间 $t^*(i_0, j_0, \hat{\varepsilon})$ 应满足(6)式。合同支付根据交货时间变更带来的社会总剩余的变化而变化，$p_0 \rightarrow p^*$。

变更与不变更合同的社会总剩余差值为：

$$\begin{aligned}\Delta W(\hat{\varepsilon}) &= W(t^*(i_0, j_0, \hat{\varepsilon}), i_0, j_0, \hat{\varepsilon}) - W(t_0, i_0, j_0, \varepsilon_0)\\ &= V(t^*(i_0, j_0, \hat{\varepsilon}), \hat{\varepsilon}) - V(t_0, \varepsilon_0) - C(t^*(i_0, j_0, \hat{\varepsilon}), i_0, j_0, \hat{\varepsilon})\\ &\quad + C(t_0, i_0, j_0, \varepsilon_0)\end{aligned} \tag{9}$$

$\Delta W(\hat{\varepsilon})$ 为正时表示社会总剩余增进，为负时表示其减少。

假定合同规定 $\Delta W(\hat{\varepsilon})$ 的 $1-\alpha$ 份额归属承包商，α 归属采办方，其中，$0 \leqslant \alpha \leqslant 1$，则合同变更后的价格为：

$$P^* = P_0 + (1-\alpha)\{V[t^*(i_0, j_0, \hat{\varepsilon}), \hat{\varepsilon}] - V(t_0, \varepsilon_0)\} + \alpha\{((t^*(i_0, j_0, \hat{\varepsilon}), i_0, j_0, \hat{\varepsilon}) - (t_0, i_0, j_0, \hat{\varepsilon})\} \tag{10}$$

此时合同变更规则为：$R = \begin{Bmatrix} t_0 \rightarrow t^* \\ P_0 \rightarrow P^* \end{Bmatrix}$ $\tag{11}$

交货时间、合同价格的变更按（6）式和（10）式进行。

承包商不隐藏信息和隐藏信息的利润差为：

$$\begin{aligned}\Delta \Pi(\hat{\varepsilon}) &= \Pi(P^*, t^*, \hat{\varepsilon}) - \Pi(P_0, t_0, \hat{\varepsilon})\\ &= C(t_0, i_0, j_0, \hat{\varepsilon}) - C(t_0, i_0, j_0, \varepsilon_0) + (1-\alpha)\Delta W(\hat{\varepsilon})\end{aligned} \tag{12}$$

当 $\hat{\varepsilon} > \varepsilon_0$ 时，$\Delta\Pi(\hat{\varepsilon}) > 0$，可激励承包商揭示真实信息；$\hat{\varepsilon} \leqslant \varepsilon_0$ 时，$\Delta\Pi(\hat{\varepsilon}) >$

0 不一定成立，因此区间 $[\underline{\varepsilon}, \varepsilon_0]$ 内必然存在 $\hat{\varepsilon}$，使 $\Delta \mathrm{II}(\hat{\varepsilon})<0$，诱导承包商隐藏真实信息。

现在考察 b 阶段，此时合同双方均未完成投资，项目执行条件是不确定的随机变量，其分布函数和分布区间是合同双方的共同知识，设 ε^* 为承包商采用以上两种策略的收益无差异临界点，$\varepsilon^* \in [\underline{\varepsilon}, \overline{\varepsilon}]$。到了 c 阶段，当 $\hat{\varepsilon}>\varepsilon^*$ 时，承包商揭露真实信息；当 $\hat{\varepsilon}<\varepsilon^*$ 时，承包商隐藏真实信息。

不妨设合同中 $\varepsilon_0 = \varepsilon^* = \underline{\varepsilon}$，则最大化承包商期望利润需满足：

$$E\left[\frac{\partial C(t^*, i_0, j_0, \varepsilon)}{\partial j}\right] + \frac{d\varphi(j_0)}{dj} =$$

$$\alpha\left\{E\left[\frac{\partial C(t^*, i_0, j_0, \varepsilon)}{\partial j}\right] - \frac{\partial C(t_0, i_0, j_0, \varepsilon)}{\partial j}\right\} \tag{13}$$

采办方作为领导者，虽不能观察到承包商的投资水平，但可以推断出其反应函数 $j_0 = j(i, \varepsilon)$，则最大化社会总剩余期望值需满足：

$$E\left[\frac{\partial C(t^*, i_0, j_0, \varepsilon)}{\partial I}\right] + \frac{d\psi(i_0)}{di} =$$

$$\alpha\left\{E\left[\frac{\partial C(t^*, i_0, j_0, \varepsilon)}{\partial j}\right] - \frac{\partial C(t_0, i_0, j_0, \varepsilon)}{\partial j}\right]\frac{\partial_i(i_0, \varepsilon)}{\partial i}\right\} \tag{14}$$

将上两式与（7）式、（8）式比较，则满足社会总剩余最优的充分必要条件为：

$$E\left[\frac{\partial C(t^*, i_0, j_0, \varepsilon)}{\partial j}\right] = \frac{\partial C(t_0, i_0, j_0, \varepsilon)}{\partial j} \tag{15}$$

设满足(15)式的合同交货时间为 t_0^*，则合同价格 p_0^* 为：

$$P_0^* = \varphi(j_0) + \alpha C(t_0^*, i_0, j_0, \underline{\varepsilon}) - (1-\alpha)\circ$$

$$E\{V(t_0^*, \varepsilon) - C(t^*, i_0, j_0, \varepsilon)\} + V(t_0^*, \underline{\varepsilon}) \tag{16}$$

根据式(11)、式(15)和式(16)设计的合同 $\{t_0^*, p_0^*, \underline{\varepsilon}, R\}$，在第 c 阶段对于任意 $\hat{\varepsilon} \in [\underline{\varepsilon}, \overline{\varepsilon}]$，均能满足 $\Delta \mathrm{II}(\hat{\varepsilon})>0$，从而激励承包商实现最优投资水平和揭示真实的项目执行条件，避免道德风险。可以看出，由于 $t_0^* \leqslant t_0$，因此合同 $\{t_0^*, p_0^*, \underline{\varepsilon}, R]$ 通常要在第 c 阶段延长合同期限并变更合同价格。

斯坦克尔伯格动态博弈的分析表明，装备采办活动中建立以采办方领导、承包商尾随的合同机制，通过设定合理的合同交货时间、合同定价、项目执行条件和合同变更规则，可以有效解决装备采办合同不完全和信息不对称所产生的效率问题。合同的设计体现了采办方主导，合同双方风险共担、利润分摊的重新谈判机制，符合装备采办项目特别是大型专用性较强武器装备项目合同的执行条件，因此可以有效激励双方专用性投资，实现社会总剩余最大化，从而实现装备采办效益最佳。

四、结 论

尽管装备采办合同具有显著的不完全性，但通过重新谈判机制，在军方主导的斯坦克尔伯格动态博弈过程中，设计不完全合同的内容可以实现有效率的交易。一方面，装备采办的特殊性决定了采办方领导、承包商尾随的合同动态博弈机制。装备采办是动态连续的过程，交易过程本身就是买卖双方竞争和合作的过程，这种竞争与合作通过合同关系缔结和实现。采办方领导、承包商尾随的合同动态博弈机制从理论和实践上相适应，使再谈判剩余得到合理分配，利于激励和保险之间的平衡，降低了采办过程中的效率损失。另一方面，即使合同是通过竞争方式签订的，保证后续合同效率也应通过不完全合同的重新谈判机制实现，而不应通过释放承包商采取机会主义行为的方式调和。允许承包商获取租金的代价可能是装备产品质量缺陷或合同进度延长，某些情况下，这对于国家而言是不容存在的损失。即使是民用产品，平衡风险和利益的方式也应该采取更富效率的积极行动。事实上，机会主义行为不仅导致利益的损失，往往也付出费用上涨的代价。

参考文献

[1] Aaron S. Edlin, Benjamin E. Hermalin. Contract renegotiation and options in agency problems [J]. Journal of Law, Economics and Organization, 2000, 16 (2): 395 – 423.

[2] 华武, 缪柏其, 方世建. 策略模糊的最优契约博弈分析 [J]. 预测, 2003 (4).

[3] 李平. 基于变更的最优承包合同的研究 [J]. 上海理工大学学报, 2005 (5).

[4] 杨瑞龙, 聂辉华. 不完全契约理论: 一个综述 [J]. 经济研究, 2006 (2).

[5] 张维迎. 博弈论与信息经济学 [M]. 上海: 上海人民出版社, 2004.

可竞争市场理论对我国构建竞争性装备采办市场的启示[*]

黄朝峰

可竞争市场理论（Theory of Contestable Markets），又叫可竞争性理论（Conte – stability Theory）。该理论在价格理论、产业组织理论等方面提出了极具创新意义的见解，在西方，对政府管制政策的制定和管制实践产生了相当大的影响。它不仅促使美国司法部、联邦通讯委员会、联邦贸易委员会在制定政策和实施管制时承认潜在竞争的重要作用，而且对英国、瑞典等国的铁路改革起到了直接的指导作用。该理论对我国构建具有竞争性的装备采办市场也颇具启发意义。

一、可竞争市场理论

"可竞争市场"是可竞争市场理论的基本概念，是指来自潜在进入者的竞争压力对现有厂商的行为施加了很强约束的市场。市场的可竞争性与进入和退出障碍的大小有关。

完全可竞争市场是可竞争市场的极限情形，它是指一个进入绝对自由、退出绝对无成本的市场。完全可竞争市场是可竞争市场理论分析产业结构和行为绩效特征的基准。

可竞争市场理论认为，在可竞争市场，市场机制的作用范围并不像传统竞争理论认为的那样，在厂商很少的市场不起作用。一个市场是可竞争的，就必定不存在严重的进入和退出障碍（特别的进出市场成本），从而来自潜在进入者的潜在竞争，能够起到与实际竞争一样的作用，对市场现有厂商行为产生有力约束，保证市场效率。即

---

* 本文原载于《军事经济研究》2008 年第 11 期。

使只有一个厂商，可竞争市场仍然能够实现良好的经济效率。因此，在可竞争的条件下，包括自然垄断在内的高集中度的市场结构是可以与效率并存的。

可竞争市场理论并不认为无约束的市场能自动解决一切经济问题，也不认为所有的规制都是不应该的。实际上，可竞争市场理论并没有给我们提供取消政府管制的理由，相反，它给我们提供的只是评价实际经济行为和管制政策的新标准。既然完全可竞争市场能产生合意的行为特征，而现实中的市场，由于存在种种经济的、技术的以及人为的因素，难以实现这些合意的行为特征，那么一个合乎逻辑的推论是：应尽量设法消除妨碍市场可竞争性的因素，让"看不见的手"发挥作用，以获得一个接近于完全可竞争市场的结果。因此，管制政策应以促进市场的可竞争性为目的。

二、对我国构建竞争性装备采办市场的启示

1. 放松装备采办市场的进入和退出管制

可竞争市场理论表明，禁止自由进入将妨碍可竞争性，最终损害市场效率。为了促进市场的可竞争性，必须消除妨碍潜在进入者进入市场的各种规章制度，使潜在竞争尽可能起作用。从进入程序而言，为了保证潜在进入者对利润机会的迅速反应能够起到强烈的威慑作用，以有效约束在位厂商的行为，进入程序应该是透明、规范的书面程序。而且，当存在利润机会时，进入程序应该尽可能地缩短进入过程。从我国装备采办市场的实际情况来看，随着2005年《关于鼓励支持和引导个体私营等非公有制经济发展的若干意见》和《武器装备科研生产许可实施办法》等一系列政策法规的出台，我国的国防科研生产正在打破国有企业一统天下的局面。非公经济的进入将有利于增强装备采办市场的可竞争性，但从目前实施的情况来看，仍存在信息不对称、保密资格认证门槛、军用标准壁垒、享受优惠政策不平等，特别是制度供给不足、配套措施不完善等进入障碍需要解决。

除进入管制外，退出自由在一定程度上更为重要。传统的管制政策不仅对进入实行严格限制，而且往往也不允许受管制的亏损企业退出。可竞争市场理论表明，对退出的限制将会阻止进入，从而减少来自潜在进入者的竞争威胁。如果潜在进入者发现进入是个错误而又难以从市场中退出时，就不会轻易进入。就我国的国防工业而言，军工企业不能自由处理其国防资产——进行转移和出售，因此也就无法自由退出装备科研生产市场。为了消除退出障碍，应尽量避免强制企业

在亏损的情况下仍然不得不留在市场内。如果出于国家安全需要不得不这样做，就要对企业的损失给予合理补偿。

2. 利用管制政策消除或减轻沉没成本的不利影响

可竞争性理论区分了固定成本和沉没成本，认为只有沉没成本才构成进入的技术方面的障碍。因此，为了提高装备采办市场的可竞争性，应通过有关的管制政策来消除或尽可能减轻沉没成本的不利影响。一是确保现有厂商和潜在进入者以合理的价格平等地得到沉没设备；二是把产业中沉没资本较大的部分与可竞争部分分离开来，对资本沉没性较大的部分实施管制，对可竞争部分给予更大的进入和定价自由；三是通过制度创新，比如设立设备租赁或旧货市场来降低转移和出售国防资产的难度有助于降低沉没成本的不利后果。目前国防资产产权的非转让性已成为我国国防工业企业缺乏活力的重要原因。加快产权转让，尽快建立国防资产的产权退出流转机制，将有利于提高国防工业企业的活力与动力，促进市场的可竞争性。

3. 对在位厂商和进入者的管制遵循非对等原则

即使进入是完全自由的，由于在位厂商总具有某种"先占优势"，潜在进入者和在位厂商的地位事实上是不平等的。对于我国的装备采办市场而言，新进入的非公经济与国有大型军工集团相比实力悬殊，这种实力悬殊不仅体现在企业的研发生产能力上，还体现在订货渠道、与军方的关系网络等多个方面。这种不平等将严重损害潜在竞争的作用，应该通过对在位厂商和进入者实行不对等管制加以抵消。一是抑制在位厂商对进入的价格反应，因为在位厂商的反应性定价会阻止由利润机会引起的进入行为；二是在一定程度上使进入保持某种"不确定性"，例如，不再对装备采办市场的新进入者提前规定时间和方式，或者提前提交经营方案。进入的不确定性对经营绩效良好的在位厂商没有影响，而当在位厂商获取超额利润时，这种不确定性就对在位厂商构成了巨大压力和威胁。

4. 对垄断企业的拆分并不必然导致市场效率的提高

一般认为，由于巨大的固定成本投入和昂贵的研发成本，国防工业具有明显的规模经济性。例如，美国的 F－22A 战机研发成本和部分固定资产（生产线）投入高达 280 亿美元，随着订货量的增加，单机平均价格迅速下降。由于大型武器装备订货量往往较少，因此由一家厂商生产比两个或两个以上的厂商生产会更有效率。如果把企业拆分为多个，尽管增强了竞争性，但由于难以享受规模经济的优势，反而可能导致市场效率的下降。除规模经济以外，范围经济、学习经济也是垄断企业可能产生更高市场效率的原因。所以，对垄断企业的拆分并不必然带来市场效率的提高，反而可能产生适得其反的结果。此外，即使拆分增加了市场中厂商的数量，如果拆分厂商之间缺乏真正的竞争，也不会带来市场效率的提高。1999 年，我国将核、航空、航天、兵器和船舶工业等五大军工总公司各个一分为二，改组为十大军工集团，且每个行业的两个集团基本上是按产品分类进行划分。这使得各大军工集团在装备产品上交叉少、垄断多，大家井水不犯河水，在集团层次上难以形成有效竞争，打破垄断、增强竞争性也就无从谈起。

5. 从经济全球化和国际市场的宏观视野看待国防工业的垄断问题

由于事关国家安全，国防工业要比其他产业更加封闭，主要局限在主权国家内部。然而随着经济全球化的不断深入，每个国家的国防工业面临的来自外部的竞争压力也越来越大，广阔的国际军火市场为一个国家的武器装备采办提供了更多选择。

在这样的背景下，判断一个厂商是否处于垄断地位，就不能只考虑国内市场，而要根据国际市场结构进行评估和判断。例如，1996 年 12 月，波音公司宣布收购麦道公司，收购价格为 133 亿美元。根据美国法律，如此大规模的合并必须经过美国反垄断当局的批准。美国反垄断法律规定，如果两家公司合并以后市场份额的平方和大于 1800 亿美元，公平交易部的反垄断处或联邦贸易委员会就要立案调查。照此规定计算，两家公司市场份额平方和为 3825 亿美元，是立案调查标准的两倍多，但兼并最终还是获得了政府批准。美国反垄断当局批准此项兼并，与波音公司面临来自空中客车公司的巨大竞争压力密切相关。1994 年，由英国、法国、德国、西班牙等国政府合作成立的空中客车公司，在政府固定补贴、免税优惠、研发补贴等政策支持下，订货量首次超过波音公司，占市场份额的 48% （波音为 46%），这使波音公司感受到了极大的竞争压力。为了形成比空中客车公司更大的竞争优势，波音公司提出并实施了兼并麦道公司的计划。正是在这种背景下，美国政府批准了这一兼并案，使波音公司成为航空航天行业的全球性"巨无霸"。

因此，在经济全球化的背景下，必须重新认识国内市场的垄断和竞争。不仅要准确把握国内市场结构，更要准确把握国际市场结构。只要市场进入是开放的，市场的竞争性结构问题就应当从全球市场的角度来理解，而不应仅仅从一个国内市场的状况来理解。

6. 对失败者进行适当补偿是维持市场可竞争性的有效手段

国防工业属于资金、技术和人才密集型产业，具有高科技、高投入、高风险的特点。这种风险即使是大公司也难以避免。例如，在美国 F-35 战斗机的竞标中，波音公司被洛克希德·马丁公司击败，花费数亿美元研制的样机也遭淘汰。国防工业的这些特点使得新进入者不得不三思而后行，同时，在位厂商也时刻面临着失败而被迫退出的风险。从可竞争性理论来看，对失败者进行适当补偿，使其有能力继续留在市场内，有利于保证市场的可竞争性不被削弱。例如，尽管根据"赢者通吃"的游戏规则，洛克希德·马丁公司独揽 F-35 战机的生产，得到总额约 2000 亿美元的总承包合同，但美国国防部也要求波音公司作为它的分包商，承担大约 50 亿美元的合同额，同时美国政府还采取多种措施支持波音民用客机生产与销售。

尽管从 F-35 战机研制个案本身来看，美国军方这样做会招致额外费用，增加生产成本，但从长期来看，这种费用的增加是值得的：一是竞标失败的公司并未退出装备市场，而仍作为竞争者对主承包商构成强大的竞争压力，迫使其不断提高生产质量；二是确保关键技术持续发展不被唯一的承包商"锁定"；三是有选择地支持一些同类产品生产企业，为研制开发未来的项目保存了实力。

三、结束语

可竞争市场理论修正了人们对竞争与规制问题的传统看法，认为市场机制的力量比我们通常所认为的要大得多。在近似的完全可竞争市场中，自由放任政策能够比通过行政手段主动管制更有效地保护公众利益。即使在自然垄断情况下，（潜在）竞争仍然是存在的，因而效率仍然能够通过市场来实现。运用这一理论框架分析装备采办市场，可以得出一些具有启发意义的结论。一些实证分析也表明，包括国防工业在内很多产业的大部分资产都有流动性和可转售的特点，它们的可竞争程度比我们想象的要大。因此，尽管装备采办市场的可竞争性是不完全的，但管制仍然是必须的，其目的不是一般地取代市场，而是通过创造实现市场可竞争性的条件来促进市场的可竞争性，以实现良好的经济效率。

参考文献

[1] 郭剑文. 民营企业参与国防科技工业的寻租分析 [J]. 军事经济学院学报，2006（4）.

[2] 马金平，侯光明. 非公经济进入国防工业的障碍及对策分析 [J]. 生产力研究，2007（9）.

[3] 张福元，刘沃野，崔丽. 基于国防工业市场形成有效竞争的政策思考 [J]. 价值工程，2006（8）.

武器装备 LCC 估算的不确定性问题研究 *

吴 鸣 王 成 李继业

引 言

随着科学技术飞速发展，武器装备的技术性能和复杂程度迅速提高。在现代高技术武器装备为主体的装备采购活动中，装备的使用与保障费用急速上涨，使用与保障费用已上升到寿命周期费用的 60%，甚至超过 80%，使得武器装备采购费用急剧上涨。在此背景下，人们逐渐认识到有必要采取一种更加科学合理的方法来统筹管理装备费用，寿命周期费用（LCC）估算正是在此背景下得到越来越广泛的应用。

寿命周期费用（LCC）估算就是采用预测技术，在装备寿命周期的任何时点，特别是研制早期需要对费用进行控制时，估算出装备一生可能发生费用的总和。估算的目的是向负责装备论证、研制、生产及使用的主管部门和管理人员与工程技术人员提供寿命周期费用的估计值、各主要费用的单元费用的估计值，以便对寿命周期费用进行有效的设计、控制与管理，并进行评价和权衡。

武器装备寿命周期费用（LCC）的构成一般可分为研制费、生产费、使用保障费和退役处置费四大部分（每一个费用部分又可以展开成许多辅助要素）。因此我们可以得到如下式所示的寿命周期费用估算基本模型：

CT = CR + CI + COS + CD

式中：CT——寿命周期费用；CR——研究和研制费用；CI——全部投入费用；COS——使用与保障费用；CD——处理费用。

＊ 本文原载于《国防科技》2009 年第 1 期。

LCC 估算作为一种新的评价方法，着眼于提高装备寿命周期内的经济性，目的是获得装备的最佳费效比。然而在武器装备领域中，特别是在对武器装备进行 LCC 估算时，面临着诸多不确定性因素的困扰。在武器装备寿命周期费用的估算中，所处理的数值多是将来的估算值，常常存在着不确定性。作为寿命周期费用要素的购置费、保障维持费、使用年数、作为一系统要素的销售额、可变费用等参数，都是对将来的估算值，包含着相当大的不确定性，可能导致不同的人得出不同的结果。这些都使 LCC 估算的不确定性增加，从而导致决策风险增大。

一、武器装备 LCC 估算中面临的不确定性因素分析

武器装备的设计研制、试验生产、部署使用的时间一般都较长，同时其寿命周期也较长。而且，装备作为一种特殊商品，在装备的采购过程中，方案选择和各种事先无法预料的不确定性因素的影响，也使得 LCC 估算存在大的不确定性。我们认为，在采购活动中，装备 LCC 估算面临的不确定性因素主要包括四个方面。

1. 新型武器装备的发展与武器装备发展战略关系的不确定性

一项新型武器装备型号的发展是与本国武器装备发展战略密不可分的。武器装备面临多种需求，有当前需求和长远需求、局部的需求和全局的需求等。例如，当前我国奉行"有所为有所不为"武器装备发展战略，在武器装备采办活动中，高技术装备往往采取小批量生产和装备，使得武器装备价格很高。军方根据有关武器装备发展战略采购装备的数量和批次会极大地影响装备的采购价格。大批量采购可以形成规模经济，降低平摊到单件武器装备的固定资产投入和相关的管理研发费用。多批次的采购可以产生学习效应，会相应地缩短生产时间，节省原材料，最终表现为平均费用的降低。

2. 武器装备技术发展的不确定性

技术的不确定性原因有两个：一个是原来由军方提出的合同所规定的技术指标可能当前还不具有充分的可行性，武器装备项目研制存在失败的风险；另一个是随着社会整体技术的进步，原先的武器装备的技术指标已经过时。因此，关于

成本和设计的大量不确定性依然存在。武器装备发展的这种技术不确定性的大量存在，使得采购方感到，签订长期固定价格的生产合同是不可行也是不必要的。未预料的变化随时都有可能发生，这使得在整个装备采办期内需要不断地进行再谈判以解决这些问题，这就给武器装备事前进行 LCC 估算带来极大的困难。

3. 通货膨胀率的不确定性

由于通货膨胀及原材料价格的变动对寿命周期费用的估算具有重要影响，因此要充分地加以考虑。特别是武器装备的设计研制、试验生产、使用保障一般要经历一段较长的时间。同时其寿命周期也较长，对通货膨胀率的计算更是必不可少。例如，装备相关的动力费、原材料费、加工制造费等价格的变动是必须考虑的。在装备的全寿命周期内，通胀率不是固定不变的，逐年进行估算相当困难。所以选择一个合适的通胀率对寿命周期费用估算的精确性会产生较大的影响。

4. 各项费用数据信息的不确定性

收集费用数据是 LCC 估算中的重要组成部分，通常也是最费时间的一项工作。从根本上讲，费用参数有非重复的费用和重复的费用两种主要类型。这要求我们统计费用时既不能漏掉某项费用也不能重复计算。同时装备寿命周期费用估算还会面临数据不足的问题。原因在于：一方面，装备采购具有保密性。装备采购的对象是军事武器装备，目标是为了提高本国的国防实力和对他国的打击力度或威慑强度。在广泛采用现代技术的条件下，越是精良的装备，由于高技术的采用，其价格一般就越高，他国虽然不能完全了解装备的性能等特征，但从装备的价格可以间接地估算出装备的性能和打击力度，从而从整体上对异国军事实力进行评估。所以在装备采购时，出于保密性的考虑一般不会将装备的价格，特别是高新装备的价格公布于众。另一方面，我国武器装备采购中的成本加成定价原则，诱使军工厂商为了达到其利润最大化，通常会隐藏或虚报成本。武器装备费用数据信息的不完备性和不公开性，会对武器装备 LCC 估算产生严重的干扰。

二、不确定性问题处理的方法探讨

由寿命周期费用估算模型可以看出，LCC 估算的置信性取决于所收集数据的准确性，有关信息的可用性和所做假设的真实性。武器装备自身的诸多不确定性以及武器装备采购市场的特殊性，严重影响了估算装备寿命周期费用时的精确性，制约了 LCC 估算在装备采购活动中的实际运用。下面就装备 LCC 估算中不确定性的处理方法进行探讨：

1. 改进和完善装备采购机制

虽然装备采购活动中不可避免会面临许多不确定性因素，但我们可以通过改进装备采购机制，完善装备采购程序来减少不确定性。

（1）制定正确的军事战略和武器装备发展战略，做好需求分析和审议，明确对具体武器装备的作战要求，提高武器装备采购的合理性，有助于降低武器装备 LCC 估算的不确定性，切实通过全寿命周期费用管理提高国防资源利用效率。

（2）对武器采办进行阶段评审和阶段决策。在武器系统采办过程的每个阶段工作完成以后，由军方的采办审查委员会组织阶段审查。如果上一阶段的工作没有完成，或在阶段评审中，采办审查委员会认为没有达到预定的目标，那么，就不允许开始下一个阶段的工作。进行阶段评审和阶段决策可以及时控制寿命周期费用的不确定性，避免出现经济不可承受性。

（3）在进行装备采购决策时，控制不成熟技术的运用，综合考虑费用效益比率，不但要考虑装备购置的经济可承受性（短期），更要考虑装备使用和维修的经济可承受性（长期），使未来的新型武器装备系统在较长的使用周期内能够买得起、用得起。另外采用仿真技术和先进概念技术演示验证方法，加强试验鉴定，降低不确定性。通过开展试验与鉴定，为各阶段项目审定提供可靠的科学依据，降低技术风险和采办费用，避免因技术失误造成不必要的损失。

（4）在数据的统计上，我们可以在维修、管理等环节上制定较严格、规范的制度，使得数据易于收集和统计分析，同时利用现代信息技术建立装备采办信息系统。新一代传感器、数据融合系统、数据库技术和计算机网络技术等，在一定程度上改进了数据的采集和分配，同时新的目标跟踪算法和目标获取算法又改进了所产生信息的质量。同时贯彻标准化、通用化和模块化的原则，避免种类繁多的规格标准，实现武器系统和军事技术的通用性和兼容性。

（5）尽量多地引入竞争，通过各厂商的竞争降低不确定性的风险。通过前面的分析我们知道，很多不确定性产生原因在于装备市场的不完全竞争性和不完备信息。通过引入更多厂商的竞争，一方面可以解决信息不对称问题，另一方面可更好地发挥合同的作用。正是因为装备市场的垄断性导致合同内容不明确，人们在实际执行时感到"无法可依"；又由于合同缺乏约束力、缺乏可操作性，造成人们认为合同只是流于形式的一张"纸"而已，对其没有给予足够的重视。明确合同内容并严格履行合同，做到权责明确，也可以大大减少不确定性。

2. 对不确定因素进行简化处理

利用 LCC 技术对装备寿命周期费用进行估算时，鉴于现代武器装备的高费用、大系统、高科技、模块化的特点，我们可以在数据的统计和分析过程中，采用一些灵活的简化方法来简化不确定性问题的处理。

（1）冲销法。在武器装备寿命周期的各个阶段可能会存在部分收益，例如装备的回收报废、军品用于民用等，一般这部分收益可以冲销掉一部分费用。

（2）忽略法。现代武器装备采办耗费巨大，一般都由数量庞大的零部件组成，其中一些核心部件所耗费用占了大部分，而对于耗量极少的部分，由于对分析精度影响不大则忽略不计。因为数据的收集以及成本的核算也是需要成本的，而且由于现代武器装备的高度复杂性，某些细小部件的核算甚至比大件部分更困难。从成本收益角度忽略掉一些占总费用百分比很小的费用，对整个装备寿命周期费用估算工作是合算的。

（3）分摊法。在寿命周期费用估算过程中，对于计量有些不易细分的费用，可以采用相关总费用除以装备数量的方法来进行处理，特别是在对装备采购 LCC 进行估算时，一些部分费用没法很清楚地罗列出来，但又是寿命周期费用的组成部分，例如相关采办人员的工资（如军代表的工资）、采办活动产生的附带费用等。

（4）合并法。对于装备采购过程中人力资源费用和维修人工费的统计可采取合并的办法，直接将相关的人员收入总和作为人力资源费用和维修人工费。对同类费用进行合并可以大大减少 LCC 估算时数据统计工作的难度和时间。

（5）经验法。前面指出了作为寿命周期费用估算要素的许多数据都是对将来的估算值，这就必然会出现估算数据缺乏的问题。在这种情况下，经验法给我们提供了一种次优选择。面对未来可能发生的不同结果，武器装备 LCC 估算可以采用过去的经验数值进行预测。例如，寿命周期内通货膨胀率可以采用上一时期通胀率的平均值来进行估算。这样可以解决大部分无数据来源的不确定性问题。

把数据减少到可接受的程度是对不确定性因素进行简化处理的目标。我们可以看出，通过简化统计，减少了不确定性因素的数量，大大提高了 LCC 估算工作效率，减少了统计的难度和工作量，增加了可操作性，有利于 LCC 技术在装备采办领域的推广运用。

3. 对不确定因素进行技术处理

武器装备 LCC 估算中始终不可避免地面临许多影响装备寿命周期费用的不

确定性和不可预见性因素，例如装备的价格、装备的寿命、装备的故障次数等，为减少寿命周期费用（LCC）估算中的风险，技术上常用的方法是对不确定性因素进行盈亏平衡分析、敏感度分析和概率分析。

盈亏平衡分析是通过运用代数计算和图示分析的方法，来研究产销量、成本、利润三者之间关系以及对盈亏的影响，并根据盈亏状况来判定方案的优劣。各种不确定因素（如投资、成本、销售量、装备价格、装备寿命周期等）的变化会影响项目方案的经济效果，当这些因素的变化达到某一临界值时，恰好使方案达到盈亏平衡。在装备采购领域，盈亏平衡分析一般由军工企业来做。但是，装备作为一项准公共产品，其价格和需求都不是完全竞争的，因此我们认为，在进行盈亏平衡分析时，有必要采取多重估算法进行计算。一般应包括乐观、悲观和最大可能值的三种估计。

敏感度分析是指对装备系统寿命周期费用产生影响的重要因素发生变化时，检查对所产生结果的影响程度的分析方法。通过敏感度分析我们可以确定哪些因素影响装备寿命周期费用、影响的程度有多大，以提高决策的准确性。它将启发人们对较敏感的因素重新进行分析，提高估算的可信程度，找出装备采办过程改进的主攻方向。若不确定性因素的变化是在不敏感的区域，则对装备 LCC 估算结果的影响很小，我们可以对其进行简化处理。对于那些处于敏感区域，即对装备寿命周期费用产生重要影响的重要因素，应收集更多的信息和对结果进行再研究。

概率分析是用概率方法对项目的不确定性因素及其影响下的经济指标进行定量分析，一般用期望值反映项目的平均盈利能力，标准差作为项目风险的度量。需要指出的是，在装备 LCC 估算中，各种参数常常缺乏足够的历史统计资料，特别是一些新的武器装备项目，大部分不能用建立在大量数据基础上的客观概率来表达，在实际上，人们经常使用建立在主观估计上的主观概率分布。因此，对装备进行概率分析一般是根据经验设定各种情况发生的可能性后，求得期望值及净现值大于或等于零的累计概率。这个累计概率如果大于要求的概率，就说明装备项目在所设想的不确定条件下仍然可以满足要求。累计概率值越大，说明项目承担风险的可能性越小；反之，则风险越大。因此概率分析又称为风险分析。通过对不确定性因素进行概率分析，我们可以对装备项目寿命周期费用风险有一个事前的主观认识，便于我们做出科学合理的决策。

三、结束语

现代条件下，随着武器系统技术性能的提高以及寿命周期的延长，寿命周期费用也越来越高，因此，事前对装备系统进行 LCC 估算显得越发重要。可是，装备采购活动过程中面临的诸多不确定性、装备市场的特殊性以及费用数据信息的不完备性，使得武器装备 LCC 估算受到一系列不确定因素的困扰。通过分析我们知道，可以通过改进和完善装备采购制度，简化 LCC 估算方法，进行技术分析（即通过减少、简化、技术处理三步法）以及工作的深入、仔细来减少不确定性，提高装备寿命周期费用估算的准确性和置信性，降低武器装备采购的决策风险。同时还必须认识到，在武器装备 LCC 估算工作中存在一些不确定性因素是不可避免的，我们只能尽量减少不确定因素的数量及其对 LCC 估算的影响，而不可能完全消除不确定性。

参考文献

［1］温熙森，匡兴华，陈英武．军事装备学导论［M］．长沙：国防科技大学出版社，2002.

［2］卢周来．现代国防经济学教程［M］．北京：石油工业出版社，2006.

［3］［日］日比宗平．寿命周期费用评价法［M］．高克绩，李敏译．北京：机械工业出版社，1984.

［4］梁庆卫等．鱼雷的寿命周期费用技术分析［J］．火力与指挥控制，2005（3）.

［5］金家善等．LCC 技术应用中的问题分析及建议［J］．全寿命周期成本（LCC）管理，2004（4）.

军民融合式装备保障的基本构想 *

邹小军 吴 鸣

我军装备保障主要面临两个课题：一个是要适应信息化条件下一体化联合作战的要求，提高打赢信息化条件下局部战争的装备保障能力；另一个是要适应发展社会主义市场经济的需要，努力搞好市场经济条件下的装备保障。这里力图从经济学的视角探讨实施军民融合式装备保障的基本构想。

随着社会主义市场经济体制的完善和新军事变革的日益深入，我军实施军民融合式装备保障的紧迫性也日益增强，决策层也十分重视。2007 年 2 月，中央军委专门下发了《"十一五"期间推进军队后勤保障和其他保障社会化的意见》，明确提出了进一步研究和探索军民融合式装备保障之路。同年 10 月，胡锦涛同意在党的十七大报告中指出，要走出一条中国特色军民融合式的发展路子。这也就使得这一课题的研究具有非常重要的现实意义。

一、军民融合式装备保障模式的界定

中国经济发展的一个主要障碍在于中国社会发展的一体化程度低。所谓一体化，是指社会发展指标体系的内在联系的高度融合。在以综合体系对抗为主要特征的一体化联合作战成为信息化战争的主要形式后，一体化装备保障便应运而生。军民融合式装备保障模式就是在全社会范围内实现装备要素的高度融合和装备保障资源的有序流动，打破军地、军兵种之间的壁垒，将装备保障当作一个整体系统通盘考虑，既要兼顾军事装备保障的特殊性和保密性，又要实现经济保障和高效保障。它是一种灵活、高效、经济的装备保障新模式，是以信息网络技术

---

* 本文原载于《国防科技工业》2009 年第 8 期。

为支撑，以一体化联合作战为需求牵引，从社会和军队两大系统的高度，把各种装备保障资源整合凝聚成一个相互联系紧密、运转协调、互为推进的保障系统。

一是必须强调军民融合式装备保障建设的集中统一性。军民融合式装备保障建设，是一个庞大而复杂的系统工程，建设标准高，整体性、系统性强，协调难度大。不仅涉及军队内部各军兵种之间的协调，还涉及政府和社会经济的各个领域。因此，必须在高层的科学统筹规划下，按照统一的标准规范，明确各级职责，分工负责，整体推进，决不能各自为政，各行其是。

二是突出未来一体化联合作战的需求牵引性。军民融合式装备保障，是新军事变革推动下战争形态由机械化向信息化演变、协同性联合作战向一体化联合作战发展的必然要求。建设信息化军队、打赢信息化战争，是我军在新的历史条件下建军的重要战略目标，其中核心就是一体化建设。军民融合式装备保障必须紧扣一体化联合作战的需要，依据部队作战的各种需求，按照紧密、快捷、高效的原则实现军民融合式装备保障与一体化联合作战的有机结合，确保战斗力的持续增长。

三是突出军民融合式装备保障的信息主导。军民融合式装备保障必须适应信息化社会发展的要求，也就是说装备保障的各个方面、各个要素都要和信息系统、信息技术密切接触、充分融合。要使信息技术在装备保障中起到支撑作用，从而促进装备保障形态和保障方式从质的方面向一体化迈进。

四是深入理解建设过程的动态性。一方面，一体化装备保障体系建设标准始终处于变化、发展中，必须通过不断地调整和完善，主动适应新时代、新情况、新变化；另一方面，按照保障打赢信息化战争的要求，搞好军民融合装备保障体系建设，是一个长期的、渐进的过程，要从目前分散的、各自为政的装备保障模式，向综合集成、系统完善的军民融合式装备保障模式转变还需要各个方面的共同努力。

二、军民融合式装备保障的要素分析

军民融合式装备保障就是要在全社会范围内重新配置装备保障资源，培育和优化装备保障要素，实现装备保障要素的全社会配置。因此，军民融合式装备保障的要素包括了使装备由平时状态转入战时状态、由损坏状态转变到完好状态，重新投入战斗或训练的一切资源。总的来说，主要包括信息、技术、物资、人才和资金。

1. 信息

信息在军民融合式装备保障中起着主导作用。随着信息社会和市场经济的日益发达，信息已经成为重要的资源。在军民融合式装备保障中，信息主要是指有关装备保障的需求、装备保障的供给以及与装备保障有关的各种知识的总和。它不但涉及军队内部关于装备保障的需求与供给信息，还包括了民间有关的装备保障供给和技术信息。它是军民融合式装备保障能否有序、高效运行的关键。只有在军地之间建立起高效、畅通的信息平台，才能有效实现军事装备的一体化保障，增强装备保障的时效，节约保障成本，提高保障的效率和质量。

2. 技术

技术是指装备保障所需的各类技术。随着高技术武器尤其是信息化武器的广泛应用，装备保障对技术的要求也越来越高，技术成为装备保障的一个要素。同时技术的军地差异性也在不断地缩小。例如，现代信息技术、电子工程技术在军用与民用之间几乎就没有什么差异。这也为军民融合式装备保障提供了重要的技术基础。军民融合式装备保障就是要充分利用地方先进的技术和保障手段，来为军事装备保障服务，将军事装备保障所需的技术建立在囊括了军地所有先进技术的一体化保障体系之上。

3. 物资

物资是装备保障所需的备件器材、保障装备等实物资源的统称。它是装备保障的基本物质基础。没有充足的物资保障，装备保障就不可能完成。现代信息化战争的突发性、巨耗性、高机动性、高破坏性，使得物资保障在装备中处于更加重要的地位。如果还是按照传统的保障方式，仅仅依靠军队的自我保障，几乎不可能取得战争的胜利。因此，军民融合式装备保障，首先就要实现物资保障的军民融合。

4. 人才

人才是军事装备保障所需的各类技术人员、技术骨干和管理指挥人才的统称。其在军民融合式装备保障中处于核心地位。没有人才，一切装备保障都是空谈。江泽民同志曾指出，迎接新军事发展挑战的关键在人才。军事装备保障的关键也在人才，只有有了大量高素质的装备保障人才，装备保障任务才能圆满高效地完成。由于军事装备技术的军民通用性不断增加，军事装备保障所需的人才的来源也就不应局限于军队内部，还应该包括地方的高素质人才。因此，军民融合式装备保障也是人才保障的军民融合。

5. 资金

资金就是装备保障所需的经费。装备保障所需经费的主要来源是军费开支。装备保障费用是国防费用开支的重要组成部分，也是装备费用开支中仅次于装备采购费用的一个大项目。美国从 20 世纪 80 年代以来，装备维修费用在 1991 年最高达 547 亿美元，此后开始下降，到 1999 财年，下降到 395 亿美元。此后开始大幅回升，2000 财年约为 450 亿美元，2001 财年约为 455 亿美元，2002 财年约为 522 亿美元。由此可见，资金也是装备保障的一个重要资源，军民融合式装备保障也离不开充足的资金保障。

三、军民融合式装备保障的要素集成

军民融合式装备保障，必须要对参与装备的各种要素进行充分整合，包括信息、技术、物资、人才和资金。建立起装备的技术标准、规章制度、管理规范，在军地装备保障力量之间形成军民融合式的装备保障的信息流、技术流、物资流、人才流和资金流，实现装备保障要素的集成，实现装备系统之间、地方工业部门与军队保障系统之间的信息与实物的快速交换，从而建立基于网络化和信息化的军民融合式装备保障体系。

1. 信息流

信息流是在空间和时间上向同一方向运动的一组信息，它有共同的信息源和信息接收者，即是由一个分支机构（信息源）向另一个分支机构（地址）传递的全部信息的集合。各个信息流组成了企业的信息网，称之为企业的神经系统。信息流畅与否，决定着企业生产经营活动是否能正常运行。实施军民融合式装备保障过程中，首先就要加强军队内部和军地间的信息资源整合，建立一个军地共享的综合保障信息中心，实现信息处理以及信息存储、提取、传输、转换、应用等过程的一体化和网络化。一体化、网络化的装备保障信息流是一体化装备保障的前导，是军民融合式保障实施的基础。

2. 技术流

目前，我国工业部门保障性工程刚起步，在工程技术和方法上，必须通过工程研究和工程实践紧密结合的方法，形成技术积累。通过成立综合保障技术中心，制定一系列标准和规范，使工程过程和工程技术标准化、规范化。军地双方在技术上优势互补，以联合机构为接口，以标准为纽带，以技术手册为载体，促进军地双方的装备保障技术资源整合，形成军民融合式保障的技术流原型。

3. 物资流

物资流就是要结合部队装备保障需求，在信息流通畅的基础上建设一个综合物资供应中心，开展备件最优储备量和最优检测周期研究，制定合理的备品备件储备与流通方案，开发物资管理系统，与装备采购方、装备承制方以及装备使用方形成密切的联系，形成军民融合式的物资流。

4. 人才流

人才流是指军地装备保障人才在军地间的合理有序流动。无论是在工业部门还是在军队内部，可以通过建立一套人才流动机制，促进装备保障人才的合理、有序流动。从工业部门中抽调和培养专业化的技术队伍，为部队用户提供过渡期保障、支援保障和应急保障；建立专业化的培训队伍，建立工业部门培训基地，为部队用户培养使用与保障人员，形成有序的人才流。

5. 资金流

资金流是装备保障过程中，资金的使用流向和最终趋向。资金流是衡量一体化保障成效的一个重要方面，反映了保障经费的使用效率和使用方向。

四、军民融合式装备保障要素的
网络结构图

军民融合式装备保障就是要实现保障要素的一体化。在对装备保障要素及其集成分析的基础上，本文用一个网络结构图来展示军民融合式装备保障的基本框架。

从图 1 中可以看出，军民融合式装备保障体系建立在互联互通的信息网络的基础之上。在第一个层次上，主要是装备科研生产单位以及地方有关工业部门成立国家综合保障中心，构建一个军民融合式装备保障平台，并从宏观上对装备生产和保障实施管理；第二个层次是基地级装备保障中心，它以装备研制生产的骨干军工企业为主体，将分散的生产资源通过信息网络有机整合为保障资源，形成专业保障能力，支持战区级保障基地开展保障活动并具有远程支援能力，必要时可以转换为直接保障力；第三个层次是战区级装备保障分队，它是根据作战需要的合成编队，是装备保障一体化保障的主要执行者，承担战区内各类装备的保障任务，具有对伴随保障的远程支援能力，也可以根据实战的需要直接对作战单元实施快速伴随保障；第四个层次是作战单元，它是军民融合式装备保障的对象，是装备保障的唯一需求方。

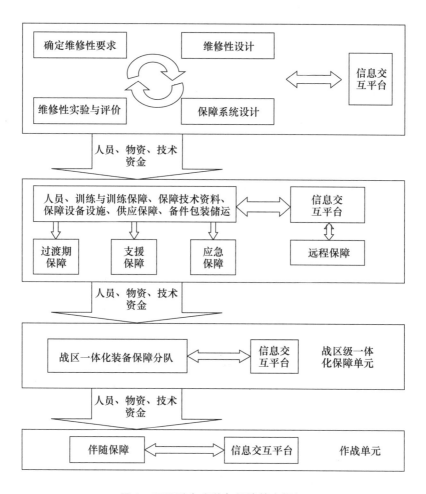

图 1 军民融合式装备保障基本框架

五、结　论

通过对装备保障所需的信息、技术、物资、人才、资金等要素的整合，构建以信息流、技术流、物资流、人才流和资金流为核心的军民融合式装备保障新模式。这样就可以打破条块分割的支撑系统的装备保障模式，减少装备保障资源的浪费和重复建设，大大降低装备保障成本，优化装备保障资源的配置，推进军民融合战略的实施。

装备采办项目招投标中的水平
串标及其防范*

李继业　吴　鸣

根据串标者之间地位关系的不同，可将串标分为垂直串标和水平串标。前者指的是招标项目负责人与投标者之间串通谋利的行为，使投标者可以有选择性地报出有利价位；后者指的是投标者之间协商报价以获取高额利润的行为。这两种串标特点不同，不宜放在一起分析，下面行文中的串标仅指水平串标。当存在串标时，资源配置的效率将因为市场上垄断因素的增强而扭曲，同时招标者的收益水平也将下降。因此，研究装备采办项目招投标中的串标及其防范具有积极的现实意义。对这个问题现有的研究，多是从加强装备采办队伍建设从而增强识破和防范串标能力的角度出发；提出的政策建议，多是强调思想政治教育，强调职业道德和个人的道德修养。

在招投标中，影响串标的因素包括信息的完备性、交易成本的大小、投标者的数目、招投标活动发生的期数和装备采办项目的定价方式等，它们分别从不同的路径发挥不同的作用，因而应对它们各自发挥作用的路径进行分析。

一、信息有限对称的基准模型

首先，假设一种信息有限对称的理想状态：装备采办项目的招投标只发生一期，由于投标人处于同一个行业，他们之间的信息是对称的，但招标人对投标人信息的了解就很有限；在只进行一期的招投标活动中，投标人只需考虑本期利益的最大化，而招标者将选择报价最低的投标者作为装备采办项目的承包单位，双

＊　本文原载于《装备指挥技术学院学报》2010 年第 1 期。

方当事人寻求约束条件下的利益最大化，并在此基础上产生各自的行为选择，进而决定整体水平上的均衡状态。

假设投标单位的数目为 $n(n>1,\ n\in z)$，$v_i(v_i>0,\ i\in\{1,\ 2,\ \cdots,\ n\})$ 是第 i 个竞标者对于承制任务成本的真实估价，并且在不影响问题性质并能简化分析的条件下，假设任何两个投标人的真实估价均不相等。对投标者的估价进行排序，有 $v_1<v_2<\cdots<v_i<\cdots<v_n$，即最低估价为 v_1，其次为 v_2，令 $\Delta v=v_2-v_1$，有 $\Delta>0$。假设投标人 i 的报价为 $b_i(v_i)$。串标组织对内协调报价，确定组织的竞标获胜者，对外统一步伐，并在预定的获胜者成功中标以后，按照预先的协议，要给予其他成员一定的转移支付。对于投标人来说，参加串标组织可能被推举为获胜者，获胜之后将向组织内的其他成员提供转移支付，也可作为陪标人，象征性地出价并获得获胜者的转移支付。假设投标人面临参加串标的交易成本 C^1（谈判、交流的成本，以及担心被发现时的心理压力等所造成的负效用）和独立竞标的交易成本 C^2（准备竞标材料的成本，以及游离于组织之外时感受到的压力等所带来的负效用），二者只用支付其一。

当不存在交易成本时，投标人的报价不会低于自己的真实估价，因为投标人之间信息对称，所以拥有最低估价的投标者将以一个略低于 v_2 的价格 $b_1(v_1)$ 获得承制任务。因为拥有最低估价的竞标者肯定会赢得竞标，所以独立竞标是严格优于参与串标的战略，因而他没有动力参与串标。对其他单位来说，因为报价不会低于 v_2，所以不可能获胜，组织和参与串标也不能改变这一点，因而在均衡时没有串标。

当存在交易成本且投标人真实估价的分布情况不确定时，招投标存在两个可能的均衡。究竟会出现哪一个均衡，要看相关参数值的大小。如果 C^1 在较大程度上大于 C^2，那么估价为 v_1 的投标者将独立投标，因为独立投标能够给它带来更大的收益。其他投标者将退出投标，因为无论是参与串标还是独立投标都将带来小于零的收益，严格劣于退出投标。这时，唯一的均衡就是估价为 v_1 的投标者参与竞标，并以略小于 v_2 的报价 $b_1(v_1)$ 赢得竞标，而其他投标者退出投标。当 Δv 足够小，转移支付不足以弥补陪标者的成本时，也将因为没有陪标者而导致串标组织不存在。这样，在投标者之间信息对称的条件下，将出现与上面描述相同的均衡。当 C^1 足够小、C^2 足够大以及 Δv 足够大，在转移支付时可以弥补陪标者的成本时，所有投标者可能加入一个串标组织，并推举真实估价为 v_1 的投标人为唯一的获胜者，他将报出略小于 v_2 的报价 $b_1(v_1)$ 并获胜。如果他选择独立投标，而真实估价为 v_1 的投标者在串标的情况下可能赢得竞标。另外，当 C^1 足够小、C^2z 足够大以及 Δv 足够大，参加组织能够给参与人带来比独立投标更大的收益。在这两种情况下，投标人参与串标是一个占优战略。均衡状态时，招投标过程中存在串标，具有最低估价的投标者仍将赢得竞标。

无串标时，最低估价的投标人以略小于次低估价的报价赢得竞标，获得约等于 Δv 的经济利润；其他人不参与竞标，他们既不付出成本，也没有收益；招标人多付出 Δv 的转移支付，但是仍然选择到了具有最低估价的投标人，因此资源配置的效率没有受到很大影响。当存在串标时，陪标者每人获得了最终来自招标人的至少为 C^1 的转移支付。根据前面的假设，一共有 $n-1$ 个陪标人，那么与没有合谋相比，招标人至少多支付 $(n-1)C^1$。由此可知，在信息有限对称时，最低估价者仍将获得承制权，但国防与军队建设的资源遭到了非法转移。同时，投标者把精力浪费在非生产性活动上，也是一种资源配置效率的扭曲。

二、信息不对称、招投标的期数以及研制价格的再谈判与串标的防范

在现实中，装备采办项目的招投标往往是在信息不对称的情况下进行的，而且是一个长期的过程，竞标单位会在多个场合发生利益联系。另外，装备研制涉及国防利益，所以往往会在招投标结束以后允许研制价格的再谈判，这样的情况将使串标的防范更加困难。

1. 信息不对称与串标的防范

在现实的装备采办项目招投标中，投标单位有时对其他投标单位的情况不甚了解。这样，那些真实估价较高因而报价相应较高所以不太可能赢得竞标的承制单位，因为不了解其他投标者的估价情况，同时由于不愿承担串标的风险，或者说对获胜有些盲目乐观，也许会独自参加竞标。这时，具备最低成本估价的厂商就不敢参与串标，因为，如果给其他组织成员转移支付，就要提高报价，并可能落败。这样，竞标单位之间的信息不对称阻碍了串标。

在信息不对称时，组织成员可能采取机会主义行为，如在了解了组织内部包括报价在内的竞标策略后，参与竞标并获胜。决定招投标获胜的因素很多，不仅包括报价，还包括信誉、管理能力等难以确认的因素，所以组织无法惩罚这个"叛徒"，因为它很难确认"叛徒"的胜出是由于偶然还是因为背叛了在组织内的许诺。如果不能惩罚"叛徒"，串标就无法摆脱成员"背叛"的困扰。因此，招投标机制的设计应着力于增加竞标单位之间的信息不对称，如在招标结束之后，不对外公布获胜者的报价。

2. 招投标的期数与串标的防范

装备采办项目的招投标发生多期，从长期来看属于重复博弈，这有利于促成合作。在加深了解和信赖的基础上，参加竞标的承制单位有可能围绕串标达成共识，甚至以默契的方式进行合谋，形成行业在招投标问题上的潜规则。如，在多期的招投标中，大家轮流获胜；获胜者在其他竞争者的默许下报出高价，以获取高额利润，并按约定的方案和陪标者一起分享额外收益。潜规则得以被遵守，是因为把行业歧视作为惩罚机制从而形成有效的威慑：不合作者在行业内的业务往来中，将不被给予优惠和方便，使其在招投标中的收益在行业的惩罚面前失去吸引力。这样，在长期的招投标中，组织可以实施有效惩罚，并通过轮流获胜分配串标收益，从而形成稳定的串标组织。因而在长期中，串标的可能性将增大。如果能使行业歧视这种惩罚机制失效，串标带来的压力就可以有效缓解。整合行业内的企业组成两个企业集团，构成双寡头的局面，这样就无所谓行业的歧视，从而使惩罚机制失效。

3. 研制价格的再谈判与串标的防范

在装备采办中，招投标的获胜者往往可以根据研制情况与采办部门围绕价格进行再谈判。因此，竞标单位有充分的动力以较低报价赢得合同，然后在承制阶段以其他手段获取追加投资。这时，投标者获胜与否只与其报价是否足够低有关。但无秩序的竞争将损害所有投标人的利益。"聪明"的供应商意识到与其"窝里斗"，不如串通起来，有业务分着做。因此，他们会理性地组织串标，在组织中选择获胜者，并且预先约定由获胜者向组织内的其他成员实施转移支付。在这样的情况下，串标的可能性大大增加了，而双寡头之间将会出现更多的串标，因为在双寡头格局下，协调成本更小了，轮流获胜的概率更大了。因此，只要允许价格的再谈判，在串标的基础上以低价赢得竞标的冲动就会持续存在。

三、轮流获胜的串标组织及其防范

如果允许在研制阶段围绕价格进行再谈判，那么报价就是无关紧要的，重要的是是否存在串标组织以及串标组织的规模，从而决定了是否存在竞争，以及竞争的程度。为此，接下来探讨一个轮流获胜的串标组织模型。在这个模型中，信息不对称仍然存在，如招标单位可能临时邀请其他单位参加竞标，导致组织之外出现了竞争者；在没有来得及将其纳入组织时，组织面临着风险和不确定性。在轮流获胜的串标组织中，陪标者的角色限于象征性地出价以及从获胜者那里获取转移支付。所以，这里着重分析预定获胜者的行为选择。

假设独立参与投标时投标人获胜的概率为 v，需要的成本为 C，完成承制任务可以获得收益 R，计算净利润时还要减去 C；若其参与串标并被预定为获胜者，那么他将给每个成员转移支付 T；因为还有其他的因素影响竞标结果，所以他并不必然获胜，但获胜的概率提高了 Δv。因为陪标人不用为竞标做准备，所以将其参与串标的成本标准化为 0。串标被发觉并查处的概率设为 q。假设有 $n(n \geqslant 1)$ 人陪标。串标被发现后，预定为获胜者的投标人受到惩罚 L，用 U^* 表示其参与串标的期望收益，有：

$$U^* (1-q) \left[(v+\Delta v)R - C - nT \right] - q(C+nT+L)$$

在没有串标时，投标人的期望收益为 $U = vR - C$。当事人选择能给其带来最大期望收益水平的行动。用 ΔU 表示串标带给当事人的收益，有：

$$\Delta U = U^* = R\Delta v(1-q) - Rvq - nT - qL$$

可知，在串标的情况下，必然有 $\Delta U > 0$；且当 U 增大时，串标发生的可能性也将增加。接下来，进行一个比较静态分析，方法是求 ΔU 关于各个参数的偏导数。ΔU 是一个多元函数，其对各个参数的偏导数反映了相应因素对串标的影响。

ΔU 关于串标后获胜概率增加量 Δv 的偏导数为 $\dfrac{\partial \Delta U}{\partial \Delta v} = R(1-q) > 0$。当串标能大大增加获胜概率时，串标相对于不串标就变得更具吸引力了，其可能性也大大增加。

ΔU 关于串标被发现并惩处的概率 q 的偏导数为 $\dfrac{\partial U}{\partial q} = -R\Delta v - Rv - L < 0$。查处串标的效率提高时，将导致串标的期望收益减小，从而就显得不那么具有优势了。因此应该发展查处串标的技术和措施。这些技术和措施至少会作为威慑力量遏制潜在可能的串标行为。

ΔU 关于惩罚力度 L 的偏导数为 $\dfrac{\partial \Delta U}{\partial \Delta L_1} = -q < 0$。加大惩处力度减少了串标的期望收益，有利于防范串标的发生。在实施时，关键是要切实维护法律的尊严，增强执法的严肃性，加强执法的力度和透明度。

ΔU 关于转移支付 T 的偏导数为 $\dfrac{\partial \Delta U}{\partial n} = -n < 0$。转移支付越大，串标的期望收益越小，当事人对参与串标的兴趣越小，从而在一定程度上防范了串标。

ΔU 关于陪标人数 n 的偏导数为 $\dfrac{\partial \Delta U}{\partial n} = -T < 0$。更多的成员意味着谈判和妥

协的成本更大；一些无心投标的单位也会假装自己参加招投标，以引诱那个最急欲获胜的单位收买自己，这样，串标组织面临着搭便车的问题。当无法确认搭便车行为时，串标组织可能因为成员太多，无法协调彼此利益而不得不放弃串标。同时，更多的成员也意味着信息泄露的可能性增大，串标被发现的概率上升。因此，增加投标的总人数，有利于降低串标者的期望收益，从而有效地防范串标。

ΔU 关于承制利润 R 的偏导数为 $\frac{\partial \Delta U}{\partial R} = \Delta v(1 - q) - vq$。串标如果可以使 Δv 获得较大幅度的提高，则该式可能为正值，即串标的可能性将随着利润的增大而上升。当 Δv 没有太大的变化，或者查处串标的技术水平有了较大的进步，从而导致 q 有了较大的提高时，该式可能取负值。这时利润的增大反而有助于遏制串标。

四、结束语

综上所述，为了防范装备采办项目招投标中的串标，首先，应简化投标人参加竞标的手续以减少正当投标的成本，加大对串标的侦察和惩处力度以增加串标的成本，同时还要严格控制转包、转厂生产以及零配件的获取渠道，以尽量减少投标单位之间发生利益联系；其次，在研制阶段围绕研制价格再谈判时，需要综合考虑多种防范串标的措施，比如提高侦破串标的技术水平、加大惩处串标的力度以及增加参与投标的人数，可以临时邀请更多的外部投标者，并综合考虑各种因素而不仅仅是报价的高低来决定竞标获胜者；最后，装备采办部门要严格把关，通过资格审查制度管理和引导承制单位，对那些存在串标或有严重违约前科的，可以在招投标时首先将其剔除，通过这种办法，竞标单位会有意识地与采办部门进行长期博弈，更多地考虑需方的要求。

此外，目前装备采办招投标的法律依据只有国家颁布的《招标投标法》和总装备部颁布的条例、规章中涉及的部分内容，法制约束力非常薄弱。为此，应该推动关于招投标法律制度的顶层设计建设，健全有关招投标的各项法律、规章、条例等制度，逐步删除、修改与目前招投标实践不相配套的制度条款，为防范串标、保障装备采办项目招投标的顺利实施建立完善的法制环境。

参考文献

[1]董保民. 信息经济学教程[M]. 北京：中国人民大学出版社，2005.

[2]宋志强，白海威. 浅谈军队装备采办合同订立人员队伍建设[J]. 科技咨

询导报，2007(16)：124 - 125.

　　[3]张维迎. 博弈论与信息经济学[M]. 上海：上海人民出版社，2004.

　　[4]肖重祖. 工程招投标中围标合谋行为分析[J]. 中国西部科技，2007(7)：91 - 92.

　　[5]刘宝平，孙胜样，张红卫. 关于我军装备采办实行招标制的思考[J]. 科技进步与对策，2003(9)：115 - 116.

　　[6]Graham D, Marshall R. Collusive bidder behavior at single - object second - price and english auctions [J]. Journal of Political Economy, 1987, 95 (6)：1217 - 1239.

　　[7]Robinson M S. Collusion and the choice of auction [J]. Rand Journal of Economics, 1985, 16(1)：141 - 145.

可竞争性装备采购市场机制的
契约设计 *

邹小军　吴　鸣　黄　娜

一、问题的提出

　　在武器装备的采购过程中引入竞争机制，已是世界主要市场经济国家的基本共识。但是关于武器装备采购市场引入竞争机制的方式以及程度，各国表现出了不同的态度。例如，西方发达的市场经济国家，其市场经济体制已经比较完善，在装备采购市场引入竞争机制的市场环境和国防工业基础已经具备，因此，这些国家主要是从国家的层面、从装备采购管理体制着手，从顶层设计的角度来推行竞争性装备采购。我国的学者结合我国的国情和军队建设的实际，对我国的装备采购引入竞争机制也进行了有益探索，取得了一定的成果。而且从国家政策层面来看，我国也出台了关于装备科研生产投资主体多元化，引入非公、非军企业参与武器装备生产的一些政策法规。但是从目前实践来看，这些政策法规还没有得到很好的执行。基于这样的现实，本文试从可竞争性市场理论的视角，运用机制设计理论和契约理论对装备采购市场引入竞争机制的形式，以及如何提高装备采购的效率等问题进行理论分析。

---

　　*　本文原载于《军事经济研究》2010 年第 2 期。

二、当前装备采购市场结构下的契约设计

我国现在的装备采购市场还是基本处于军工企业垄断的状态。在军工企业作为武器装备的唯一提供者的垄断市场结构下，军方在与之签订采购契约的过程中就会因为信息不对称而面临逆向选择和道德风险等机会主义行为。这使得军方在事前不得不花费巨大的成本去甄别企业的类型，事后还不得不花费大量的成本去监督军工企业的履约情况，而且由于没有潜在竞争者的压力以及我国现行的成本加成定价模式，使得缔约的军工企业没有很好地被激励去研究如何创新技术、降低生产成本、提高装备质量，因此大大降低了装备采购的效率。下面我们对当前装备市场结构下的契约设计进行研究，以揭示当前装备采购市场结构存在的问题。

假设在装备采购市场中，军工企业的边际成本为私人信息，军方在设计契约时并不知道。为了分析的方便，我们假设 β 只有两种类型：低成本 $\underline{\beta}$ 和高成本 $\overline{\beta}$，$\overline{\beta} > \underline{\beta} > 0$，军工企业为这两种类型的概率分别为 α 和 $1 - \alpha (0 < \alpha < 1)$。这些都是契约双方的共同知识。军方和军工企业的契约具有如下形式 (T, Q)，T 是军方支付的武器装备采购费用，Q 是武器装备的购买量。军方购买装备的效用函数用 $U(Q)$ 表示，满足 $U(0) = 0$，$U'(Q) > 0$，$U''(Q) < 0$。

假设在军工企业垄断生产的条件下，军方按照自身效用最大化的原则定价。因此，军方的目标是提供一组契约菜单 $\{(\underline{T}, \underline{Q}), (\overline{T}, \overline{Q})\}$，以使期望效用最大化。

在实践中，军方往往面对的是不完全信息的情况，不完全知道军工企业的成本信息，或者要完全了解军工企业的成本信息要付出很大的成本因而变得不可能，在这种情况下，军工企业拥有信息优势。在契约设计时，军方不但要保证不同类型的军工企业能够接受这个契约，而且还要激励军工企业披露自己的真实成本。因此，军方就面临求解如下的最优化问题：

$$\max_{\{(\underline{T},\underline{Q}),(\overline{T},\overline{Q})\}} \alpha \left(U(\underline{Q}) - \underline{T} \right) + (1 - \alpha)\left(U(\overline{Q}) - \overline{T} \right)$$

$$\text{s. t.} \quad \underline{T} - \underline{\beta}\,\underline{Q} \geq 0 \tag{1}$$

$$\overline{T} - \overline{\beta}\,\overline{Q} \geq 0 \tag{2}$$

$$\underline{T} - \underline{\beta}\,\underline{Q} \geq \overline{T} - \underline{\beta}\overline{Q} \tag{3}$$

$$\overline{T} - \overline{\beta}\,\overline{Q} \geq \underline{T} - \overline{\beta}\underline{Q} \tag{4}$$

（1）式、（2）式是个人理性约束，（3）式、（4）式是军方激励军工企业披

露其真实成本的激励相容约束。

求解上述最优化问题，我们可以得到不完全信息下的次优契约，这里我们用 S 来表示此规划问题的解，因此有：

$$U'(\underline{Q}^s) = \underline{\beta}$$

$$U'(\overline{Q}^s) = \overline{\beta} + \frac{\alpha}{1-\alpha}\Delta\beta$$

其中，$\Delta\beta = \overline{\beta} - \underline{\beta}$。

把军工企业的净利润记为 $R = T - \beta Q$。由低成本企业激励相容约束，可以得到：

$$\underline{R} = \underline{T} - \underline{\beta}\,\underline{Q} \geqslant \overline{T} - \underline{\beta}\overline{Q} = (\overline{T} - \overline{\beta}\overline{Q}) + (\overline{\beta} - \underline{\beta})\overline{Q} = \overline{R} + \Delta\beta\overline{Q} \tag{5}$$

从上式可知，低成本企业($\underline{\beta}$)通过伪装成高成本企业($\overline{\beta}$)可以获得一个严格正的收益水平。即使军方可以让高成本军工企业的保留收益为零，即 $\overline{U} = \overline{T} - \overline{\beta}\overline{Q} = 0$，低成本的企业仍然可以从伪装成高成本企业中获得收益 $\Delta\beta\overline{Q}$，我们把这种收益称为信息租金。这是低成本企业凭借其信息优势而留下的它的生产者剩余的一部分，从而不至于被军方完全占有它的剩余。因此，在信息不完全的情况下，签订的契约并不是最优契约，而是次优（Second Best）契约，装备的产量也只能达到次优的状态。

因此，如果军工企业垄断生产且没有潜在进入者的竞争压力存在，由于信息不对称，军方面临着比较严重的逆向选择问题。低成本企业通过其信息优势而占有信息租金，因此对于军方来说，不可能签订最佳采购契约，而只能签订次佳契约。而且作为军方要甄别企业的类型和对采办的成本控制也是需要很多交易成本的。因此，在当前装备采购市场结构下，由于没有竞争者的压力，政府又进行了大量的专用性投资补偿，这样就造成了军工企业没有很好的激励机制去进行技术创新、提高武器装备的质量、降低武器装备生产的成本，而且政府由于进行了大量的专用性投资补偿反而还面临着被"敲竹杠"（Hold－up）的风险。

三、可竞争性理论视角下的装备采购契约设计

通过对当前武器装备采购市场结构下采购契约设计的分析可以看出，在双方都处于垄断地位的武器装备市场中，军工企业具有一定自然垄断特征，军方对专业化的军工企业，常常处于被动的地位。从可竞争市场理论视角来看，政府可以通过打破军地界限，畅通装备采购市场的进入和退出机制，培育武器装备生产的

潜在竞争者，来促使现有武器装备生产企业进行技术创新，控制武器装备生产成本，从而提高武器装备的采购效率。因此，从理论上说，可竞争性装备采购市场机制的构建思路，就是要以我国现行的基建技改费为主要的规制工具来补偿企业进行装备生产的不可回收沉没成本，这样除掉那些具有高度专用性的武器装备外，对于大多数武器装备生产来说，进入和退出的不可回收沉没成本为零，或者很小。这就是说对于大多数武器装备的生产来说，是可以满足可竞争性市场理论的要求的。所以，在不具有高度专用性和高度机密性的武器装备生产企业中，引入潜在竞争者，促使在位者进行技术创新、降低生产成本、提升武器装备生产质量、提高武器装备采购效率是现实可行的。

1. 建构可竞争性市场机制的经济环境界定

（1）市场主体行为假设。在这里我们假设装备采购市场的买卖双方都遵循效用最大化原则。具体地说，对于军方来说就是要实现装备采购的效用最大化，对于武器装备生产企业来说，在信息不对称的条件下，企业的努力水平会给其带来负效用，因此，企业会在努力水平和效益之间进行权衡，最大化其货币收益。

（2）市场信息结构特征。武器装备采购市场的主要特征之一就是信息不对称。这种信息不对称包括两种形式：一种是隐藏信息（Hidden Information），又叫逆向选择，这是一种事前的信息不对称，在采购契约签订之前，武器装备生产企业拥有军方不知道的私人信息；另一种是隐藏行动（Hidden Actions），又叫道德风险，是一种事后的信息不对称，在双方签约后，武器装备生产企业可采取一些军方无法观察到的行为影响最后的结果。

（3）制度环境。经过30多年的改革开放，市场已经成为我国资源配置的重要手段。但是我国还没有完全实现由计划经济体制向市场经济体制的转轨，很多领域还存在计划经济体制和市场经济体制并存的双轨制。尤其在国防领域，这个问题十分突出。因此，在构建可竞争性装备采购市场机制时，不能不考虑我国国防领域还存在双轨制的现实制度环境。

2. 可竞争性机制的制度设计与契约选择

可竞争性装备采购市场的构建，首先是要进行制度设计。对武器装备采购市场来说，要构建可竞争性市场，关键就是要放松对武器装备采购市场的规制，按照科学发展观和实施军民融合战略的要求，从宏观上打破武器装备的军地之间和军队内部的分割局面，形成基于整个国家科技工业基础的武器装备生产体制。其次是要通畅武器装备生产的进入和退出机制。由于武器装备用途的特殊性，武器装备的生产必然涉及到大量的专用性投资，其实在现在的武器装备生产体制下，大量武器装备生产的专用性投资也是国家投入的，因此，国家可以通过对装备科研生产的专用性投资进行补偿的形式，降低武器装备生产行业的沉没成本，以便形成合理的退出机制，这样根据可竞争市场理论的理论假设与基本思想，来进行装备采购的契约设计。

在对装备采购进行可竞争性制度设计的基础上，军方的目的就是通过设计一组契约（T，Q，R_0），实现自身效用最大化。其中 T 是装备采购费用，Q 是装备采购数量，R_0 是转移支付，它是武器装备购买量 Q 的函数，其目的是对武器装备生产所需要的专用性投资进行补偿，以降低企业进行武器装备生产的不可回收沉没成本，以利于形成装备采购市场通畅的进入与退出机制。按照可竞争市场理论，军方通过设计契约来选择一个最优的生产企业（低成本企业）来实现自身效用的最大化。

在可竞争性市场条件下，其实军方面对的是一种确定的情况。在潜在竞争者的压力下，无论在位的生产企业是军工企业还是非军工企业，它们都必须不断进行技术创新、使用新技术、降低武器装备生产成本、提高武器装备质量。因此，在可竞争性装备采购市场中，军方面临的最优化问题就可以简化为：

$$\max \quad U(Q) - T - R^0$$
$$\text{s. t.} \quad T + R_0 - \beta Q \geq 0 \tag{6}$$

其中，β 是企业的边际成本，Q 是武器装备采购数量。（6）式是企业的参与约束。这里，由于设计可竞争性装备采购市场，培育了潜在的竞争者，这样在位企业必然是成本最低的企业，不然它的经营将不会持续，因此这个最优化问题中就不需要激励相容的约束来甄别企业的类型。也很容易知道（6）式是紧约束。将其代入最优化函数，求解这个最优化问题，得到可竞争性装备采购市场的最优购买量 $U'(Q^*) = \beta$。从前面的论述可知，与军工企业垄断的情况相比，$\beta \leq \bar{\beta}$，所以，$Q^* \geq \underline{Q}^* > \bar{Q}^*$。在可竞争性装备采购市场条件下，武器装备的最优采购量至少和军工企业垄断经营下的对低成本企业的采购量一样多。

因此，从可竞争性装备采购市场结构下的契约设计可以看出，通过潜在竞争者的引入，首先增加了军方可选择的范围，同时也给垄断者造成了一定的竞争压力，迫使其为了保持在位者的地位，不断进行技术创新，降低装备生产成本，提高装备生产质量。其次是通过可竞争性采购市场的实现，使得最优秀的企业成为装备提供者，可以大大降减低装备采购领域的不确定性，降低装备采购的交易成本，大大提高武器装备采购的质量和效益。

四、结 论

综上所述，构建可竞争性市场机制，引入潜在竞争者，可以促使现有军工企业为了保持武器装备生产企业的地位，不断进行技术创新，降低武器装备生产成本，提高武器装备生产质量。同时，也加速淘汰那些技术落后、发展潜力不足的落后企业，有利于军工企业的升级与结构优化。另外，构建可竞争性装备采购市场，可以大大减少武器装备采购市场的信息不对称问题，降低武器装备采购的交易成本，减少政府被"敲竹杠"的风险。显然，对武器装备生产的专用性投资进行补偿，降低企业从事武器装备生产的沉没成本，通畅武器装备生产的进入与退出机制，形成可竞争的装备采购市场是现实可行的，对于提高武器装备的质量和采购效益是十分有益的。

合成准租、交易费用与武器装备科研项目定价 *

李湘黔　卢小高

武器装备科研项目定价不仅是一个技术问题，更是一个制度问题。通过引入交易费用思想，构建正式的经济学模型分析武器装备科研项目定价，可以发现，制度环境、市场条件与交易关系之中的相关参与人相互博弈对武器装备科研项目定价的结果具有重要影响。

一、"合成准租"与武器装备科研投资

准租(Quasi - rent)是超过维持一定量日常服务流量(Service Flow)所必须回报的部分，它可以成为弥补沉没成本的手段。"合成准租"(Composite Quasi - rent)是某些资源的准租的一部分，这些资源依赖于与其他专用的、通常相关的资源的持续联合。因此，合成准租是那些其他通常相关的资源能够试图以拒绝支付或服务的方式，即要挟(Hold - up)的方式，剥夺的数额。合成准租之所以存在是因为将分属不同所有者的异质资产通过一定的方式组合在一起，进行联合生产，能够比每一种资产分别进行生产带来更大的价值或好处。每一种资产在这种联合使用中都比各自单独使用时的价值要高一点。如果一种资产 A 单独使用能获得一笔收入，这一资产通过与另一资产 B 进行联合的话能带来更高的收入，则联合后资产 A 的所有者得到的那份较高的收入减去前一机会(即单独使用)下所能获得的较低收入就是资产 A 在联合使用下的收入增加值(简称增值收入或租值增值)。同理，资产 B 的所有者也可能得到类似的租值增值。如果资产是从单独使用转变为联合使用，则这种增加值就来自于与其他资产联合使用所产生的"合成准租"，但这

---

* 本文原载于《湖湘论坛》2010 年第 2 期。

种增加值可能只是"合成准租"的一部分，而不是全部，因为与该资产联合使用的其他资产也可能分得一部分"合成准租"。那么，这两种资产的所有者各自所得的收入增加值之和并不是"合成准租"的全部，因为他们不可能无成本地进行这种联合。两种异质资产要分别从单独使用状态转变为联合使用状态，肯定要发生一些成本（也就是要消耗额外的资源），特别是当这两类异质资产属于不同的所有者时，这一问题就变得尤为重要。这种成本我们可以称之为"转换成本"。由于"转换成本（交易费用）"的存在，潜在的"合成准租"有可能不能完全真正实现，其中有一部分被交易费用所抵消，因而真正实现的并为两类资产所有者所分享的就只剩下一部分"合成准租"。

武器装备科研活动是一个发现新信息和新知识的过程，所以装备科研活动在本质上是一种特殊的生产活动，其产品表现为新型的装备设计方案、设计图、模型、研究论文等有价值的新信息和新知识，科研投资的目的就在于获取这些信息和知识（及其载体）为形成新的作战能力打下基础。这一过程的投入可能包括军方的货币资产、实物资产以及科研企业或科研机构的人力资产（特别是智力资产）、技术资产（如专利技术）、实验室、产品试验设备等资源的服务。

武器装备科研项目的投资过程，其实就是军方和科研企业各自投入一定资源以共同生产某些特定的新信息和新知识的过程，他们共同投入资源的目的是为了实现各自的利益，即分享产出所带来的利益。一般而言，军方和企业可以通过三种方式来组织生产过程以达到他们各自的目的：①科研企业预先投资，进行独立研究，新信息和新知识（包括其载体）被生产出来以后，企业向军方推销其产品或军方找到企业来购买。这类似于一个生产—消费过程，科研企业是"生产者"，军方是"消费者"，他们达成一个价格，这个价格使军方获得一定的"消费者剩余"，企业则获得一定的"生产者剩余"，如果有任何一方没有一定的剩余的话，交易不会发生。②军方与企业进行共同研究。军方预付给企业一定的货币投资以用来置备进行生产所需的资产，企业也会投入一定的资产，这就相当于军方和企业共同投资、直接合作生产，但产品最终归军方所有，企业没有得到产品，但企业会从军方得到一笔货币补偿，这笔货币补偿是企业所提供的资产服务的价格，军方的净收益是所获得的产品的价值扣除预付货币投资和对企业的货币补偿以后的剩余，而企业的净收益则是从军方所得到的货币支付减去企业资产服务用于其他用途可能得到的收益（即企业资产服务的机会成本）。③军方自己进行"完全投资"，即军方预付一定量货币资本，直接组建科研企业（或科研机构）、置备科研设施、聘用科研人员，科研成果归军方所有，军方支付购买实物资产以及科研人员的工资等费用。这只是三种主要方式，因为军方所需的新信息和新知识产品可能会是多种多样的，军方会在三种方式之中进行灵活选择，以实现自己的目的；

并且就每一种方式来说，军方与企业（或相关参与人）之间的合约安排（或制度安排）可能也会有很大不同，就拿第②种方式来说，军方和企业共同投资进行生产，就类似于一家合资企业，合作安排中双方各需投入什么资产、各类资产投入多少、最终的净收益按照什么方式以及怎样的比例来分配，这些事项的议定根据军方所需产品类型（不同的信息和知识）的不同而千差万别，因此他们的合约安排（或合作的制度安排）可以有多种多样的选择。

由此可见，装备科研投资过程其实既是一个生产新知识的过程，也是一个军方与其他参与人（不管是企业还是科研人员）进行交易的过程，他们之所以会进行交易，是因为他们都预期到（或估计到）这种交易很可能给双方都带来一定的利益或好处，没有这种潜在的好处，交易是不会发生的，这跟一般的消费品或资本品（生产资料）的交易是一个道理。作为科研投资的潜在产出——新信息和新知识（及其载体）——对军方而言有着很高的价值，而对于企业来说其价值要小一些，这种潜在的交易所能带来的纯利益可以称之为"合成准租"。

二、交易费用理论视角下武器装备科研投资的特征

每一种特定的交易都会有其自身的特殊性，交易的性质不同，其中涉及的交易费用很可能就会有很大差异，特别是交易者的特征、交易中涉及的投入与产出的物质属性、交易中的不确定性等因素的不同。

第一，装备科研投资过程具有很大的不确定性。武器装备科研项目投资过程的一个显著特点是通过发现新知识和新信息以不断取得技术进步，进而提升武器装备的战术技术性能，提高武器装备在军事行动中的"作战能力"。在军方投资于某一装备科研项目后，由于既有知识积累、技术积累等方面的限制，很多科研项目可能难以突破某些关键技术而不能达到军方的要求，武器装备大都涉及许多前沿技术、高技术，技术能否成功事前很难预料。另外，对一些重大装备科研项目来说，刚开始立项决策时可能是有必要的，但是国际经济形势、政治格局、军事安全威胁等形式可能发生变化，军事需求的这种难以完全预测的变化也会给武器装备科研投资带来一些不确定性。

第二，人力资产是武器装备科研项目投资中最重要的一种资产投入。科研本身就是发现新信息、创造新知识、发明新设计。科技创新活动不是简单地重复前人的劳动，而是必须在研究前人的科技成果的基础上，找出科技研究新的突破

口。没有创新就没有进步、没有发展。创新是科研活动最独特、最重要的特点。而创新是由科研人员来做出的，科研人员的劳动不是简单的体力劳动，而是一种非常复杂的劳动，因此科研人员的人力资产是获得科研成果的最重要的因素，也就是最关键的一种资产投入。人力资产是"活资产或主动资产"，它具有几个产权特性：①人力资产天然只能属于个人，人力资产的产权一旦受损，其资产可以立刻贬值；②人力资产的运用只可"激励"而无法"挤榨"。采取什么样的办法、通过何种定价方式来利用好人力资产，使其尽可能获得最高价值就是武器装备科研投资过程中要注意的一个非常重要的问题，这也关系到科研活动的效率。

第三，投资所形成的实物资产的"可转换性"和"可转让性"比较弱。威廉姆森用"资产专用性"这一概念来描述交易的特征和分析交易成本存在的原因，并成为交易采取不同治理结构的一个关键变量。但是威廉姆森只是大概地将资产划分了两个极端，即绝对专用的和非专用的，然后指出介于两极端之间的就是很多半专用的资产。他还指出资产专用性至少可以分为专用地点、专用实物资产、专业人力资产以及特定用途资产四种类型。威廉姆森也采用了所谓资产专用性指数来比较两种治理成本以及对生产成本和治理成本进行比较，可能正是这种误导性的观点导致了在国防经济学研究中，许多学者认为每一种资产或投资似乎一定存在某个客观的资产专用性程度，从而可以根据这个资产专用性程度（资产专用性指数）建立某种函数。他们认为可以根据资产专用性程度的不同对国防工业进行管制，还有人认为应当根据资产专用性的不同来推进军工企业的改革。我们认为这些分析没有意识到如何去衡量不同资产的专用性。这里，我们采用"资产的可转换性"和"资产的可转让性"两个概念来描述资产某方面的特征。资产（或投资）的可转换性是指某种资产（或投资）要改变用途（但不改变所有者）总会存在一定的转换成本（是一种生产成本），使资产不能无障碍（无成本）地在不同用途之间自由转换。资产的可转让性则是指资产的产权从一个所有者转移到另一个所有者会存在转让成本（是一种交易费用），这种转让成本的存在可能是因为与某种法律上的禁令有关，也可能是因为资产本身物质属性的原因，还可能跟资产市场的发达程度有关，转让成本的存在使资产不能无摩擦地在不同人之间进行转移。

第四，投资的产出——作为科研成果新信息和新知识（及其载体）不容易准确度量。对武器装备科研成果进行直接定价往往是非常困难的，也就是说科研成果难以直接通过市场进行交易；科研成果价值难以确定，其价格就不容易决定，也就是说科研成果的直接交易成本很高。由于科研成果的直接定价成本高，直接通过市场定价来进行交易就比较困难，因此科研成果的直接交易一般是比较少见的。那么，到底应该如何对这些科研成果进行定价呢？事实上，大多数科研活动的组织是通过对科研生产要素进行定价来实现的：直接通过市场购买已经定型的科研成果。因为成果已经具有确定的形式，因此军方所承担的不确定性和风险比较小，军方也不必自己做预先投资，不必组建科研机构，而只需对科研成果支付一个价格，这对一些简单技术、低端技术、小项目可能还是适用的，但对高技术项目、复杂科研项目、重大的系统性科研项目就不太适用了。高新技术、复杂、重大的科研项目的成果的价值到底有多大，性能到底如何是很难度量的。

上述这些特征就决定了武器装备科研项目投资过程中交易的具体组织和生产安排必定有一系列复杂多样的形式，其中涉及的对"合成准租"的分配方式和交易费用的表现形式也必定是复杂的。

三、合成准租、交易费用与武器装备科研项目价格的决定

基于前面的分析，我们发现，在武器装备项目研发的交易过程中，军方和科研企业通过合作能给双方带来好处，但是因为交易费用的存在，并不是所有的潜在交易利益都能实现，有相当一部分的潜在合作收益会被交易费用所抵消掉，这种交易费用抵消潜在合作收益的过程在经济学上被称为"租值消散"。据此，我们可以通过以下经济学模型来探讨武器装备科研项目的定价问题。

假设某个投资项目（交易）有两个参与人（1 代表军方，2 代表科研企业）；他们各有一组异质资产 A_1（如货币资产）和 A_2（如智力资产）；若他们各自分别使用其资产可以获得的最高收入为 P_1 和 P_2（P_1、P_2 也可以叫做保留收入）。双方真正投资下注前（尚未下注），他们会这样想：如果他们联合使用 A_1 和 A_2，则可以分别获得一个比保留收入更高的潜在收入，分别记作 $\widetilde{P}_1$ 和 $\widetilde{P}_2$，各自可能要承担的潜在交易成本则为 $\widetilde{T}_1$ 和 $\widetilde{T}_2$；那么"合成准租"可以用 $R = (\widetilde{P}_1 - P_1) + (\widetilde{P}_2 - P_2)$ 来表示，其中 $\widetilde{R}_1 = (\widetilde{P}_1 - P_1)$ 表示参与人 1 可能获得的潜在收入增加值，而 $\widetilde{R}_2 = (\widetilde{P}_2 - P_2)$ 表示参与人 2 可能获得的潜在收入增加值；这个投资项目的潜在总交易费用记作 $\widetilde{T} = \widetilde{T}_1 + \widetilde{T}_2$。若交易完结了，实际发生的交易成本为 $T = T_1 + T_2$，其中 T_1、T_2 分别表示由参与人 1 和参与人 2 各自分担的实际发生的交易费用。那么事后（投资项目结束或交易完结）来评价，整个社会真正实现的租值净增值为：

$$F = \widetilde{R}_1 - T = (\widetilde{P}_1 - P_1) + (\widetilde{P}_2 - P_2) - T = [(\widetilde{P}_1 - P_1) - T_1] + [(\widetilde{P}_2 - P_2) - T_2]$$

对整个社会来说，此次投资的租值消散率为 $\lambda = \dfrac{T}{\widetilde{R}_1} = \dfrac{T}{(\widetilde{P}_1 - P) + (\widetilde{P}_2 - P_2)}$，

交易双方资产的租值消散率分别为：$\lambda_1 = \dfrac{T_1}{\widetilde{R}_1} = \dfrac{T_1}{(\widetilde{P} - P_1)}$，$\lambda_2 = \dfrac{T_2}{\widetilde{R}_2} = \dfrac{T_2}{(\widetilde{P}_2 - P_2)}$。

1. 参与人的目标

（1）参与人1（军方）事前的预测依据是最大化预期租值增加值 $\widetilde{F}_1 = \widetilde{R}_1 - \widetilde{T}_1 = (\widetilde{P}_1 - P_1) - \widetilde{T}_1$；但事后来看，他真正得到的结果是租值增加值 $F_1 = \widetilde{R}_1 - T_1 = (\widetilde{P}_1 - P_1) - T_1$。$\widetilde{R}_1$ 是一个定值，但并不知道到底是一个多大的值，就像准租那样。其中参与人1（军方）对交易费用的主观估计 $\widetilde{T}_1$ 会影响投资决策，而交易完结后已经客观发生的交易费用 T_1 则会影响参与人1（军方）的事后评价。如果交易确实发生了，那么作为最终结果的 T_1 就是均衡的交易费用，T_1 是由参与人1和参与人2在对"合成准租"的相互挤占中被决定的，也就是由双方在竞争中的讨价还价能力所决定的。至于双方的讨价还价能力的相对强弱由哪些因素所决定，这也是一个重要的问题。下文我们将专门分析均衡的由参与人1（军方）所承担的均衡交易费用 T_1 的决定过程。

（2）同理，参与人2（企业）事前的预测依据是最大化预期租值增加值 $\widetilde{F}_2 = (\widetilde{P}_2 - P_2) - \widetilde{T}_2$；但事后来看，他真正得到的结果是租值增加值 $F_2 = \widetilde{R}_2 - T_2 = (\widetilde{P}_2 - P_2) - T_2$。同 T_1 的决定一样，T_2 也是由参与人1和参与人2在对"合成准租"的相互挤占中被决定的，也就是由双方在竞争中的讨价还价能力所决定的。

2. 投资下注前的决策（事前决策）

事前各参与人的决策，必须满足以下三个约束条件：

（1）$\widetilde{R} = (\widetilde{P}_1 - P_1) + (\widetilde{P}_2 - P_2) > \widetilde{T} = \widetilde{T}_1 - \widetilde{T}_2$。

（2）$\widetilde{R}_1 = (\widetilde{P}_1 - P_1) > \widetilde{T}_1 \geq 0$（若 $\widetilde{T}_1 < 0$，参与人1的资产早就被转为其他用途了，也就相当于 $\widetilde{P}_1$ 变得更高了，我们暂且假设参与人1的需求既定，也就是说为了应对未来战争而需要某种特定性能的武器，至于这种武器采取哪种形式可以不论，但不同形式的这些武器必须能够提供军方所需要的"军事作战能力"，这就意味着 $\widetilde{P}_1$ 是一个固定的值，尽管我们可能并不知道这个定值是多少；我们还假设最终的成果归参与人1所有）。

（3）$\widetilde{R}_2 = (\widetilde{P}_2 - P_2) > \widetilde{T}_2 \geq 0$。条件（1）是交易的前提条件，条件（2）是参与人1的参与约束，条件（3）是参与人2的参与约束，三个条件都满足，交易才会发生。制度安排（合约安排）的目的当然是尽量最小化租值消散率，但是由于交易双方存在对"合成准租"的竞争性挤占，只要满足了以上三个前提条件，任何一方都会想方设法挤占更多的利益，也就是自己尽可能少承担交易费用（或者说将交易费用转嫁给对方）。

3. 投资过程中可能的调整决策（事中调整）

前面假设参与人 1（军方）的需求既定，使 $\tilde{P}_1$ 成为一个定值，但是我们也不能排除这样一种可能，在投资项目尚未完结时，出现了一些新的变化，比如军方需求的改变（这会导致 $\tilde{P}_1$ 的值发生改变），或者军方机会成本 P_1 发生改变；军方在投资进程中可能还会发现实际的交易成本可能与预期的交易成本 $\tilde{P}$ 不相符合，这些变化因素都可能会影响到投资项目在进程中的调整决策。

4. 参与各方在项目投资过程完结后的评价以及对将来决策的可能影响（事后评价）

在事后，参与人 1 和参与人 2 所真正攫取到的租值分别是 $F_1 = (\tilde{P}_1 - P_1) - T_1$，$F_2 = (\tilde{P}_2 - P_2) - T_2$，此时，均衡的交易费用 T_1 和 T_2 已经同时被决定，总交易费用也就知道了，这时从社会角度来看投资的租值消散率 λ 也可以求出来。

值得指出的是，通过对上述基本模型中各个参数的适当指定，我们可以得到许多其他的模型，比如我们可以将参与人 1 的保留效用看作是持有货币资产不投资，如果将参与人 2 的智力资产所获得的最高效用看作是所得的军方货币支付，令 $P_1 = (\tilde{P}_2 - P)$，这其实就相当于参与人 1 直接从参与人 2 那里购买，此时 $\tilde{R} = (\tilde{P}_1 - P_2)$，$F_1 = (\tilde{R}_1 - P_2) - T$；$\tilde{R}_1 = (\tilde{P}_1 - P)$，$F_1 = (\tilde{P}_1 - P) - T_1$；$\tilde{R}_2 = (P - P_2)$，$F_2 = (P - P_2) - T_2$；社会的租值消散率 $\lambda = T/\tilde{R} = T/(\tilde{P}_1 - P_2)$。这时还可以将 P_2 视为参与人 2 的生产成本，那么问题就变得更加简单了，此时的问题仅仅是如何确定科研项目的价格以攫取各自的利益。在这种相互攫取利益的过程中，各自所分担的交易费用也将被决定，这时纯粹看双方讨价还价的能力大小以及如何采取适当的制度安排以最小化各自的交易费用，同时社会的交易费用也被决定了。

现在我们来求解参与人 1 所分担的均衡交易费用 T_1 和参与人 2 所分担的均衡交易费用 T_2 以及攫取合成准租的过程，实际上 T_1 和 T_2 是同时被决定的。

由于社会总的交易费用起因于参与人双方对"合成准租"的竞争性挤占，因此我们可以用古诺（Cournot）均衡来描述这一过程。在古诺均衡中，由两个参与人同时决定产量的博弈，一方的产量决策对另一方的收益具有负外部性。而我们这里其实是类似的道理，不管是参与人 1，还是参与人 2，任何一方越是费尽心机采取挤占合成准租的策略性努力，就越会增加总社会交易费用，但这种策略性行为却是可能对采取这一行为的参与人有利的。

我们假设参与人 1 挤占"合成准租"付出的策略性努力为 a_1，参与人 2 挤占"合成准租"付出的策略性努力为 a_2，社会交易费用是所有参与人的策略性努力之和的函数，即社会交易费用函数为 $T = T(a_1, a_2)(\partial T/\partial a/ > 0)$。若军方估计企业的策略性努力为 a_2^e（e 表示期望），则相应地采取策略性努力 a_1，说穿了就是参与人 1 对参与人 2 存在一个反应函数 $a_1 = f_1(a_2^e)$，于是社会净利益可表示为 $F(T) = \tilde{R} - T(a_1, a_2^e)$，参与人 1 的目标就是最大化自己的净利益 $F_1(a_1) = \dfrac{a_1}{a_1 + a_2^e} F(T) = \dfrac{a_1}{a_1 + a_2^e} \left[\tilde{R} - T(a_1, a_2^e) \right]$。

同理参与人 2 对参与人 1 也存在一个反应函数 $a_2 = f_2(a_1^e)$，企业的目标是最大化自己的净利益：$F_2(a_2) = \dfrac{a_2}{a_1^e + a_2} F(T) = \dfrac{a_2}{a_1^e + a_2} \left[\tilde{R} - T(a_1^e, a_2) \right]$。

那么，必定存在这样一个策略性努力的组合 (a_1^*, a_2^*)，使得假定参与人 2 的策略性努力为 a_2^* 时，a_1^* 是参与人 1 的最优策略性努力程度，假定参与人 1 的策略性努力为 a_1^* 时，a_2^* 是参与人 2 的最优策略性努力，有这一均衡的策略性努力组合就决定了一个均衡的交易费用 $T^* = T(a_1^*, a_2^*)$，这时社会的净利益（租值净增值）为 $F^*(T) = \tilde{R} - T^*(a_1^*, a_2^*)$，军方的净利益为 $F_1(a_1) = \dfrac{a_1^*}{a_1^* + a_2^*} F^*(T)$，企业的净利益为 $F_2(a_2^*) = \dfrac{a_1^*}{a_1^* + a_2^*} F^*(T)$。

必须指出的是，上述交易费用与科研项目价格的决定模型只是一种理论简化，真实世界的情况要复杂得多，但我们至少可借此获得一些重要启示。在现实世界，交易费用确实会因为双方对合作收益的竞争性挤占而出现，并随双方所采取的策略不同而发生变化，双方策略互有反应。当然，参与交易的合约双方的特征（包括知识和偏好）、双方的信心或预期、各种制度性因素、可遵循的惯例和习惯做法都可能影响交易费用的高低及双方在交易中的谈判能力，从而会影响对合作收益的分配。合约的制度环境会对合约参与人的行为有不同的约束作用，竞争者的存在、退出权等，都会影响到交易者的谈判能力。

四、结　论

可见，实际的武器装备科研项目定价不同于一般军品定价，武器装备科研项目的价格是由项目本身的性质和特征以及其他一些约束条件所决定的。武器装备科研项目投资作为一种特殊的生产和交易过程，它具有一些独特的性质，项目从立项、申报、竞争、项目合同的签订、履行和变更、项目成果的鉴定到验收的整个过程涉及到大量的搜寻、谈判、协调、监督等活动，因此投资过程涉及到大量的交易费用和相关的约束条件，这些因素对定价过程和结果具有重要影响。从本文所建立的定价模型来看，武器装备科研项目的价格主要是由供求双方讨价还价的博弈过程所决定的。

参考文献

[1] 阿曼·阿尔奇安，苏珊·伍的沃德. 企业死了，企业万岁 [A].盛洪. 现代制度经济学（上卷）[C]. 北京：北京大学出版社，2003：269.

[2] 周其仁. 市场里的企业：一个人力资本与物质资本的特别合约 [J].经济研究，1996：71-79.

[3] 威廉姆森. 资本主义经济制度 [M]. 北京：商务印书馆，2004.

[4] 刘群. 资产专用性、政府规制与中国国防工业转轨 [A]. 姜鲁鸣. 中国国防经济学 [C]. 北京：中国财政经济出版社，2004：148-166.

[5] 桂林. 中国军工企业产权改革的目标模式 [A]. 姜鲁鸣. 中国国防经济学 [C]. 北京：中国财政经济出版社，2004：183-203.

装备研制项目招标新方式

——"邀请—协商招标"*

郭 勤 吴少华 郭 静 廖东升

随着我国军民融合式发展战略的不断推进，招投标方法越来越多地应用于国防装备采办活动中。然而装备研制项目作为一类特殊商品，竞争是必要的，但其竞争具有特殊性，关键是如何引入竞争机制，把握"度"的问题。由于装备研制项目的特殊性，其招标多采用邀请式招标和协商式招标。可是在现有的招标方式中，存在着一个突出问题就是承包商的选择。并不是报价最低的投标方就是最优的，由于信息不对称和不确定性的存在，在招标过程中存在逆向选择问题，造成项目最后的承担者并不是最具有实力的承包商。选择一个最优的承包商，有利于军方获得最大的军事和经济效益。通过收集必要数据和获取相关信息选择最优承包商，要花费大量的时间、人力和费用，这种方法既不经济，也没有必要。针对以上问题，本文提出一种新的装备研制项目招标方式——"邀请—协商招标"。

一、"邀请—协商招标"方式

"邀请—协商招标"方式，是指军方向有条件的单位分发投标邀请书，各单位按规定提出各自的投标方案，军方按投标方的报价在其规定的价格区间中的位置进行排序，所选中的各投标方在原有方案的基础上，提出各种设想方案及实现方案的技术措施、费用概算等，进行协商，从中选择一个最优投标方。其运作流程如图1所示。

---

* 本文原载于《军事经济研究》2010年第3期。

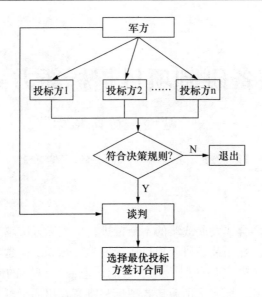

图1　邀请协商招标方式

　　由招标方选择一定数目的企业，向其发出投标邀请书。武器装备采办市场具有很高的进出壁垒，从事武器装备科研生产的企业受到国家严格控制，只有具备科研生产资格许可证的企业才能进入该市场。军方一般在对企业研制生产能力、质量保证能力、经营管理能力以及合同履约情况等进行综合审查评估的基础上，建立武器装备研制、生产合格企业名录，只有列入名录的企业才能进行武器装备的研制和生产。军方在有限的企业中选择企业发出投标邀请。

　　根据一定的决策规则选择若干企业进入下一步。军方根据以往数据和所获得的信息先给装备价格规定一个区间范围，即对承包商的报价在这一区间范围的给予满分，对于超出这一范围的给予一定分数，对这些分数进行排序，从中选择一定投标方进入下一步谈判。

　　军方与第二步所选择的投标方分别进行谈判，从中选择一个最优的投标方承担该项目。

二、关键技术

　　在"邀请—协商招标"方式中有几个关键性的问题要处理好，才能使其在装备研制项目招标中发挥作用。

1. 投标方的选择

目前进入军品招标市场的承包商数量有限，但军方对已进入装备承制单位名录的承包商的信息缺少动态的了解和掌握，致使在承包商选择中比较盲目，缺乏针对性，很难选择一些既有实力又能满足项目需求的承包商参与竞标。而一些民用企业具备装备研制的技术和能力，应吸引其参与武器装备研制的竞争，扩大竞争主体的范围，使装备承制单位名录不断进行动态调整。因此要综合评估承包商的经济实力和履行合同的能力，对不能满足军品采购需求的承包商要进行淘汰，增加符合条件的企业到装备承制单位名录中来。评价指标的确立要立足于武器装备研制项目，既要考虑军品行业的特殊性，也要兼顾与民用行业相关项目的评价标准，以保证指标间具有可比性。

承包方综合能力评估的指标体系如表1所示，由两级评价指标组成。

表1　武器装备研制项目承包商综合能力评估

	一级评价指标（B）	二级评价指标（C）
承包商综合能力评估（E）	技术能力（B_1）	现有设备与设施满足研制任务的能力（C_{11}）
		拥有与研制任务相关的先进技术（C_{12}）
	管理能力（B_2）	成本控制措施的有效性（C_{21}）
		质量管理体系的完善性（C_{22}）
		百人计算机拥有数（C_{23}）
	经营业绩（B_3）	承担类似项目的数量（C_{31}）
		完成类似项目的优良率（C_{32}）
	商业信誉（B_4）	职业道德和信誉水平（C_{41}）
		按合同规定完成项目率（C_{42}）
	人员状况（B_5）	大学本科学历以上百分比（C_{51}）
		管理人员与技术人员的百分比（C_{52}）
		创新意识（C_{53}）
	财务状况（B_6）	固定资产净值（C_{61}）
		资产负债率（C_{62}）
		资金储备情况（C_{65}）
	售后服务水平（B_7）	承担过类似项目维修的人员的比例（C_{71}）
		售后服务期的长短（C_{72}）

利用层次分析法对投标方的综合能力指标进行计算。设一级评价指标各元素的权值为 $W = [W_1, W_2, \cdots, W_7]T$；$W_{ij}$ 为各个二级评价指标 C_{ij} 对应的权重。

承包方的综合能力评估计算如下：

$$E = W \begin{bmatrix} W_{11}C_{11} + W_{12}C_{12} \\ W_{21}C_{21} + W_{22}C_{22} + W_{23}C_{23} \\ W_{31}C_{31} + W_{32}C_{32} \\ W_{41}C_{41} + W_{42}C_{42} \\ W_{51}C_{51} + W_{52}C_{52} + W_{53}C_{53} \\ W_{61}C_{61} + W_{62}C_{62} + W_{63}C_{63} \\ W_{71}C_{71} + W_{72}C_{72} \end{bmatrix} \tag{1}$$

通过综合评价值的计算，选择参与该装备研制项目的投标方。

2. 装备价格区间的确定

由于不确定性因素的存在，给出装备研制项目的准确定价是不可能的，也是没有必要的。要选择恰当的投标方，军方首先要给出一个合理的定价区间，再根据投标方的报价在该区间的位置进行排序，选择进入下一步谈判的投标方，因此区间的确定是非常重要的，它保证了所选中的投标方的报价不至于偏离合理价格太远。

所确定的装备价格应由三个方面组成：军方的装备定价、以往研制的类似项目的价格和投标方对要研制项目的报价。

装备研制产品的成本由物化劳动和活劳动消耗两大部分组成。装备研制项目的成本，包括从项目论证阶段到试生产阶段所发生的设计费、材料费、外协费、专用费、试验费、固定资产使用费、工资费、管理费等八项内容（见图2）。

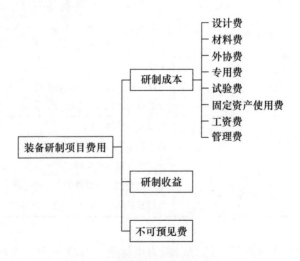

图2　装备研制项目费用分解结构

对以上各种费用的计算有很多比较成熟的方法，这里就不详述了。其中的一些费用如管理费、研制的收益、不可预见费等，军方要根据研制的目的、研制周期的长短和技术难易程度等具体情况确定一定的比例。

装备价格的确定如下式所示：

$$C = C_1 + C_2 + C_3 \tag{2}$$

其中：C_1——装备研制项目的研制成本；C_2——装备研制项目的研制收益；C_3——装备研制项目的不可预见费。

设以往研制的类似项目的价格为 X。装备研制项目一般分为两大类：一类是全面应用国际国内的新技术，研制出全新的武器装备；另一类是应用国际国内的新技术，对现有武器装备的结构、性能、技术指标等方面实施重大改进，研制出新一代改进型产品。对于第一类装备，由于其是全新的，不存在类似的研制项目，则该项在装备定价中所占的比重为0。

当存在类似的项目，分析这些项目的价格对所要研制项目价格的影响时，要考虑价格的时间价值（X'_i）。

$$X'_i = X_i (1 + r)^{T_i} \tag{3}$$

其中：X_i——第 i 个类似项目的价格；r——利率；T_i——第 i 个类似项目的完成时间距今的跨度（以年为单位）。

由上，可得：

$$X = \frac{1}{n} \sum_{i=1}^{n} X'_i = \frac{1}{n} \sum_{i=1}^{n} X_i (1 + r)^{t_i} \tag{4}$$

其中：n——类似项目的个数。

设投标方对要研制项目的报价为 Y。投标方为了赢得标的，在运用科学方法计算研制项目价值和预测其他投标方报价的基础上提供报价，其报价在一定程度上反映了项目的真实价格。军方在对装备定价时考虑 Y，既从军方角度出发，又考虑了各投标方自身的情况。投标方报价的平均值为：

$$Y = \frac{1}{m} \sum_{j=1}^{m} Y_j \tag{5}$$

其中：Y_j——第 j 个投标方的报价；m——投标方的个数。

综上，装备的价格（H）可由下式决定：

$$H = \lambda_1 C + \lambda_2 \frac{1}{n} \sum_{i=1}^{n} X_i (1 + r)^{T_i} + \lambda_3 \frac{1}{m} \sum_{j=1}^{m} Y_j \tag{6}$$

其中，λ_1、λ_2、λ_3 分别为以上三部分的权重，并且 $0 \leqslant \lambda_1$、λ_2、$\lambda_3 \leqslant 1$，$\sum_{k=1}^{3} \lambda_k = 1 (k = 1,2,3)$。

由以上分析可定义装备价格区间为 $[\min(C, H), \max(C, H)]$。

λ_k 的取值由军方的决策者决定，为了体现军方在装备定价中的主导性，一般取 $\lambda_1 \geq 0.5$。当 λ_2、$\lambda_3 = 0$，即 $\lambda_1 = 1$ 时，我们可以得到 $H = C$，该装备价格为军方对装备的定价。

3. 投标方的排序

要选择投标方，首先要对其进行排序，排序的准则是按其报价在确定的价格区间中的相对位置，如图 3 所示。

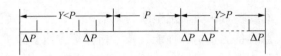

图3 价格区间

可以采取以下的打分方法：

报价在区间内的给予 100 分。

在 $Y < P$ 和 $Y > P$ 的区间，每偏离 P 区间 Δp，其分数就相应减少 5 分。也就是说其位置为 $P \pm \Delta p$，分数为 $100 - 5 = 95$（分）。其位置为 $P \pm n\Delta p$，分数为 $100 - 5n$。分数在区间 P 的上下是对称的。

Δp 是一个动态的值，可以根据实际情况进行调整。Δp 的确定如下：

$$\Delta p = \frac{|H - C|}{m} \tag{7}$$

Δp 与 $|H - C|$ 成正比，$|H - C|$ 越大，投标方的报价与军方定价之间的差距越大，Δp 越大；反之，Δp 越小。Δp 与投标方的人数也是相关的，人数越多，Δp 越小。Δp 的这种动态性，使之在应用中更有效率。

按以上准则对投标方的分数进行排序，军方按顺序从中选择一定投标方进入下一步谈判——军方分别与投标方进行谈判。

参考文献

［1］中国国防科技信息中心. 美军合同定价手册［Z］. 1994.

［2］邵金华. 武器装备采办实行招标制探讨［J］. 军械工程学院学报，2001（1）.

［3］邹锐，侯光明，贺亚兰. 武器装备研制项目招投标综合评价研究［J］. 科技进步与对策，2004（4）.

［4］Christensen, David S., Searle, David A., Vickery, Caisse. The Impact of the Packard Commission's Recommendations on Reducing Cost Overruns on Defense Acquisition Contracts [J]. Acquisition Review Quarterly Summer, 1999: 251 – 262.

[5] Rodriguez, C. P. , Anders, G. J. Bidding Strategy Design for Different Types of Electric Power Market Participants [J]. IEEE Transactions on Power Systems, 2004, 19 (2): 964 – 971.

[6] Phelps, S. , Tamma, V. , Wooldridge, M. , Dickinson, I. Toward open negotiation [J]. IEEE Internet Computing, 2004, 8 (2): 70 – 75.

[7] Wang Peng, Wu Yan – Hong, Yang Hua – Chun. Bayes equilibriumon negotiation means transacti on of the power market long – term contract [C]. Proceedings of International Conference on Power System Technology, 2002: 1814 – 1818.

我国军品定价的一种过渡模式：
第三方定价机制*

刘洪亮　刘　宁

军品定价问题是军品采购关注的重点，它直接关系到军品采购质量与效率，并间接影响着军队采购制度建设和国防工业体系的健康发展。但由于军品市场存在双边垄断及需求刚性，军企协商模式下的完全成本加成定价不符合现代市场经济的客观规律，而全面引入市场机制，完全实施军品的竞争性定价也为时过早，不能一蹴而就。鉴于此，本着循序渐进的原则，本文认为可以在军品价格管制中实行第三方定价，即由市场中与军品承制企业和军队都没有利益关联的第三方价格认证机构或具有专业特长和技术优势的独立会计事务所，对军品定价基础进行核定，并提出定价建议，军企双方再以此价格为基础，制定军品的执行价格。

一、军品市场采用第三方定价的主要优势

1. 摆脱军企协商定价中的利益纠葛

当前定价模式中，军品价格的形成主要由军队和军品承制企业，通过协商谈判的方式来共同确定，最后将形成的军品价格上报国家发改委价格司审批执行。在军品价格形成中，军方和企业两者之间的利益既有冲突，又有联系。在制定军品价格时，军方最为关注的是"在满足刚性需求的情况下实现预算的合理化"，即不超过预算；企业最为关注的是"在完全补偿生产成本的基础上实现综合利润的最大化"，即追求最大利润。因此，当企业要求的军品价格导致军方最终军品

＊　本文原载于《军事经济研究》2010 年第 4 期。

需求超过原定预算时，必然引起双方的利益冲突，希望提价的企业和希望压价的军队难以摆脱反复谈判的局面，尤其是在单一来源采购中更是如此；然而，当企业要求的军品价格没有使军方的军品需求超过预算时，双方的价格协商则会脱离成本因素，而围绕预算约束进行，一般最终会根据预算确定价格，从而使双方都收到额外的利益补偿，这便是军企利益趋同的表现。由此可以看出，军企利益冲突时，会增加契约形成成本；而当军企利益趋同时，则会使军品定价偏离成本最优化目标，造成一定程度的效率损失。然而，通过采取第三方定价机制，企业和军队则不成为军品价格制定的直接参与者，企业只提供成本核算依据，并与军方共同监督第三方的行为，从而化解军企之间的利益矛盾。

2. 突破企业生产中的成本信息壁垒

在军品价格的制定过程中，成本是核心要素，尤其是在完全成本加成的价格形成模式下，决定着最终价格的高低。但在现代工业企业生产中，大量现代化技术和复杂专业化生产工艺的采用以及多种原材料、投入品的使用，使得产品成本的形成要素日益复杂，同时随着会计制度的国际化发展，企业成本核算方法也更加细化和复杂。面对这样的情况，军方在制定军品价格的过程中，掌握一手成本信息、科学核算和审查产品成本、有效突破信息壁垒的难度也越来越大，从而使其在价格谈判中越来越受制于企业，很容易陷入被动。这也使加强军队采购队伍和人员素质建设的呼声日益高涨。不少学者也往往援引美国、欧盟等西方发达国家的采购队伍数据来证明我军存在的不足。但我们认为，军品采购和定价的专业队伍及组织体制的建设必不可少，但需要较长时间才能取得效果，面对日新月异的科技发展，也无法摆脱人才培养时滞效应的影响。因此，作为当前的过渡机制和日后的有益补充，应当实施军品的第三方定价机制。因为市场中有着大量掌握专业知识和先进技术的高素质人才和提供独立会计服务的机构，且成本核算的基本会计法规军地通用，他们完全有能力在军品成本核算乃至制定建议价格方面提供智力支持和技术服务，帮助军方突破企业成本信息壁垒。同时，作为市场参与主体，接受竞争市场中各项规则的有效规范，第三方定价机构的独立性具有更高的可信度。

3. 降低军品定价过程中的执行成本

现行的军企协商定价模式，要求企业首先上报成本核算报告，再由军方价格管理部门审核后，在双方谈判并达成共识的基础上才能形成最终的军品价格。整个过程中，由于双方各自利益取向的不同，以及成本信息优势差异，军方总是担心企业存在欺骗行为，而企业则总是尝试推高军品价格。于是，在信息不对称的基础上，双方关于军品价格达成建设性意见显得尤为困难，而且即使强势一方最终迫使对方认同有利于己方的价格，也会给后续合同履行带来隐忧。比如军方付款的不及时、企业在合同期间以各种借口要求加价等。反复的谈判、履约期间的扯皮等无形中增加了军品定价成本。但是，通过实行第三方定价机制则情况就能够有效改善。因为，第三方定价执行机构由市场中的会计服务单位和价格认证机构组成，数量众多，所构成的市场竞争度较高，能较好地保证其行为的规范性与合法性，进而保证其结果的客观性。同时也正因为该市场中竞争的广泛存在，使其更接近完全竞争市场模式，在服务价格方面更具透明性和合理性。因此，军品定价中采取第三方定价机制能够较好地节约定价成本，提高定价的质量与效率。

4. 推进军品价格管理的改革进程

近年来，不同管制领域的改革都倾向于在体制中放松管制，尽可能引入市场因素，通过竞争方式解决管制中面临的难题。军品的定价和管理同样需要更多地依靠市场机制。军品价格管理改革进程中实施的军品第三方定价机制，就是对市场元素的引入，能突破军企协商定价的困境，打开市场化定价之门，无疑是积极配合竞争性采购和合同管理机制推广的有益尝试，有利于推进市场导向的军品价格管理改革进程。

二、军品市场实施第三方定价的基本途径

1. 寻找可靠的第三方定价工作受托方群体

市场中能够提供军品定价服务的第三方机构必须具备完全的独立性和高水平的专业技能，能够保证行为的合法性和规范性，以及定价结果的客观性、公正性和合理性。在目前的市场体系中，满足这些条件的主要有价格认证中心、价格中介组织和各类会计事务服务机构。价格认证中心的主要服务项目是提供市场中商品和服务的价格鉴定和认证，其中价格鉴定是接受国家执法办案机关和仲裁机构的委托对涉案标的物的价格认定，价格认证则是其接受市场主体及自然人的委托对其标的物的价格认定。通常价格认证中心作为价格违规违法案件的取证机构，隶属于各级政府物价管理部门，但由于长期从事专业的价格计算、成本核算工作，因而其具有定价方面的专业优势，尤其是对行业垄断价格的确认具备优势。价格中介组织的价格服务项目与价格认证中心相同，只是这些服务性组织并非隶

属政府部门，而是在政府机构登记的非官方组织，具有政府认可的提供价格服务的权利，并且更加具有独立性。独立的会计事务所是由注册会计师、造价工程师、资产评估师等专业人员组成的会计、审计服务机构，在审查与核算成本、评估产品价值等方面具有专长和优势，并且完备的法规体系和市场规则能够确保其行为的可靠性。由此可见，这三类机构可以共同构成实施军品第三方定价工作的受托方群体，从而为该项制度的开展提供组织支持。

2. 构建第三方定价服务受托方的优选机制

军品不同于其他普通商品，具有供给对象特殊、承制方有限、短期需求刚性和长期需求弹性结合等特点。因此，必须制定健全的选拔机制来科学地选择最适合的第三方定价受托机构。具体来讲，选拔机制应遵循以下三项原则：一是竞争性原则。即要充分利用定价服务市场的竞争机制，通过比较、竞价、试用、咨询等方式，在降低定价服务成本和集中优势资源的基础上，筛选出最适合的受托服务机构。二是公平性原则。由于军企在军品定价方面存在大量的利益纠葛，因而第三方服务机构必须做到公平、公正，其最终作出的定价结果才能够较容易为军企双方所接受，因而在选择服务机构时必须使所选机构能同时被军方和企业认可，在服务费用的给付上，由军队和企业各付一半，并采取强制付费方式。这样，不但可以保证服务机构的基本利益，还可以使服务机构避免受到军企双方或单方的胁迫，降低其偏离公正性的风险。三是激励性原则。对于一直信守独立性原则、业务精湛、服务高效的第三方定价机构，应当给予其更多的合作机会甚至额外的经济补偿作为奖励，而对于质量较差的机构则采取淘汰的方式予以惩罚，从而实现对这些服务机构的激励，推动这一行业的良性发展。通常可以通过建立服务质量数据库的方式来实现这种激励。

3. 设计第三方定价军品项目的科学筛选机制

军品项目中包括一些重要的武器装备、高精尖军事技术产品和重大战略工程项目等，都涉及国家核心秘密，关系国防安全战略，任何泄密事件的发生都将造成不可挽回的巨大损失。为此，在实施军品的第三方定价时，必须对军品项目进行密级审查，认真筛选。同时，也要对承担第三方定价工作的服务机构实施审查，慎重对待。一般而言，对于普通的军用和军民通用物资、较公开的通用装备、一般性的国防工程设备等都可以面向社会进行服务机构的挑选；对于涉及部分秘密，但密级较低的军品项目则可以通过发放资质、确定服务等级的方式，设置价格服务准入门槛，仅面向社会中部分满足保密要求的服务机构；而对于重大军事项目，则可以暂不实施全面的第三方定价，但是仍可以对部分项目通过横向或纵向拆分的方式降低密级后，对各子项军品项目进行第三方定价，军方则最后执行数据汇总工作，从而尽可能准确地把握项目成本和价格信息。

4. 建立对第三方定价执行单位的严格考评和监督机制

完善对第三方定价执行单位的考评是保证第三方定价执行单位高效运行的基础，加强监督管理是保证第三方定价执行单位执行力有效推行的重要手段，也是保证军品定价公平、合理的重要途径。按照科学、合理、有效的原则，对第三方实施考评和监督，应着力做到以下几点：一是增加第三方定价工作的透明度。通过建立透明机制，实现第三方定价工作的"阳光作业"，避免暗箱操作，扩大军方和企业的知情权，减少信息不对称，防止第三方与相关方的串谋。二是严格考评。对第三方的考评，可以采取监管机构测评、同行评议、军方和企业打分等多种方式综合进行，全面考察第三方的执行力、诚信度等。三是完善监督体系。通过合理的制度设计和建立健全监督制约机制，使同行、军方、企业及专门的监督部门的监督等形式紧密结合，形成比较完善的监督体系，提高整体监督效果。四是坚持激励与约束相容制度。采取增加业务量、提高报酬等有效措施，对执行力强、信誉度高的第三方给予奖励，提高其积极性，而一旦发现第三方存在不讲诚信、违规操作等行为，应坚决取缔其定价资格，并在较长时期内严禁其进行军品定价的相关业务。

5. 完善军品第三方定价的相关法律法规体系

完善的法律法规体系，是军品第三方定价方式有效实施的法律基础和规范行为的基本依据。一方面，由于历史原因，目前我国仍处在积极探索有效的军品定价模式阶段，军品采购市场行为还不够规范，军品定价的相关法律制度也有待进一步完善；另一方面，采用第三方定价的军品市场相比普通商品市场而言，市场主体涉及军方、企业和定价第三方，经济活动更为复杂，国家、军队、企业和个人利益相互交织，市场交易的透明度较低且缺乏有效的激励约束措施，容易产生弄虚作假、相互勾结等损害国家利益的行为，必须依靠法律手段，明确有关各方的责、权、利，保证各方各司其职、各尽其责、相互协调、密切配合。因此，只有完善相关的法律法规体系，使各行为主体的工作有法可依、有章可循，才能保证军品第三方定价模式的有效运行，避免当前军品定价模式中存在的问题，提高军品市场效率和效益。

装备价格指数编制及计算方法*

黄朝峰

　　武器装备的制造成本与其原材料价格及制造所需燃料动力价格密切相关。同样技术状态的武器装备，在不同时期建造，其成本有显著差异。在物价剧烈波动时期，成本变化尤为明显。这种与物价波动相联系的装备成本变化直接影响军方和承制方利益，使双方分别面临超概算和利润损失的风险，严重者甚至影响装备采购合同的有效履行和装备的按时交付。建立装备价格指数，科学测算装备成本在不同时期的变化，对于降低军方和承制方各自的风险，维护双方的合理利益，确保装备采购合同有效履行和装备按时交付，具有十分重要的意义。从宏观上来看，建立分类装备价格指数，为合理分配各军兵种装备经费，乃至调整总体装备经费提供了科学依据，对于每年数以千亿计的装备经费而言，无疑具有重要意义。

一、从金融危机前后的物价波动看建立装备价格指数的必要性

　　2008年以来，绝大多数商品价格经历了一个逐步上升后又迅速回落的过程。图1和图2分别是根据国家统计局有关数据绘制的2008年1月至2009年5月居民消费价格指数（CPI），工业品出厂价格指数（PPI），原材料、燃料、动力购进价格指数变化图和燃料动力类，黑色金属类，有色金属材料和电线类，化工原料类价格指数变化图。

＊　本文原载于《军事经济研究》2010年第4期。

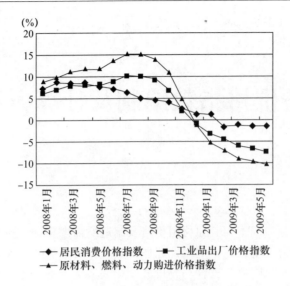

图1 CPI，PPI，原材料、燃料、动力购进价格指数变化

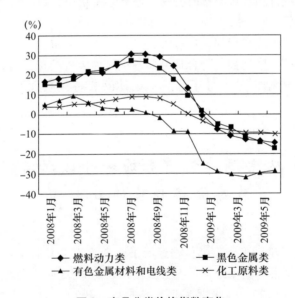

图2 产品分类价格指数变化

从图1和图2不难看出，在2008年上半年，工业品出厂价格指数和原材料、燃料、动力购进价格指数的变化趋势表明工业类商品绝大多数出现了价格上涨。而到了2008年下半年，在由美国次贷危机引发的金融危机影响下，绝大多数商品的价格出现了大幅回落，特别是与重工业生产有关的原材料，如黑色金属、有

色金属、化工原料，以及燃油、动力价格的下降更是惊人。上述工业生产原材料以及燃料动力类商品与武器装备制造息息相关，其价格的剧烈波动直接导致装备制造成本的大幅波动。

对于装备采购而言，在物价平稳期，装备制造成本变化有限，采购双方均不会面临较大风险。在通货膨胀期，装备承制方将面临利润减少甚至亏损的风险。以 2008 年上半年为例，与装备制造成本有关的工业生产原材料以及燃油、动力价格上升显著，这直接导致装备制造成本大幅上扬，从而严重压缩了装备承制单位的利润空间，甚至个别生产单位面临亏损的风险，因此该时期，装备承制方要求军方提高装备采购价格的呼声相当强烈。在通货紧缩期，与装备制造成本有关的工业生产原材料以及燃油、动力价格的下降也会导致装备成本的下降。但与民用工业品价格大幅下降不同的是，装备价格往往具有很大刚性，制造成本的下降并不必然导致装备采购价格的下降，因而军方很难从装备制造成本的下降中获利。

因此，不论是通货膨胀还是通货紧缩，装备价格往往只能上不能下。造成这种情况的原因是多方面的，其中一个重要方面就是武器装备，特别是大型武器装备的生产制造涉及成百上千种原材料，其价格又一直处于变化中，而军方负责价格审核的人力有限，对其价格进行全方位审核，几乎不可能。这就造成物价下跌时，军方因缺乏相应的技术指标作为依据而无法要求企业降低装备价格；物价上升时，军方又因同样原因对企业提高装备采购价格的要求难以进行准确审核和评估，从而处于一种被动和不利的地位。所以，建立科学的技术指标，对装备成本变化进行准确的判断和评估，十分必要。

价格指数是反映不同时期商品和服务项目价格水平的变化方向、趋势和程度的经济指标，是研究价格动态变化的一种工具，它为制定、调整和检查各项经济政策，特别是价格政策提供依据。价格指数发展到今天，已经深入到所有领域和部门，几乎所有商品和服务项目都建立了各自的价格指数。价格指数已经成为国家、企业，乃至个人做出经济决策，特别是价格决策最重要的依据之一。显然，价格指数是解决武器装备价格问题的一个好办法。

从目前已经存在的多种价格指数来看，某些价格指数，如 PPI 和原材料、燃料、动力购进价格指数等与装备制造成本变化有着密切关系，但这些价格指数一般都是针对特定对象和目的而编制的，直接用作装备成本变化的依据显然缺乏足够的精度和准确性。因此，武器装备的特殊性和复杂性决定了建立独立的、专用的装备价格指数十分必要。

从宏观来看，由于各种装备制造的原材料或其所占比例不同，各军兵种装备经费所受到的原材料价格波动影响也不同。为了在各军兵种间科学合理地分配装备采购经费，需要根据武器装备的类型和特点，建立分类装备价格指数。此外，还需要建立总体装备价格指数，为每年总体装备采购经费的调整变化提供科学依据。

总之，建立与装备制造成本变化紧密关联的装备价格指数，科学测算装备成本的变动，不论是对装备采购中降低军方和承制方的费用风险，维护双方特别是军方的合理利益，确保装备采购合同有效履行和装备按时交付，还是对装备采购经费的宏观增长和合理分配，都具有十分重要的意义。

二、装备价格指数的计算方法

按计算方式的不同，价格指数可以分为拉式指数、派式指数和费雪指数。其中，拉式指数以基期物量为权数；派式指数以计算期物量为权数；费雪指数为拉式指数与派式指数的几何平均数。由于基期权数资料比计算期权数资料容易取得，因此我国指数编制中以拉式指数较为常用。本文也采用拉式指数计算方法计算装备价格指数，计算公式如下：

假定以 n 种物品的价格计算价格指数 P_t，且计算所用的各类物品的物量在基期为 Q_i，其在计算期的平均价格为 $P_{t,i}$，基期的平均价格为 $P_{0,i}$，则各种口径的拉式装备价格指数定义如下：

同比价格指数：

$$P_t^{同比} = \sum_{i=1}^{n} P_{t,i} Q_i \setminus \sum_{i=1}^{n} P_{t-d,i} Q_i \tag{1}$$

其中，$d = 1, 4, 12$；分别为月、季、年同比。

环比价格指数：

$$P_t^{环比} = \sum_{i=1}^{n} P_{t,i} Q_i \setminus \sum_{i=1}^{n} P_{t-1,i} Q_i \tag{2}$$

定基比价格指数：

$$P_t^{定基比} = \sum_{i=1}^{n} P_{t,i} Q_i \setminus \sum_{i=1}^{n} P_{0,i} Q_i \tag{3}$$

同频率和不同频率价格指数之间存在换算关系，具体转换条件和转换公式参见何新华（2006）。

根据所覆盖范围的不同，价格指数又分为个体指数、类指数和总指数。个体指数又称单项商品（或服务项目）价格指数，是反映某一种商品（或服务项目）价格变动趋势和程度的相对数。类指数是反映某一类商品（或服务项目）价格变动趋势和程度的相对数，是个体价格指数的加权平均数。总指数是反映全部商品和服务项目价格变动趋势和程度的相对数，是类指数的加权平均数。

显然，某一种武器装备的价格指数属于个体指数，反映该装备的价格变动趋势和程度；某一类武器装备的价格指数属于类指数，反映该类武器装备的价格变动趋势和程度；全部武器装备的价格指数属于总指数，反映武器装备总体的价格变动趋势和程度。装备价格个体指数根据公式由生产该装备的原材料价格及其物量计算得到，类指数可由个体指数加权计算得到，总指数由类指数加权计算得到。

三、装备价格指数编制需要解决的理论和实践问题

从理论上看，准确编制价格指数的核心问题是保证样本的"同质性"，使价格指数只反映由于供求关系的变化而引起的价格变化，即"纯价格变化"，商品质量变化引起的非价格因素的影响应从价格指数中剔除掉。通常把剔除质量影响的过程称为质量调整，这是目前编制价格指数必须解决的一个首要问题。我国政府统计部门在编制价格指数的实践中，主要利用"纯样本匹配法"编制反映"纯价格变化"的指数。但对于武器装备而言，高新技术的迅猛发展，使武器装备的更新速度明显加快，品种、规格、质量和价格的变化十分明显。除少量常规武器装备外，"纯样本匹配法"对于质量（技术）变动频繁的大多数武器装备，并不完全适用。

目前对于非同质性商品价格指数的编制，可采用特征价格理论。特征价格理论，是通过建立一个反映商品的物理特征和消费者效用与该商品的价格相联系的特征价格函数，根据特征价格函数来计算价格指数。例如房地产价格指数就是依据特征价格理论建立特征价格函数以处理千差万别的房屋形态对房地产价格的影响。基于特征价格理论，使用特征价格模型进行质量调整的指数编制方法均可以归入特征价格法的范畴。但不同的商品，其特征价格模型在变量选择、模型形式选择、估计方法选择等方面有所不同。武器装备种类繁多，千差万别，如何对装备按照其成本构成进行科学分类，并建立与各类武器装备相适应的特征价格模型是编制装备价格指数亟待解决的重要问题。

从实践来看，装备价格指数计算的前提是拥有有关装备成本价格方面齐全的数据信息。也就是说，需要建立包括各种武器装备及其生产所需原材料、燃料、

动力乃至人力成本等方面信息的全军装备价格成本数据库。此外，一些细节上的问题也值得关注。例如，同样的商品，厂家为了规避价格管制而经常进行产品更名。如在药品价格领域，每次国家发布药品价格目录之后，一些药品就会从市场上消失，然后改头换面以新的名字再次出现，但价格却提高不少。显然，这是厂家为了获取更多利润而采取的一种策略。因此，在确定武器装备采购价格时对类似情况需要留心。

四、结束语

本文提出了建立装备价格指数的初步设想。从发展思路看，首先应对当前的价格指数理论进行充分的梳理和研究，在此基础上提出装备价格指数编制路线图和时间表；然后按照先易后难的原则，先从枪支弹药等技术含量较低、变化较小的装备开始，采用"纯样本匹配法"进行价格指数编制；待积累一定经验后，再逐步向复杂武器装备、大型武器装备和高技术武器装备扩展，建立与之相适应的特征价格模型，采用特征价格理论等方法计算其价格指数。装备价格指数的编制将是我军武器装备价格管理的一次革命和飞跃，必将极大地提高价格管理部门决策的科学性和有效性，提高装备经费使用效益。

参考文献

[1] 何新华. 中国价格指数间的关系研究 [J]. 世界经济，2006 (4).
[2] 牟嫣. 关于特征价格指数编制的研究 [J]. 统计与决策，2008 (9).

我军武器装备战场合同商保障方式探析*

张　雄　刘成鹏　乔玉婷

信息化条件下的战争具有复杂、变化迅速、严酷的特点，要求军队必须具备快速反应能力、远程机动能力、信息对抗能力、联合作战能力和综合保障能力。装备保障作为综合保障能力的重要组成部分，承担着恢复、再生产和提高军队作战能力的重任。武器装备的合同商保障方式是对部队装备保障方式的有力补充和探索。美陆军野战条例 FM100 – 21 中将合同商定义为：在利润的基础上以一定的价格为军方提供供应品及服务的个人或商业单位。战场合同商保障主要负责装备的原位维修、基地级维修、备件和（或）器材保障，以及这些方面的任意组合。在我国现行装备保障体制下，装备维修保障合同商包括军工企业和民营企业。

一、武器装备实行战场合同商保障的必要性

近年来，随着大批先进的武器装备列装部队的产生，装备保障任务更加复杂、艰巨。先进武器装备技术上的复杂性对装备保障技术和设备的复杂性、战场装备维修保障的实效性以及装备保障人员的专用性、技术性提出了更高要求，仅依靠部队现行的武器装备保障制度难以有效完成战场装备保障任务。因此，实行武器装备战场合同商保障具有重要现实意义。

＊　本文原载于《军事经济学院学报》2010 年第 5 期。

1. 武器装备保障技术复杂性的要求

现代高新技术，特别是信息技术的发展及其在军事领域的广泛应用，使得武器装备的现代化程度越来越高，技术越来越复杂，相应地，要求通过采用新技术来实现装备保障的现代化。近年来，大批先进的武器装备先后装备到部队，部队装备建设得到极大的改善。这些先进的武器装备综合运用了微电子、信息工程、新材料、新能源、人工智能、仿真等先进技术，技术的复杂性增加了保障的难度。而且在现代战争条件下，保障任务极其繁重，单纯依靠部队来进行战场武器装备保障，不仅增加了保障的技术难度，也增加了装备保障的人力资源成本。随着社会的发展，尤其是民用科学技术的迅速发展，利用合同商完成装备保障任务已经成为各国装备保障的一种趋势。在某些部门，商业技术进步的步伐已远远超过军队主持的科研项目。因此，通过利用合同商完成装备保障工作是解决装备保障技术"瓶颈"的一个有效途径。

2. 维修保障时效性的要求

现代战争瞬息万变，对装备维修保障的时效性提出了更高要求。在装备保障"及时、准确、优质、高效、低耗"的目标中，及时性是排在首位的。时间是战争取得胜利的重要维度，因此，战场上要求装备保障的及时性、快捷性和装备抢修的有效性。一般来说，损伤的装备如果不能在 24 小时内被修复，它就不能再投入本次战斗。美国陆军研究报告指出：在防御战中，允许的抢修时间为连在 2 小时，营在 6 小时之内，团在 24 小时之内，师在 36 小时之内，军在 48~96 小时之内。充分利用战场合同商的保障力量，可以在较短的时间内调动更多的保障力量，包括合同商提供的先进保障技术和高素质人员，减少战场抢修的时间，使军队持续获得作战所需要的装备保障能力，进而赢得战场主动权。

3. 维修人员专用性、职业化的要求

现代高技术装备维修保障的复杂性和技术专用性对保障人员的素质提出了更高要求，当前，军队装备保障人员的培养质量和速度不能很好地满足新装备保障的需要。装备生产厂商的技术人员参与了装备设计和制造过程，对装备性能和特征比较了解，在维修技术上具备先天优势。因此，在战时，应充分运用合同商在维修技术人员方面的优势，实现"谁研制，谁生产，谁保终身维护，及至退役处理"的保障原则。战时完成一个集团军的装备保障任务除部队自身保障力量外，还需要一到两个旅的支援保障力量，从节约人力成本、减少部队非战斗人员、提高部队单位战斗力的角度来说，战场合同商保障方式是部队装备保障的迫切需

求。战时装备需要重大维修时，部队现有维修人员难以有效完成任务，如果平时没有建立合同商保障机制，战场上临时要求合同商伴随部队保障，那也只能是仓促应战，难以有效完成部队装备保障需求。

二、武器装备实行战场合同商保障的可行性

相对于外军广泛采用武器装备战场合同商保障而言，我军虽然已经意识到这种保障模式的重要性，但还没有大范围地运用。无论从军方还是承包商角度，这种模式都具备可行性，而且外军在实践中的成功经验也为我们提供了借鉴。

1. 降低部队因装备保障不力导致的战争风险

装备保障的有效性是确保战争胜利的重要前提。大量先进武器装备在现代高技术战争中的应用使得作战强度非常高，武器装备消耗损坏惊人。维修保障可在一定程度上弥补战场武器装备的损失。例如，1973年的中东战争中，以色列约2000辆坦克参战，有840辆被阿军击中，以色列将战伤的坦克修复了420辆，修复率达50%；阿军约4000辆坦克参战，被击伤2500辆，修复了850辆，修复率为34%。即时、有效的战场装备维修保障是以军取得胜利的重要因素。有效的维修保障工作能补充战场的装备消耗，增强部队的战斗力。战时部队利用战场合同商来保障武器装备可以缩短抢修时间，降低部队因装备保障不力导致的战争风险。

2. 可以降低军方的维修保障费用

合同商拥有掌握专门维修技术且相对低廉的人力资本。如果与合同商签订装备保障的"一揽子"合同，将装备从生产到维修保障交给合同商实行一条龙保障，不仅可以降低装备维修中的交易成本，还可以提高装备的可靠性和可维修性。军方不必为了某一型号的装备零部件或者系统多次与厂商联系协商，而厂商在装备设计论证阶段更会考虑到装备使用中的可靠性和可维修性。因此，使用战场合同商保障方式对军方来说可以降低维修保障费用，具有成本上的可行性。

3. 装备维修的高利润调动合同商参与的积极性

战场上装备维修保障具有很大风险，而高风险也伴随着高利润。例如，海湾战争中，美军与合同商签订了价值达2846亿美元的各种保障合同，极大地调动

了合同商参与的积极性。民营企业以其独有的科技含量高、运行机制灵活、成本价格低等优势越来越受到采办方的关注。在许多高新技术领域，民用技术已经处于优势地位。如在信息技术、生物工程技术、新材料、新能源技术等方面，民用部门发展非常迅速，具有极大的军事开发潜力。对军工企业的合同商来说，作为装备的设计方和生产方，对装备的性能指标比较了解，有着优秀的装备维修保障技术人力资本，由于长期与军方合作，积累了较为丰富的装备维修保障经验。此外，相对于军方而言，军工企业生产维修保障设备的成本较低，可以降低军方采购维修保障设备的信息不对称成本，尽量避免"道德风险"和"逆向选择"。如果存在合适的利润空间，军工企业进行战场装备维修保障具有技术和经济上的可行性。

4. 外军装备战场承包商保障模式提供了成功经验

目前，战场合同商保障方式在国外已经广泛运用于实践。如美军在维修和补给等重大保障领域都最大限度地利用合同商保障方式，支持合同商长期承担保障，在所有（或大多数）维修等级中利用承包商对装备或系统进行维修、补给和保障。美国国防部50%以上的空运和85%以上的海运由合同商完成，大量的物资供应、技术维修、基地和设施维持由民营企业负责。从1998年到2003年，美国国防部将陆军的16万份、空军的6万份、海军的8万份、海军陆战队的5000份保障工作承包给民营企业。伊拉克战争中，美国私人合同商派遣了大约2万名员工，即"企业战士"前往战区，负责运行通信系统、修理直升机、安装武器系统等工作。据统计，海湾战争中部署的每50个美国人中就有一个是平民；北约在Bosnia行动中每10个人中就有一个是合同商；伊拉克战争中，五角大楼合同商人数约有12万人之多，几乎赶上驻伊美军的人数13.5万人，比例接近1:1。

三、实行战场合同商保障面临的主要问题

现行装备保障体制使得装备生产方和维修保障方分离开来，极大地影响了装备维修保障的效率，增加了保障成本。同时部队缺乏对合同商进行有效管理的机构和风险评估机构，相应法律法规也不健全，这些都将是实行武器装备战场合同商保障可能遇到的障碍。

1. 缺乏相应的组织管理机制

在现有体制下，装备生产和维修保障在体制上是脱节的，装备生产方不负责装备的维修保障，很难真正实现全寿命设计。在战时，如果采取传统的维修保障方式则会影响装备抢修效率和战斗力的再生成。而对于装备的生产方，只要研制生产出新装备，被部队采购后就实现了自己的经济利益，对装备的维修不负直接责任，对生产的装备在服役期内的维修保障没有保障规划，使许多装备的零部件订购困难，维修费用过高。

2. 缺乏有效的合同管理和风险评估机制

市场经济条件下，装备采办以合同为纽带，规定双方的权利和义务，规范双方的交易行为，保证合同的顺利实施。总装备部装备采购局主要负责武器系统采办合同的管理，审计署主要负责军内有关采办合同的管理监督，而具体的工作则由各部采办局和审计局负责。但在战场上，合同商同样面临巨大风险。如伊拉克战争中，美国有800多名合同商死于战场。在战场使用装备维修合同商保障方式，不可避免地需要对合同商可能遇到的风险进行评估，考虑在何时何地如何使用合同商，如何对战场合同商进行激励，包括物质激励和精神激励，以维护合同商的积极性。我军目前还没有相关的风险评估机构，尚未形成一套相应的科学评估风险程序。

3. 缺乏配套的法律制度

军队还没有出台专门的装备采购法，现行的行政合同和民事合同不适用于武器装备采办和管理。对合同的管理有《武器装备研制合同暂行办法》《武器装备研制合同暂行办法实施细则》等，但是随着装备采办实践的深入，需要制定专门的对合同商进行管理的法律法规。同时，部队指挥人员缺乏相应的在国际法框架下对战场合同商身份进行界定和保护的相关知识。如在《日内瓦公约》和其他军事协议下，有关于战场合同商是否视为军事人员、是否可以携带武器自卫等相关规定。

四、部队武器装备实行战场合同商保障的建议

武器装备战场合同商保障存在着一些障碍，但只要管理得力，设计合理，各

项制度健全，完全有可能实现，从而获得武器装备战场合同商保障带来的益处。

1. 对战场合同商进行有效的合同管理和激励

在装备采办合同中应该包括对装备可靠性和维修性属性的要求，详细说明装备维修方的主要责任、维修规划、装备保障设备、保障的技术资料、保障基地设施等。逐步实现部队装备"从摇篮到坟墓"的保障方式，它可以简单地理解为"谁研制，谁生产，谁保终身维护，及至退役处理"。采取"一揽子"合同，使合同商对装备进行伴随保障。考虑到战场合同商面临的巨大风险，如果合同商死于战场，又无法享受像士兵那样的福利和社会认可，因此，军方需要对战场合同商进行物质和精神方面的激励。

2. 对战场合同商进行科学的风险评估

战场上，合同商会面临很大危险，军方需要建立战场合同商的风险评价机制，即在何时、何地如何使用战场合同商。在确定战场环境之后，先考虑军方是否可以完成任务，如果军方不能完成保障任务，则考虑使用战场合同商。图1是美军使用的评估风险的一套基本方法，即先确定威胁，进而进行风险评估，之后做出风险决策，在决策之后对风险实施控制，最后监督和检查风险控制情况，并从中吸取经验，以应对新的风险和挑战。

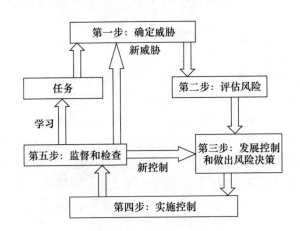

图1 战场合同商风险评估图

3. 积极利用具有维修经验的退伍士兵作为人力资本

积极利用已经退伍但具有相关装备维修和保障经验的士兵作为人力资本是实现战场合同商保障的有效途径。在战时，装备生产厂商可以较高的报酬雇用已经退伍但是具有相关装备维修和保障经验的老兵、士官作为战时装备维修的人力资本，这些老兵和士官具有丰富的装备维修经验，同时熟悉军队的纪律和管理制度，管理较为方便，通过厂商的短期培训就能较快形成装备维修的战斗力，完成战时装备维修保障任务。

4. 平时加强对装备维修保障合同商的保障演练

所谓"养兵千日，用兵一时"，部队在平时就需要对装备维修保障合同商进行综合演练，模拟战场环境和可能出现的各种紧急情况，及时发现演练中存在的问题，保证在战时合同商可以及时、高效地完成装备保障任务。演练内容包括战时部队对武器装备维修保障的战场合同商的指挥控制、战时合同商与军方作战部队的配合与衔接、装备保障设备和人员的迅速反应和集结、对军方维修保障规章制度的准确理解和执行等，通过不断完善演练方案，使战场合同商适应武器装备维修需求。

5. 完善装备维修战场合同商立法

国外对战场合同商保障已有较为完备的法律，可供我军参考借鉴。我军可以根据装备保障的实际从横向和纵向不同层面制定相应的战场合同商保障法规，规范军方操作程序，选择合乎条件的战场合同商。如制定《装备维修战场合同商保障法规》《装备维修战场合同商奖励和补偿条例》等。

参考文献

[1] 许国银，熊筱和等. 美军战时装备保障探析［J］. 地面防空武器，2005（2）.

[2] 比中安. 美陆军装备维修保障体制简析［EB/OL］. http://www. defence. org. cn/aspnet/class－13－1338. html,2004－10－06.

[3] Frank. Camm, Victoria A, Greenfield, How should the army use the contractors on the battlefield? ［EB/OL］. http：//vivisimo，rand. org/vivisimo/cgi－bin/query－meta? input－form＝simple&query＝How＋should＋the＋army＋use＋the＋contractors＋on＋the＋battlefield％3F＋&Go＝Search.

装备采办中的机会主义行为及其治理[*]

邹小军 吴 鸣 黄 娜

"进度拖延、价格上涨、质量下降"一直是我国武器装备采办的困境。这其中的原因是多方面的，除了装备研制生产本身所具有的不确定性和高风险性外，与军工企业的机会主义行为也有很大的关系。本文拟从分析装备采办过程中军工企业可能存在的机会主义行为入手，运用契约理论及新制度经济学的相关理论成果，分析装备采办过程中军工企业机会主义行为的表现形式及后果，并针对装备采办过程中可能出现的机会主义行为提出治理建议。

一、装备采办中存在机会主义行为

机会主义行为是交易费用经济学的重要行为假定之一。机会主义行为是指信息不完整的或受到歪曲的透露，尤其是指旨在造成信息方面的误导、歪曲、掩盖、搅乱或混淆的蓄意行为。它是造成信息不对称的实际条件或人为条件的原因，这种情况使得经济组织的问题大为复杂化。由于个人效用函数的不一致和行为的外部性，有机会主义倾向的个人可以采取欺诈、威胁等不正当手段以牟利。威廉姆森认为，由于某些交易的特殊性使交易双方之间存在严重的信息不对称现象，掌握信息的一方可以通过偷懒、欺诈等手段获取个人利益。不对称性信息为机会主义行为提供了温床，而相应的收益则强化了个人的机会主义行为动机。

在装备采办领域，《武器采办过程的经济动机》（谢勒，1964）是一本早期的权威教科书。这本书概括了武器装备采办过程的四个特征。它们是：开发研究工作具有不确定性和高风险性；项目一旦开始，军工企业就获得了专业信息和物

  ＊ 本文原载于《军事经济研究》2010 年第 8 期。

质的资产，这将限制政府在其他地方购买以及引入另一个军工企业的能力；传统的市场系统在装备采办过程中能起到的作用有限；由于市场机制作用的有限性，成功的装备采办要求政府通过控制军工企业或采用激励机制来进行干涉。显然从归纳的这些特征可以看出，在装备采办过程中，由于不确定性、信息不对称性以及市场机制作用的有限性等原因，在任何一项装备采办项目中，都存在着大量的机会主义行为。

二、装备采办中机会主义行为的表现形式及危害

1. 基于信息不对称的"逆向选择"与"道德风险"行为

在装备采办过程中，由于信息不对称而导致的机会主义行为可以分为事前机会主义行为和事后机会主义行为。事前机会主义行为又称"逆向选择"，是指在装备采办双方签约时，军工企业利用军方签约之前无法观察或难以验证信息，故意隐藏关键信息或者提供不真实信息的行为。比如，军工企业隐瞒自身在履行契约方面存在的不足，扭曲信息故意夸大自身的研制或生产能力等以骗取军方与其签订装备采办合同的行为。这主要表现在两个方面：一方面，由于装备采办成本的计费依据为实际发生的成本加利润，这预示着实际发生的成本越大，军工企业获得的利润也就越大，在这种情况下，只要与成本有关的信息，承研或承制单位出于自身效用最大化的动机都会对军方保密，而且可能还会片面夸大其技术难度以增加其夸大成本的可信性。另一方面，军工企业为取得装备研制生产项目的研制生产权还有可能片面夸大自身技术先进性及较高的生产效率。为取得装备的研制生产权，军工企业可能向军方提供一些虚假信息，诸如其生产技术先进、生产效率高等信息。提供这些信息，对承研或承制单位来说几乎不会付出多大成本，但其潜在收益却相当可观。对军方来讲，验证这些信息的真伪不仅需花费较大成本，而且有时即使花费较大成本也未必能够得到真实信息。基于以上原因，军方在与军工企业签订研制生产合同之前很难掌握对方的真实类型，这也导致了装备采办过程中的逆向选择问题。

事后机会主义行为又称"道德风险"，是指装备采办契约签订以后，军工企业为了获取高额利润，利用信息优势，隐藏可以降低成本的能力和信息，将许多不应有的费用在成本中列支，虚增计划成本；同时为了维持这种信息优势，军工

企业会尽量隐蔽或拖延披露有关研制和生产的相关信息，或者提供不真实的成本信息资料等。在武器装备采办合同签订以后，军工企业对于武器装备研制生产的难易程度、技术保障、质量保障、研制与生产进度以及生产成本等拥有私人信息。拥有信息优势的军工企业可能因有意隐瞒研制和生产的相关信息或行动而损害军方利益，产生道德风险。军方因技术条件和人员水平所限，对于军工企业在履约期间的违约行为无法拥有完全信息或进行实时监控，尤其在大型武器装备的采办过程中，军工企业因主客观条件不具备而擅自违约，变相执行合同并交货的风险进一步加大。另外，当前武器装备采办合同采取的是成本加利润的定价方式，不可避免地会产生道德风险中的"棘轮效应"。

基于信息问题的两种机会主义行为，都会造成效率的损失。一方想要识别另一方的隐蔽行动与隐蔽信息并不是不可能，但需要在收集信息、进行检查和监督所需要的相应成本与所获得的相应收益之间进行权衡。这种对检查监督活动本身成本收益的计量也是比较困难的。因此，要完全消除装备采办过程中的"逆向选择"与"道德风险"也是不太现实的。

2. 基于资产专用性的"敲竹杠"行为

专用性是指耐用性实物资本或人力资本投入某一特定交易关系从而被锁定的程度。一旦要打破既有的交易关系或规则，专用性资产将付出巨大的转置和退出成本，产生"套住效应"。在武器装备交易过程中，由于武器装备的特殊性，需要投入大量的专用性资产。正是由于需要投入大量的专用性资产，所以涉及武器装备生产的大量专用性资产都是由国家来承担的。因此，一旦承办商和军方确立了武器装备研发生产的合同关系，政府对这个武器装备采办项目进行了大量的专用性投资，那么政府要改变交易关系或者另外寻找成本商就会面临巨大的专用性资产的损失。这样就会产生军方对军工企业的依赖，这必将弱化军方在投资完成后的谈判地位而无法防止军工企业的机会主义行为。因为装备交易中包含巨大的专用性投资，事前的买方垄断会被事后的卖方垄断所取代，从而导致军工企业将专用性资产作为准租金，利用契约不完全性，寻找种种借口"敲竹杠"，使自己在交易中处于有利地位。

被对方"敲竹杠"风险的存在会减弱军方在事后讨价还价的能力，从而也会影响事前的专用性投资决策。如果军方考虑到这种威胁的存在，那么其对装备生产中的专用性投资进行补偿时，就难以达到社会最优状态。

3. 基于交易次数的"短期化"行为

人的机会主义行为在一次性的交易与合作中会表现得更加明显。著名的"囚徒困境"理论说明，在一次性博弈过程中，人们是不会为了集体利益而冒风险的，相反会不遗余力地追求自身利益的最大化，尽管在这些情况下博弈的结果对集体来说往往不是最优状态。一定程度上，合作时间与交易次数成为交易双方采取机会主义行为的诱因，来自合作性交易或遵守契约带来的未来预期收益的减少甚至终止，是"理性人"采取行动需要考虑的一个重要因素。威廉姆森指出，区分各种交易的主要标志是资产专用性、不确定性及其发生的频率。可见交易率对于机会主义行为的影响也是非常大的。装备采办是一种团体游戏。面对信息不对称性，在与同样有智慧和谋略的对手进行合作的情况下，为防止对手的机会主义行为，实现自身选择的最优化，采办双方都需要不断在交易的长期收益与短期收益、眼前收益与未来收益之间进行权衡。

装备采办作为一种特殊的交易关系，由于其严重的不确定性和巨大的专用性投资的存在，装备采办契约更多的是一种长期稳定的契约关系。因此，对于装备采办过程来说，基于交易频率的"短期化"的机会主义行为并不明显，而比较严重的机会主义行为还是前面所论述的"逆向选择""道德风险"和"敲竹杠"行为。

三、装备采办中机会主义行为的治理策略

1. 正式契约与非正式契约相结合

基于以上对装备采办过程中机会主义行为的分析可以发现，单是从正式契约层面来治理明显不是最优的，必须把基于信任关系的非正式契约作为补充。当然仅依靠关系契约也是不符合现实的。应以正式契约为基础，非正式契约为重要补充的方式进行治理。

正式契约方面，主要包括四点：军工企业的选择、风险分担、质量和进度控制以及合作的多阶段执行。装备采办过程中产生机会主义行为主要是：军工企业的选择不当导致逆向选择、风险分担和利益分配不当、质量和进度控制不严导致的道德风险、一成不变的合同难以适应采办环境的内外变化。军方必须从这四个方面着手，克服或减少机会主义行为。在军工企业的选择方面，军方应当有选择优秀军工企业的意识，选择技术强、信誉好的军工企业。在风险分担方面，一定要使所选定的军工企业承担一定的风险，否则它就会有违约或偷懒的机会主义行为，对待风险的态度、研发生产成本的不同均直接影响到其努力程度和承担风险

的大小。为了风险分担，军方应该根据军工企业不同的风险态度和研发生产成本，选择合适的军工企业，设计不同的激励机制，使其在风险分担方面有区别地负起相应的责任。在质量和进度控制上，要科学设置关键节点并定期不定期地检查评估军工企业的执行情况，进行督促，减少道德风险。同时，要打破一成不变的合同执行方法，根据市场和内部关系的变化，实行多阶段执行合同的方法，这有利于减少成员企业的机会主义行为。

非正式契约方面，由于军方和军工企业之间的信任不足也会导致机会主义行为。因此，建立在高度信任基础上的采办效果明显高于非信任基础上的采办效果，必须重视信任的作用，应当建立起军方和军工企业之间的信任关系。

2. 建立军工企业声誉机制

军工企业声誉是指一个企业获得军方信任和赞美的程度，以及企业在社会公众中影响效果好坏的程度。对于军工企业来说，良好声誉会迅速在社会上传播，使其美誉度、知名度和可信任度得以提高，并使其产品或服务获得"声誉租"，取得市场垄断利润；而坏的声誉也会很快不胫而走，使其受到其他组织或个人的排斥，甚至不能实现交易。同时，一个具有良好声誉的企业如果采取不良行为，则必然为此付出很高的成本。因为建立一个良好的声誉，企业往往需进行大量的投资，而不良行为会使声誉投资迅速贬值。所以，通过建立军工企业声誉机制，可以促使其不会为了机会主义行为可能带来的短期利益而损害自身良好的声誉。建立军工企业声誉机制能起到约束军工企业机会主义行为的作用。

3. 抓好内部惩罚机制建设，正确借助外部惩罚

惩罚机制是治理机会主义行为的重要策略。对于装备采办来说，重点是抓好内部惩罚机制建设和正确借助外部惩罚。内部惩罚具体包括罚款、停止其参与装备采办项目的权利等。外部惩罚一般要引入第三方，通过第三方的参与，对机会主义者做出经济上或刑事上的处罚，这种处罚往往比内部处罚要严厉。在方式上，可以通过法庭、政府、相关协会和组织来实施惩罚，也可以通过市场声誉，影响机会主义者的未来收益来起到惩罚作用。

参考文献

[1] [美] 托德·桑德勒，[英] 基思·哈特利. 国防经济学 [M]. 北京：北京理工大学出版社，2007.

[2] 连红日，王青. 网络组织中的机会主义行为探析 [J]. 黑龙江对外经贸，2006（3）.

［3］张福元，艾克武等．装备采办市场的逆向选择及其根治策略［J］．军械工程学院学报，2003（9）．

［4］钱春丽，侯光明等．武器装备采办中的道德风险问题及其博弈规制［J］．军事经济研究，2006（12）．

关系契约激励在装备采办中的应用[*]

邹小军 吴 鸣

一、问题的提出

我国装备采办虽然在形式上实现了市场经济下的合同制，但是从本质上来说，还没有跳出计划经济时代的采办模式。装备生产商基本都是国有企业，装备采办合同大多是正式契约，订立和履行带有浓厚的行政色彩。装备采办合同成为一种简单的交换凭据，很难实现对装备生产方与购买方的激励与约束，也没有真正实现推行军事订货制度改革的初衷。相反，很多装备采办项目陷入"拖（进度）、降（性能指标）、涨（经费）"的困境，即使拨入足够的经费，也难以保证装备的质量和进度要求。由此可见，仅靠签订不完全的正式契约并不能解决那些具有重大不确定性，而对于军方来说又具有重要应用价值的装备研制所面临的"拖、降、涨"的困境。为此，本文试图应用非正式契约——关系契约激励的研究成果，探索解决装备采办中正式采办契约激励面临的困境。

二、装备采办的关系契约及模型描述

装备采办的经济问题，从本质上说还是一个激励问题。从现有的文献来看，对装备采办契约的分析主要集中在信息不对称、机会主义行为与不完全契约问

———————
* 本文原载于《军事经济学院学报》2011 年第 1 期。

题。本文在现有研究成果的基础上，提出基于长期合作关系的契约激励机制。装备采办契约的主体双方由于契约客体（交易对象）的特殊性，他们之间不单单是买卖关系，而且存在一种长期的合作关系。按照 Williamson 对交易类型的分类，装备采办应该属于"经常—混合型"交易。因此，其治理机制必然不同于市场（价格机制）和企业内部行政命令，而是一种"双边治理"，即双方在正式契约的基础上，形成一种比较密切的关系，表现为关系契约。

关系契约是基于未来关系价值的一系列非正式协议。企业间重复交易契约的经济内容是复杂多变的，各方的权利和义务在事前无法完全明确，事中或事后更是无法验证，使得正式规则发挥作用的空间受到极大限制，需要非正式的规则减缓或消除这种外部不经济性。企业间的许多关系需要依靠精巧的关系契约来维系，"这种契约常常在开始时只是一个框架，其内容在市场过程中不断依靠人际沟通技巧来逐步充实并实施"。正式契约条款所依据的是事后可以由第三方（法庭或者仲裁机构）验证的指标。当契约标的仅仅可以被当事人事后感觉到，由第三方验证所需成本高昂时，关系契约就产生了。也就是说，关系契约是"不可契约"的契约，其标的的不可验证性是针对缔约双方以外的第三方而言的。正是由于其标的对第三方来讲不可验证，关系契约又被称作"自执行的契约"。

装备研制过程具有较大的风险性和不确定性，相对于第三方而言，装备采办中承包商的行为具有很大的不可验证性，很容易产生机会主义行为。因此，基于关系契约的治理机制在装备采办中具有十分重要的意义。本文的目标是要验证军方和承包商之间关系契约的存在性和有效性，即通过研究发现军方可以与承包商缔结一个基于对研制装备价值预期的关系契约，并且承包商基于对长期合作过程中丰厚的未来收益流的预期，愿意缔结关系契约并努力履行，以寻求长期合作关系的建立。

为了简化分析，考虑在装备市场中，有一个买方（军方）是委托人，有一个卖方（承包商）是代理人。经过调查，买方认为卖方具有良好的市场声誉和相应的研发能力，决定向卖方提供某型号装备的采购契约。假设买卖双方都是风险中性的。

我们通过一个标准的关系契约来分析买方和卖方的长期互动，每个时期可以用一个即时契约来刻画，这个关系契约由无限序列的即时契约组成。假定在合作的每一期，承包商所研制的装备对军方的价值状态只有高价值 V_H 和低价值 V_L 两种，这一点对于军方和承包商来说是共同知识，只是很难在正式契约中给予明确描述。所研制装备的技术价值的期望值主要取决于承包商的努力程度，如果承包商付出的努力程度高，研制装备实现高技术价值状态的概率就高；反之则相反，但不能低于正式契约所规定的技术标准。假设实现高价值状态的概率是 $p(e)=$

βe，其中 β 是承包商努力的生产率系数，$\beta > 0$，即：$V = \begin{cases} V_H, & \beta e \\ V_L, & 1 - \beta e \end{cases}$。

当然，承包商付出努力是有成本的，会导致自身效用的降低。假设承包商努力的成本函数为 $\varphi(e)$，同时假设 $\varphi(e)$ 满足标准假定：$\varphi'(e) > 0$，$\varphi''(e) > 0$。承包商付出的努力程度对于军方或者第三方来说是不可核实的，因此无法契约化写进正式契约。

军方为了采购到高技术价值状态的装备，需要对承包商进行激励。具体来说，如果在每个合作期末，军方觉得承包商研制出的装备达到高技术状态 V_H，那么就向承包商提供一份奖励（可以是奖金或者一种长期合作关系），记为 $R > 0$；如果军方认为承包商提供的装备技术状态只实现了 V_L，就终止和承包商的合作关系，不再向承包商提供任何采购契约，在这里我们将这种惩罚措施物化为对承包商进行"罚款"，即提供负奖金（$-R$），于是形成关系契约为（R，$-R$）。由于装备研制生产所涉及的大量专用性投资都是由政府补偿的，而且政府也承担了部分研制风险，因此，能够成为与军方长期合作的核心承包商对于承包商是很有吸引力的。考虑到将来长期合作的机会，承包商往往会同意这种对称性关系契约。

如前文所述，这份关系契约建立在长期合作关系之上，是军方和承包商一个重复博弈的过程。在这里，我们假设双方都采取触发策略：一旦一方有违约行为，守约者以后将不再与违约者缔结任何关系契约，双方的合作只能签订正式契约。这种威胁常常是可信的：因为违约以后，承包商就不会付出努力，而只能实现低价值状态 V_L，所以得不到奖金，收益为 0；军方虽然不用支付奖金，但是只能得到低价值状态的装备 V_L。

在关系契约下，每期合作承包商的效用函数可以近似表示为：

$$U^S = \beta e R + (1 - \beta e)(-R) - \varphi(e) \tag{1}$$

同样，每期合作军方的效用函数可以近似表示为：

$$U^B = \beta e(V_H - R) + (1 - \beta e)(V_L + R) \tag{2}$$

因此，在前述关系契约下，承包商的目标函数为：

$$\max_e \left[\beta e R + (1 - \beta e)(-R) - \varphi(R) \right] \tag{3}$$

由式（3）可以得出承包商的最优努力程度，这里用 e^* 表示。承包商的净收益可以表示为：

$$\begin{aligned} \tilde{\omega}_S &= \beta e^* R + (1 - \beta e^*)(-R) - \varphi(e^*) \\ &= 2\beta R e^* - R - \varphi(e^*) \end{aligned} \tag{4}$$

同时，军方的净收益可以表示为：

$$\tilde{\omega}_B = \beta e^*(V_H - R) + (1 - \beta e^*)(V_L + R)$$

$$= \beta e^* (V_H - V_L) - 2\beta R e^* + V_L + R \tag{5}$$

三、关系契约下双方的博弈行为分析

如果双方缔结了关系契约，也就是说，军方和承包商在正式契约的基础上，承诺根据双方可观测但第三方不可验证的装备价值状态决定奖惩，那么，只要承包商足够重视自己的声誉以及持续合作的潜在收益，这种关系契约就会给承包商以激励。

前述模型所描述的对称契约模型是否存在呢？如果存在，会受什么因素影响呢？这就需要对双方的博弈行为进行分析。由于假定这一装备市场只有一对买方和卖方，所以，触发策略假定意味着一旦有人违约，双方将永远处在市场雇佣的治理机制之下。这样，军方就永远只能得到低价值的装备产品，而承包商也将永远得不到奖金。

1. 军方的行为分析

对于军方来说，如果整个时期履行承诺的关系契约，那么当期就得支付奖金，但以后各期可以得到净收益 $\widetilde{\omega}_B$；如果违约，当期不支付奖金，则会导致承包商以后不与自己缔结关系契约，永远只能采购低价值状态的装备。记 δ_B 为军方收益的贴现因子，那么军方遵守契约所能得到的净现值为：

$$\left[(1 - \beta e^*) R - \beta e^* R \right] + \left[\delta_B \widetilde{\omega}_B + \delta_B^2 \widetilde{\omega}_B + \cdots \right] = \left[(1 - \beta e^*) R - \beta e^* R \right] + \frac{\delta_B}{1 - \delta_B} \widetilde{\omega}_B \tag{6}$$

违约后的净收益现值为：

$$\delta_B V_L + \delta_B^2 V_L + \delta_B^3 V_L + \cdots = \frac{\delta_B}{1 - \delta_B} V_L \tag{7}$$

显然，军方遵守契约的条件为：

$$\left[(1 - \beta e^*) R - \beta e^* R \right] + \frac{\delta_B}{1 - \delta_B} \widetilde{\omega}_B \geqslant \frac{\delta_B}{1 - \delta_B} V_L \tag{8}$$

这里，除了 δ_B 外，其他变量都是定值，为了计算方便，不妨假设 $\varphi(e) = \alpha (\lambda e)^2$，其中 α 为常数，λ 为承包商努力的成本系数（α，$\lambda > 0$）。此外，可以从式（3）中求出 $e^* = \frac{\beta R}{\alpha \lambda^2}$，我们可以整理出贴现因子的临界值：

$$\delta_B = \frac{2\frac{\beta^2}{\lambda^2}R - \alpha}{\frac{\beta^2}{\lambda^2}(V_H - V_L)} \tag{9}$$

这个结果表明，研制装备的两种价值状态之差越大，装备研制的不确定性也越大，军方倾向于选择较低的贴现因子，即较高的贴现率。也就是说，$\frac{\partial \delta_B}{\partial (V_H - V_L)} < 0$。激励强度越大，承包商就会付出越高的努力水平，这会增强军方对未来取得高价值装备的信心，所以承包商就会选择较高的贴现因子（较低的贴现率），即 $\frac{\partial \delta_B}{\partial R} > 0$。同时，承包商努力的相对效率高，军方就有理由相信一定的努力水平会使其以更高的概率取得高价值的武器装备，所以会选择较高的贴现因子，即 $\frac{\partial \delta_B}{\partial (\frac{\beta^2}{\lambda^2})} > 0$。

2. 承包商的行为分析

对于承包商来说，如果在某期遵守关系契约，就可以得到奖金或者需要支付罚金，但是可以和军方建立长期的合作关系，成为核心承包商之一，后期可以得到净收益 $\tilde{\omega}_S$；如果违约，那么当期不用支付罚金，但导致军方在以后各期不与之缔结关系契约，即以后各期的收益为0。如果记 δ_S 为承包商收益的贴现因子，那么承包商遵守关系契约所能得到的净收益现值为：

$$[\beta e^* R - (1 - \beta e^*)R] + [\delta_S \tilde{\omega}_S + \delta_S^2 \tilde{\omega}_S + \cdots] = [\beta e^* R - (1 - \beta e^*)R] + \frac{\delta_S}{1 - \delta_S}\tilde{\omega}_S \tag{10}$$

违约的收益现值为0，所以当式（11）成立时，承包商会遵守契约。

$$[\beta e^* R - (1 - \beta e^*)R] + \frac{\delta_S}{1 - \delta_S}\tilde{\omega}_S \geq 0 \tag{11}$$

把 e^*、$\tilde{\omega}_A$ 代入式(11)，整理出承包商的贴现因子临界值为：

$$\delta_S = \frac{2\frac{\beta^2}{\lambda^2}R - \alpha}{\frac{\beta^2}{\lambda^2}R} \tag{12}$$

从式（12）可以看出，承包商在决定贴现因子时，不会去考虑装备价值状态的高低，因为这个很大程度上是军方的事情，而仅关注自己努力程度的相对效率以及奖惩幅度的大小。具体来讲，如果付出的努力相对效率大一些，那么付出一定努力研制出高价值装备的概率就大一些，从而取得奖金的可能性就大一些，取得未来收入的不确定性就小一些，因而会选择较高的贴现因子，即 $\dfrac{\partial \delta_S}{\partial \left(\dfrac{\beta^2}{\lambda^2}\right)} > 0$。另外，如果军方提供的激励强度很大，承包商无疑会付出更大的努力，以便提高获取奖励或减少惩罚的可能性，这样就会选择较高的贴现因子，即 $\dfrac{\partial \delta_S}{\partial R} > 0$。

3. 关系契约激励的特征

关系契约是自我执行的，不依靠第三方强制实施，只有符合双方利益的契约才可能被履行。因此，关系契约应该满足激励相容原理。对于关系契约 $(R, -R)$，可以自我履约的条件就是式（8）和式（11）同时成立。在取临界值的情况下，激励相容条件可以分别简化为式（9）和式（12）。即承包商和军方需要取相同的贴现因子。这样，关系契约的存在问题就可以抽象为看式（13）是否有正数解。

$$
\begin{cases}
\delta = \dfrac{2\dfrac{\beta^2}{\lambda^2}R - \alpha}{\dfrac{\beta^2}{\lambda^2}(V_H - V_L)} \\[6mm]
\delta = \dfrac{2\dfrac{\beta^2}{\lambda^2}R - \alpha}{\dfrac{\beta^2}{\lambda^2}R}
\end{cases}
\tag{13}
$$

解式（13）得到：

$$
R = V_H - V_L
\tag{14}
$$

由于 $V_H > V_L$，所以 $R > 0$。也就是说，前述的关系契约是存在的，具体为 $\{V_H - V_L, -(V_H - V_L)\}$。因此，军方可以向承包商在正式契约中明确研制装备必须达到的基本要求，在此基础上，针对装备研制不确定性大的特点，利用关系契约来激励承包商投入更大的努力。

因此，可以得出如下结论：装备采办过程中，关系契约激励只与所研制装备可能实现的价值状态有关，即与装备研制的不确定性以及装备性能有关，而与承包商研发生产率系数及私人成本系数等特征参数无关。对军方来说，对于那些具有较高应用价值的大型武器系统的采购，既要注重正式契约的签订，更要运用灵活的关系契约激励。

四、结束语

装备采购实践中，军方常常处于信息劣势，能够实施的监督是不完全的，同时信息不对称导致的监督成本也是巨大的。所以，有必要探索市场经济条件下装备采办契约治理机制的新形式。对于重大的装备采办项目，军方既要与承包商签订正式的采购契约，也要根据对装备价值状态的评估与承包商缔结关系契约，即对于那些具有很大不确定性的装备研制，不仅要重视正式契约激励，更应注重利用企业的声誉来缔结关系契约，激发企业的创新能力。

参考文献

［1］连建辉，赵林．企业性质重探——合作剩余和分配的市场性关系契约［J］．当代经济研究，2004（1）．

［2］刘东，徐忠爱，关系契约的特殊类型：超市场契约［J］．经济理论与经济管理，2004（1）．

［3］王安宇，司春林，骆品亮．研发外包中的关系契约［J］．科研管理，2006（6）．

［4］Williamson O E. Transaction cost economics：the governance of contractual relations［J］．Journal of law and Economics，1979（22）：233 – 261.

［5］Baker G，Gibbons R & Murphy K J. Relational contracts and the theory of firm［J］．The Quarterly Journal of Economics，2002（117）．

［6］Shapiro C and Stigliz J. Equilibrium unemployment as a discipline device［J］．American Economic Review，1984（74）．

［7］Bay D. The time structure of self—enforcing agreements［J］．Econometrica，2002（72）．

Markov 随机决策模型在装备采购合同设计中的应用研究 *

纪建强　黄朝峰　旷毓君

在装备采购过程中，军方与承包商之间的信息是不对称的，军方不可能完全观察到承包商的行为，存在的道德风险和逆向选择问题影响军方采购效益。因此，很多学者对装备采购合同设计问题进行了研究，徐静、尚立建立了装备采购激励价格模式，韩宪平、曲炜探讨了装备采购线性合同的优化问题，魏刚等利用博弈论的方法分析了装备采购的合同设计问题。本文从军方的角度，建立 Markov 随机决策模型，研究军方与承包商之间的策略博弈，得出军方的最优策略。

一、委托—代理关系分析

经济学的委托—代理关系（Principal – agent Relationship），泛指任何一种涉及非对称信息的交易，交易中有信息优势一方为代理方（Agent），另一方为委托方（Principal）。构成委托—代理关系必须具备三个条件：第一，市场中存在两个相互独立的个体，双方都在约束条件下追求自身效用的最大化；第二，双方都面临市场不确定性和风险，双方所掌握的信息处于不对称状态，代理人在交易中掌握的信息多，有信息优势，委托人掌握的信息少，处于信息劣势；第三，代理人的私人信息（行动或知识）影响委托人的利益，即委托人不得不为代理人的行动承担风险。

在市场经济条件下，军方和承包商之间达成的武器装备科研生产合同关系满足委托—代理关系要求的三个必要条件如下：

＊　本文原载于《装备指挥技术学院学报》2011 年第 1 期。

第一，军方与承包商是相互独立的市场主体。装备采购制度经过多年改革，采购市场日益完善，军方市场经济主体地位不断加强，逐渐成为独立的武器装备科研生产需求方，其目标是在总采购经费约束下，从承包商那里购买产品或服务效益的最大化。另外，承包商的市场经济主体地位经过改革也得到加强，其目标是在现有生产条件下，获取最大利润。因此，二者是相互独立且都是在不同约束条件下追求自身效用最大化的市场主体。

第二，军品采购市场信息不对称程度高，不确定性因素复杂多变。武器装备技术的先进性、复杂性造成承包商与军方之间信息严重不对称，军方无法完全掌握承包商关于武器装备性能、进度、成本及其生产努力程度等方面的准确信息，处于完全的信息劣势。而承包商拥有较多的私人信息，处于信息优势。

第三，承包商对私人信息披露程度影响军方利益。信息经济学认为，信息不对称就存在逆向选择和道德风险。一方面，承包商参与武器装备科研生产过程中，可以利用自身信息优势，故意隐瞒对军方有利的消息，影响军方利益；另一方面，军方受获取信息成本影响，可能选择了不理想的承包商，存在逆向选择问题，从而也会导致军方利益受损。

因此，当军方与承包商达成采购合约时，二者之间关系符合委托—代理关系构成条件。军方处于信息劣势，是委托方；承包商有信息优势，是代理方。

二、假设条件与模型构建

如何建立和完善相关激励约束机制，促使承包商按军方期望行动，是规范和完善装备采购市场的关键问题之一。不同激励约束机制对承包商行为影响效果不同，而承包商也会考虑采取相应策略应对军方的激励约束机制，二者之间的策略博弈是一个互动、相互依赖的过程。因此，可以运用博弈论原理，建立 Markov 随机决策模型，揭示装备采购合同中各方行为的特征、后果及相互关系。

1. 假设条件

（1）军方选定承包商之后博弈开始。

（2）合同执行采用序贯决策：即采购合同的执行不是一次决策，而是需要在一系列时刻点上做出决策，在每一时刻点上，双方都是根据对方前一时刻的决策决定下一时刻的决策，如此一步一步执行下去，比如军方根据承包商当前表现来决定下一阶段的激励约束机制措施。

（3）决策具有无记忆性（Markov性）：即双方博弈仅与对手当前采取的策略有关，而与对手以前采取的策略无关。

（4）合同签订后，承包商付出的努力水平不影响合同本身，而是通过影响成本间接影响其收益，且承包商策略是选择投入工作的努力程度。

（5）军方可以判断承包商的努力程度，并根据承包商努力程度，选择激励约束机制措施。

（6）博弈次数为有限数。

2. 模型构建

根据前文假设，在军方选定承包商之后，可以用Markov随机决策模型来描述双方的博弈过程。一个 N 阶段的 Markov 随机决策模型由 $\{I, S_P, p_{ij}(n), g_n, R\}$ 5个要素系统描述，下面分别说明每一要素的含义。

（1） I 为博弈系统全体状态组成集合，称为状态空间。博弈过程中，军方根据承包商努力程度采取相应的激励约束机制措施。因此，可以把承包商的努力程度作为系统状态。以 $\xi(n)$ 表示时刻 n 承包商的努力程度，取整数值，则承包商策略集 $S_A = \{e \mid 0 \leqslant e < \infty\}$，约定 e 值越大，代表承包商努力程度越高，系统状态空间 $I = S_A$。

（2） S_P 为军方采用的激励约束机制措施集，设有 k 种激励约束机制措施（如竞争、监督等），记为 $S_P = \{c(i) \mid i = 1, 2, \cdots, k\}$，在每一个时刻 n，军方根据承包商状态 $\xi(n)$，从 k 种激励约束机制措施中选择一种，称为军方的动作，记为 a_n，$a_n \in S_P$，由假设条件（3）可知，动作 a_n 只依赖于承包商当前努力情况，即 $a_n = f_n(\xi(n))$，其中 $f_n: I \to S_P$。

（3） $p_{ij}(n)$ 为时刻 n 系统转移概率矩阵，表示在时刻 n，承包商根据军方动作 a_n，按 $p_{ij}(n) = P[\xi(n+1) = j \mid \xi(n) = i, a_n = f_n(\xi(n))]$，$i, j \in I$ 调整努力状态。

（4） $g_n(j, c(i))$ 为军方效用函数，即 $g_n: I \times S_P \to R$，表示在时刻 n，若承包商努力程度为 j，军方选择动作 $a_n = c(i) \in S_P$ 时收益，且承包商努力程度越高，军方的效用越大。此外，承包商在努力程度较低时，军方采取成本高的策略效用大；而在承包商努力程度较高时，军方采取成本低的策略效用大，即 $g_n(j, c(i))$ 是关于 j 的增函数，且存在 l。当 $j \leqslant l$ 时，有 $g_n(j, c(i)) > g_n(j, c(s))$；当 $j > l$ 时，$g_n(j, c(i)) < g_n(j, c(s))$（设军方采取策略 $c(i)$ 的成本大于采取策略 $c(s)$ 的成本）。

（5） R 表示博弈开始时，若承包商努力程度为 e，委托人采取策略 π，军方总效用函数 $R(\pi, e) = E\left[\sum_{n=0}^{N} g_n(\xi(n), \pi_n) \mid \xi(0) = e\right]$。其中，军方策略 $\pi =$

$(\pi_0, \pi_1, \cdots, \pi_N)$，是把军方各个时刻点动作联合起来，军方全体策略集记为 S。

（6）目标函数，若承包商初始努力状态为 e，军方最优策略为 $v(e) = \arg\max_{\pi \in S} r$ (π, e)。

三、算 例

设军方两种典型纯策略为加强监督和普通监督，分别用 $a_{(1)}$ 和 $a_{(2)}$ 表示（也可用混合策略，只是计算稍复杂些，问题没有实质的变化；也可以认为某一行动组合构成一个纯策略，如把军方投入各个活动资金的组合作为一个纯策略）。设承包商可以选择的纯策略是其工作的努力程度，有三种状态，即消极怠工、中性、努力，分别以数字 1、2、3 表示承包商所处的三种状态（同样，这里也可以假设承包商有不同的动作可以选择，一个动作选择组合看成一个纯策略即可）。设军方采取相应的策略时，承包商工作状态的转移概率矩阵如下：

$$pa_{(1)} = \begin{bmatrix} 0 & 1/3 & 2/3 \\ 1/4 & 1/4 & 1/2 \\ 0 & 1/2 & 1/2 \end{bmatrix}$$

$$pa_{(2)} = \begin{bmatrix} 1/2 & 1/4 & 1/4 \\ 3/4 & 1/4 & 0 \\ 1/2 & 1/2 & 0 \end{bmatrix}$$

假定开始时，承包商以相等的可能性处在这三种状态之一，即初始分布为 (1/3, 1/3, 1/3)。根据模型构建（4）效用函数的构建要求，可设承包商处在状态 j 时，军方采取策略 $a_{(1)}$，获得的效用为 $g(j, a_{(1)}) = j + 2$，而采取策略 $a_{(2)}$，获得的效用为 $g(j, a_{(2)}) = j^2 + 1$。这样，由初始分布 $\mu_0 = (\mu_1, \mu_2, \mu_3)$ 及转移概率矩阵列决定了一个三种状态的非时齐 Markov 链 $\{\xi_n, n \geq 0\}$，ξ_n 表示承包商在时刻 n 所处的努力状态，即系统的状态。于是军方在时刻 m 前所得的平均累积报酬，即目标函数为 $E(\sum_{n=0}^{m} g(\xi_n, a_n))$。

为方便计算，假设博弈过程只有两个阶段，即 $m = 1$，那么所求目标函数就为：

$$v(e) = \arg\max_{\pi \in S}[Eg(\xi_0, f_0(\xi_0)) + Eg(\xi_1, f_1(\xi_1))]$$

则有：

$$Eg(\xi_0, f_0(\xi_0)) = \sum_{i=1}^{3} g(i, f_0(i))\mu_i$$

从而：

$$Eg(\xi_1, f_1(\xi_1)) = \sum_{j=1}^{3} g(j, f_1(j)) \cdot p(\xi_1 = j) = \sum_{j=1}^{3}\sum_{i=1}^{3} \mu_i g(j, f_1(j)) p_{ij}(f_0(i))$$

即目标函数为：

$$V(e) = \sum_{i=1}^{3} g(i, f_0(i))\mu_i + \sum_{j=1}^{3}\sum_{i=1}^{3} \mu_i g(j, f_1(j)) p_{ij}(f_0(i))$$

由上式可以看出，若要选取策略 $e = (f_0, f_1)$ 使目标函数为最大，需从后往前计算，先选取 f_1，使对于任意 j，$g(j, f_1(j))$ 最大。计算过程如下：

当 $j = 1$ 时，$g(1, a_{(1)}) = 3 > 2 = g(1, a_{(2)})$；

当 $j = 2$ 时，$g(2, a_{(1)}) = 4 < 5 = g(2, a_{(2)})$；

当 $j = 3$ 时，$g(3, a_{(1)}) = 4 < 10 = g(3, a_{(2)})$。

可见，要使 $g(1, f(j))$ 最大，f_1 的取值对应形式为 $f_1 : (1, 2, 3) \rightarrow (a_{(1)}, a_{(2)}, a_{(2)})$。

确定了 f_1 后的最大报酬记为 g^*，其取值为前面计算所得最大值。

则目标函数为：

$$V(e) = \sum_{i=1}^{3} \mu_i \left[g(i, f_0(i)) + \sum_{j=1}^{3} g^*(j) p_{ij}(f_0(i)) \right]$$

下面选取 f_0，使目标函数值最大，为此计算上式括号中 $g(i, a_{(1)}) + \sum_{j=1}^{3} g^*(j) p_{ij}(a_{(1)})$ 的值，与 $g(i, a_{(2)}) + \sum_{j=1}^{3} g^*(j) p_{ij}(a_{(2)})$ 进行比较如下：

当 $i = 1$ 时，$3 + \frac{1}{3} \times 5 + \frac{2}{3} \times 10 = \frac{34}{3} > \frac{29}{4} = 2 + \frac{1}{2} \times 3 + \frac{1}{4} \times 5 + \frac{1}{4} \times 10$；

当 $i = 2$ 时，$4 + \frac{1}{4} \times 3 + \frac{1}{4} \times 5 + \frac{1}{2} \times 10 = 11 > \frac{34}{4} = 5 + \frac{3}{4} \times 3 + \frac{1}{4} \times 5$；

当 $i = 3$ 时，$5 + \frac{1}{2} \times 5 + \frac{1}{2} \times 10 = \frac{25}{2} < 14 = 10 + \frac{1}{2} \times 3 + \frac{1}{2} \times 5$。

比较各个值的大小，可知 f_0 的取值对应形式为 $f_0 : (1, 2, 3) \rightarrow (a_{(1)}, a_{(1)}, a_{(2)})$。

所以在采购过程中，根据承包商的不同努力状态和所处时刻点，军方可按 (f_0, f_1) 设计合同。即：若承包商初始努力状态为1、第二阶段努力状态为2，则合同设计要体现出在第一阶段应采取加强监督策略，第二阶段也应采取加强监督策略；若承包商初始努力状态为3、第二阶段努力状态为3，则合同设计中可以考虑第一阶段为普通监督，而在第二阶段也应采取普通监督，以此类推，可得到各种情况下的最优合同设计。总之，对军方来说合同设计要体现：在采购初始阶段，只要承包商的努力程度不是特别低，军方可考虑普通监督；在采购最后阶段，只要承包商的努力程度不是特别高，军方就应该加强监督。

四、结束语

装备采购中的信息不对称问题是导致军方采购质量效益不高的重要原因，设计恰当的激励合同是解决此问题的重要途径之一。研究结果表明，在相关假设条件下，军方完全有可能通过采取有针对性的激励约束机制，尽量减少由于信息不对称导致的损失，最大限度地提高装备采购的质量效益。

参考文献

[1] 徐静，尚立. 装备采购合同优化问题分析 [J]. 军事经济研究，2006 (2)：41 – 43.

[2] 韩宪平，曲炜. 装备采购激励价格模式研究 [J]. 装备指挥技术学院学报，2007，18 (4)：23 – 26.

[3] 魏刚，陈浩光，艾克武. 装备采办合同的博弈模型与方法 [J]. 军事经济研究，2002 (12)：24 – 28.

[4] 张维迎. 博弈论与信息经济学 [M]. 上海：格致出版社，1996.

[5] 旷毓君，周建设. 市场经济条件下武器装备采办中的委托代理关系 [J]. 国防科技，2005，26 (9)：75 – 77.

[6] 何迎晖，钱伟民. 随机过程简明教程 [M]. 上海：同济大学出版社，2004：51 – 52.

[7] 孙胜祥，刘宝平，刘佳. 装备采购委托代理关系分析 [J]. 海军工程大学学报，2005 (4)：112 – 116.

装备采办需求控制问题研究[*]

孟斌斌　周建设　程勇刚　乔玉婷

装备采办需求是指装备需求中的有效需求部分。装备采办需求是战略层次的概念，突出顶层宏观，是论证需求；装备采办需求是操作层次的范畴，是经济可承受，技术可能下的有效需求，要落实到采办计划及国防开支上。二者既有联系又有区别。需求牵引、科技推动、经济可能，是装备建设领域的客观规律。需求生成与需求控制是一对矛盾。装备采办需求控制是为了解决好不断增长的装备采办需求与经济承受能力、技术研发能力和产业支持能力之间的矛盾。通过装备采办需求控制对需求生成进行规范，提高采办效益。装备采办需求控制是对武器装备发展过程中产生的装备采办需求从经济、技术、产业等方面进行分析、评价、论证和管理，最终形成科学、合理、有效的装备采办需求的过程。

一、军队装备采办需求控制的必要性和重大意义

树立装备采办需求控制的理念，对装备采办进行需求控制，有利于装备采办的科学和可持续发展。

1. 有利于形成系统的装备需求控制理念

需求控制，理念先行。装备采办需求控制要着眼整体，层次有序，结构合理，开放发展，力求获得整体的最佳合力。不仅要使每一种装备在整个装备体系中能扬长避短，发挥整体的最大性能，而且要把军事装备作为一个体系来考虑，通过体系对抗来获得最佳军事效能。因此，需要树立有效需求和基于能力的系统

---

　　*　本文原载于《国防科技》2011 年第 2 期。

装备需求控制理念。

一是有利于形成有效需求理念。装备采办需求控制通过引导、支持和鼓励科学合理的需求，抑制不合理的需求，最终形成有效的装备需求。有效需求是一种有支付能力的需求。著名经济学家凯恩斯指出，有效需求是社会总供给与社会总需求相等时的需求水平。简言之，有效需求就是愿意买并买得起。对装备而言，有效需求是指满足作战需求，在一定的经济可承受范围内，并且工业部门能研制生产出来的装备。军方在一定时期的装备采购费形成了装备发展的消费可能性曲线，工业部门的技术水平、产业能力构成了生产可能性曲线，二者共同构成了装备需求控制的有效需求约束。

二是有利于形成基于能力的需求控制理念。目前，装备采办需求控制多为基于威胁的需求控制理念，缺乏基于能力的理念。基于能力的模式更加关注"战争将以何种方式进行"，装备发展的重点由单件武器对抗转向系统与体系的对抗，强调通过增强自身综合军事能力来应对多变的威胁，并在满足应对当前威胁需要的同时，更注重长远军事能力的建设，符合一体化联合作战对装备发展的要求，使得装备的体系性更强，稳定性更好。

2. 有利于控制某些不切实际的装备采办需求

装备采办需求生成过程存在重军事技术指标，一味追求功能技术先进，轻经济效益指标和研发生产的现实可能性；存在重部门利益、轻全局利益，重需求生成、轻需求控制的现象。装备采办需求控制从功能需求、技术需求、质量需求、成本需求和数量需求五个方面对需求进行分析、评价、论证和管理，经过协调、修改、完善，能较好地控制不切实际的装备采办需求。

3. 有利于制订科学、合理、有效的装备采办计划

面对发展装备资源有限和装备需求无限之间的矛盾，要通过需求控制把最优势的资源（人力资源、财力资源、制度资源）应用在最关键的装备上，抓住装备发展的主要矛盾。从需求控制五个方面对武器装备需求进行分析、评估、论证、管理，支持符合控制标准的需求，抑制不符合控制标准的采办需求，有利于宏观上制订科学、合理、有效的采办计划，提高装备采办效益。

4. 有利于构建科学的装备采办需求评价体系

装备采办需求评价是指运用有效的方法和技术，按照一定的规则，对装备体系中各需求进行分析、比较、衡量的过程和结果，它包括正确性评价、完备性评价、一致性评价、优先级评价、可验证评价、可维护评价和可跟踪评价等。需求

控制有助于形成对于采办需求科学的评价依据和评价机制。装备需求评价是最终形成需求文档的重要依据，需求控制的主要方面可以经过规范化后在制度层面形成评价标准；需求控制的流程机理，有助于形成科学的评价体系。

二、军队装备采办需求控制的主要内容

1. 装备需求控制的基本属性及内容

装备采办需求的三大属性即军事属性、经济属性和技术属性决定了装备需求控制的五大指标是装备需求控制的主要内容。采购武器装备是为了部队有效履行使命、完成任务和提高作战能力，武器装备采办需求具有军事属性，包括了功能需求、数量需求、质量需求、技术需求；国防资源和装备经费是有限的，需求是无限的，装备采办必须考虑经济可承受性，装备采办需求具有经济属性，包括了成本需求、数量需求；由于武器装备这种特殊商品的军事订货特性，采购装备必须考虑国防工业的技术研制和技术生产能力，必须考虑装备采办需求确定的研制和生产风险，装备采办需求具有技术属性，包括了技术需求、质量需求。五大需求间的定性关系如图 1 所示。

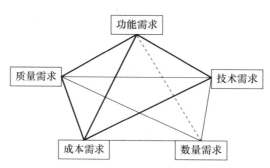

图1 五大需求相互关系示意图

注：图中粗实线表示正向关系，虚线表示负向关系，细实线表示不确定关系。

装备采办需求控制就是从功能需求、质量需求、技术需求、成本需求、数量需求五方面评估和论证装备需求与国家安全战略、国家军事战略、履行作战任务的能力是否一致；评估和论证其与经费需求和国民经济的可承受性、国防工业研发生产能力的可支持性是否一致；进行需求方案选择和需求检验，经过协调、修改、完善，最终生成科学、合理、有效的装备采办需求。如图 2 所示。

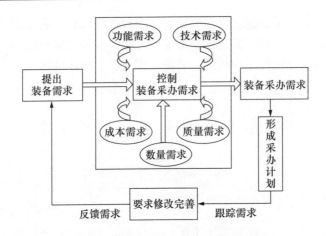

图2　武器装备采办需求控制框架

2. 军队武器装备采办需求控制中五大需求分析

（1）功能需求。功能需求是指部队在一定时期内为遂行军事任务实现预定的军事战略目标和战争目的对需求的武器装备品种及其战术技术性能要求的总称。功能需求控制是指论证分析部队需求何种装备，该种装备应具备什么战术技术性能，剔除不必要的装备采办需求，修改完善装备的战术技术性能需求，使之与部队当前和未来一定时期军事斗争准备的实际需求相一致。

（2）技术需求。技术需求是指部队在武器装备采办功能需求基础之上而对国防科技工业产生的装备研制技术能力的需求。技术需求控制是指论证分析部队需求的装备（功能需求）对国防工业基础要求什么样的技术研发能力，剔除不可行的装备采办需求，修改完善装备的战术技术性能需求，使之与国防工业当前和未来一定时期的技术研发能力相一致。

（3）质量需求。质量需求是指生产满足功能需求的装备对国防科技工业基础产生的生产能力的需求。质量需求控制是指论证分析满足装备的战术技术性能需求（功能需求）生产相应质量标准的装备应具备什么样的生产能力，剔除不可行的装备采办需求，修改完善装备的战术技术性能要求下的质量需求，使之与国防工业当前和未来一定时期的技术生产水平相一致。

（4）成本需求。成本需求是指全军采购所有武器所支付的费用。成本需求控制是指论证审查部队需求装备的各种成本需求，剔除不可行的装备采办需求，修改完善装备的成本需求，使之与部队当前和未来一定时期装备采办的实际成本需求和国民经济承受能力相一致。

（5）数量需求。数量需求包括基本作战单元装备数量需求、基本编组装备数量需求、全军某种装备数量需求、装备数量结构需求和装备数量配备梯次需求。数量需求控制是指论证分析部队的装备规模需求、装备数量结构需求和装备配备梯次需求，剔除不可行和不符合实际的装备采办需求，修改完善装备的规模、结构和配备需求，使之与国防工业当前和未来一定时期的研制生产技术水平、国民经济状况以及部队履行使命任务的实际需求相一致。

三、军队装备采办需求控制的设计——闭环负反馈装备采办需求控制系统的总体框架

1. 装备采办需求控制的目标

装备采办需求控制的目标是遵循国防科技和武器装备发展规律，在综合考虑装备作战需求、经济可承受性和工业能力可支持性的基础上，统筹装备功能需求、技术需求、成本需求、质量需求和数量需求五大因子，最终形成科学、合理、有效的装备采办需求。

2. 装备采办需求控制的原则

一是需求控制应注重体系及一体化原则。现代战争是体系与体系的对抗，因此需求控制必须注重体系原则。一体化原则将作战需求、产品规格和技术方案作为整体进行控制和优化，一定程度上解决了"功能、技术、质量、结构、数量"五大方面的要求。二是需求控制应注重全寿命原则。需求控制包括对整个系统全寿命的要求，而不只是最初的采购需求。要确定军方对某种能力而不是对某个系统的要求，并将那些要求落实到系统选择方案中。三是注意各要素间的平衡、衔接、互动。采办需求控制涉及多种要素的控制，是一个多目标的最优化过程，在预定的约束条件下，各要素之间存在一定程度的互动，这种互动表现为采办需求的一方面因素的加强可能需要以另一方面的削弱作为代价，需要在需求控制的过程中注重平衡、衔接、互动。

3. 装备采办需求控制的框架

需求控制以顶层政策（国家安全战略、国家军事战略、联合构想）为依据，进行职能领域分析，采用"从战略到任务的方法"，对完成既定任务的能力进行分析。进行职能需求分析，找出能力缺陷，明确能力需求。从系统的高度，所有

的信息最终以五大需求（功能需求、技术需求、质量需求、成本需求、数量需求）的形式来反映，信息对于需求的要求通过对五大因子的控制得以体现，最终得到满足作战需求、经济可承受、工业基础可达到的有效需求。自上向下的信息流实现了在联合作战构想框架下依托各种作战概念"自上而下"装备需求管理的目标，改变了过去"自下而上"的"烟囱型"装备需求管理模式。

装备采办需求有时间和空间维度，为实现提高一体化联合作战能力和军事效益的目标，实现减少经济风险和提高经济效益的目标，要由细致和复杂的论证控制活动来展开。首先论证功能需求，装备需求项目是否必要，项目需求是否合理；其次要论证技术需求，装备需求项目是不是必要合理的；再次要研究质量需求，装备需求项目通过功能需求和技术需求论证，还要分析技术生产能力可行性；通过功能需求、技术需求、质量需求论证，还要论证分析各种成本需求是否合理可行；通过功能需求、技术需求、成本需求、质量需求论证，还要考虑数量需求是否合理。需求不可行不合理要求重新提出，并修改、完善；装备项目需求在功能和数量上是必要的和合理的，在技术研制和生产上是可行的，在成本上是合理可行的，才能确定为有效采办需求，综合考虑五大需求，最后确定装备采办的有效需求。

四、军队装备采办需求控制的思路对策

1. 着眼体系对抗，树立全面系统的需求控制观念

一是树立系统的观念。装备采办需求控制是一个复杂的巨系统工程，涉及多个决策部门、多方经济利益关系、多个军兵种和多个武器装备项目，还受到国家面临的安全环境和军事威胁的动态影响。因此要树立系统的思想，统揽全局，统领各个决策主体，协调好各种利益关系。

二是树立有效需求的观念。对装备而言，有效需求是指满足作战需求，在一定的经济可承受范围内，且工业部门能研制生产出来的装备。要牢固树立有效需求的观念，在对装备功能需求进行控制时不能脱离经济可承受性、技术的可能性和产业的支持性。

三是树立基于能力的观念。战争和未来威胁的不确定性以及装备体系遂行作战任务的多样性决定了装备建设要以基于能力的思想为指导。需求控制只有紧紧抓住能力不放松，才能保证装备建设适应未来战争的需要，才能以不变应万变。

2. 搞好顶层设计，建立健全需求控制的权威主导机构

一是推动装备采办需求提出机构的建立健全。借鉴外军"自上而下"和"自下而上"的装备采办需求生成管理系统，建立总部和军区二级需求分析委员会，进行联合需求控制。

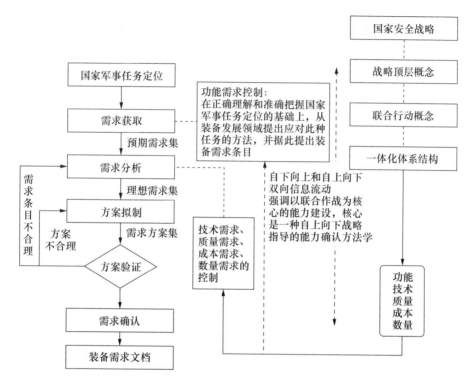

图3　以五大需求为核心的负反馈闭环需求控制系统示意图

二是完善和建立装备采办五大需求控制组织机构。联合需求控制委员会对装备需求管理的职责、权力和管理内容、规则进行科学设计，合理划分，增强总部在装备需求管理系统中的领导权和决策权，弱化各军种对装备需求的决定权，更好地实现装备需求管理的统一决策、分别执行的方式。

三是建立健全装备采办需求检验机构。建立健全专门的测试、演示验证实验室和建模仿真实验室对装备需求项目进行检验，使军事需求检验逐步向全面化、多样化、定量化方向发展，为需求控制机构提供更为科学的决策依据。

3. 统筹五大因子，建立基于需求控制的装备采办

装备采办要把基于需求生成和基于需求控制统一起来。

一是注意各要素间的平衡，避免"短板"效应。装备采办需求控制过程中要注意各要素间的平衡，形成整体最优合力，避免各要素间的"短板"效应。在装备采办某些特定阶段，某些需求控制因子成为首要关注的焦点，会暂时削弱其他需求控制因子；但是不能因为某要素的需求突出，而忽视其他要素的需求。

二是注意各要素间的衔接，避免"漏出"效应。要注意装备体系中各分系统和同一分系统中需求控制各因子间的相互衔接，避免需求控制各因子间的"漏出"效应。如不同军兵种、不同作战层次的装备有着各自不同的功能需求，要注意它们之间的衔接，防止出现不相容甚至互斥现象。

三是注意各要素间的互动，避免"孤岛"效应。装备采办需求控制的各因子是互动联通的，是一个相互联系的有机整体，要避免把它们孤立起来产生"孤岛"效应。如通过装备使用与维护阶段发现的问题对装备需求进行跟踪、反馈，实现需求控制各要素间的互动，以完善需求控制的结果。

4. 理顺运行机制，规范需求控制流程

一是建立科学的装备采办需求提出机制。装备采办需求提出机制以"面向任务、基于能力"的需求牵引观为指导，实行"自上而下"和"自下而上"相结合的联合能力需求生成模式。

二是完善和健全装备五大需求审查决策机制。装备采办需求控制要从需求的决定因素和装备供给的制约因素两方面进行科学评估和论证，要统筹五大需求。

对于功能需求，要论证控制装备及其战术技术性能需求与国家面临的安全形势、军事威胁、军事战略、部队的使命任务、联合作战能力需求和国内外装备现状及发展趋势是否一致。着眼体系化建设进行顶层设计。对于技术需求要综合考虑技术需求的各种影响因素，如新材料、新设备、新技术等，准确预测装备研制项目的子系统、分系统和系统的研制风险因子，确保需求的装备能够被研制出来。对于质量需求要论证国防工业生产能力能否支撑装备功能和技术需求，确保装备能保证质量生产出来。对于成本需求要综合考虑影响装备成本的各种费用因素，采用先进的论证方法预测全军装备总成本需求、全寿命成本需求、不同型号项目成本需求，使其与国民经济的支持力和承受力相一致。对于数量需求要论证控制数量结构需求、部队编成编组内装备数量结构需求和装备数量配备梯次需求。

三是完善和健全装备采办五大需求监督检验机制。军队需要通过作战演习和实验来检验需求的科学性和合理性。在总部、各军兵种建立作战需求的作战概念开发与试验中心，进行武器装备需求试验验证和作战概念探索。

四是完善和健全装备采办需求风险控制机制。装备采办需求控制中需要综合分析技术风险、进度风险、成本风险和质量风险等，在风险分析预测基础上进行风险评价，考虑风险诸因素的组合以及彼此间关联效应，分析因素的组合状态、系统的运行性质以及所处环境。通过对风险因素的定性和定量研究，合理给出装备项目风险度评价指标体系。

5. 开发关键技术，采用先进的需求控制工具

装备采办需求控制需开发具有自主知识产权的需求获取、需求分析、需求描述与建模和需求验证的技术与工具，使需求控制手段规范化、定量化和工程化。

参考文献

[1] 杨秀月，郭齐胜，李永，李巧丽. 我国武器装备体系需求生成支撑平台建设 [J]. 装甲兵工程学院学报，2008（2）.

[2] 邹国晨等. 武器装备采办管理 [M]. 北京：国防工业出版社，2003.

[3] 果增明，曾维荣等. 装备采办论纲 [M]. 北京：中国统计出版社，2006.

[4] 赵定海，郭齐胜，黄玺瑛. 装备需求论证模式研究 [J]. 装备指挥技术学院学报，2009（4）：33–38.

[5] 张金水. 经济控制论——动态经济系统分析方法与应用 [M]. 北京：清华大学出版社，1999.

[6] 吕建伟，陈霖. 武器装备研制的风险分析与风险管理 [M]. 北京：国防工业出版社，2005.

[7] 姬鹏宏，赵澄谋等. 美军联合作战能力需求确定程序研究 [J]. 装备指挥技术学院学报，2008（2）.

[8] 果增明，杨学义. 装备经济学 [M]. 北京：中国统计出版社，2006.

[9] 周林，王君等. 军事装备管理预测与决策 [M]. 北京：国防工业出版社，2007.

[10] 杨建军. 武器装备发展系统理论与方法 [M]. 北京：国防工业出版社，2008.

[11] 王凯，孙万国. 武器装备军事需求论证 [M]. 北京：国防工业出版社，2008.

[12] 程勇刚. 我军装备采办需求控制问题研究 [D]. 长沙：国防科技大学硕士学位论文，2009.

交易费用视角下武器装备竞争性采购的产业组织解析*

乔玉婷　冷　姝

总装备部在有关文件中提出，要以装备作战使用需求为牵引，充分发挥军方在建立市场准入制度、培育竞争主体、营造竞争环境、构建竞争格局、促进和保护竞争等方面的主导作用。竞争性采购的有效推进，有赖于国防工业产业组织数量、规模、结构和能力的优化。装备采购的竞争政策要与国家和国防工业的产业政策相匹配才能更好地发挥作用。交易费用是国防垄断市场存在超额利润的重要原因，竞争性市场存在着降低交易费用耗散的趋势，而产业组织的发展也要以交易费用最小化为准绳。本文从交易费用视角研究如何引导、规范产业组织发展以适应竞争性采购需要。

一、交易费用视角下武器装备竞争性采购的产业组织"三分法"分析框架

1. 交易费用视角下产业组织从科斯的"两分法"到威廉姆森的"三分法"

新制度经济学对产业组织的认识经历了科斯的企业与市场"两分法"，阿尔钦、德姆塞茨等产权学派对"两分法"的否定，再到威廉姆森的企业、中间性组织、市场的"三分法"。科斯创造性地引入交易费用的概念解释企业为什么会

---

　　* 本文原载于《军事经济研究》2012 年第 4 期。本文为国家社会科学基金重大项目"中国特色军民融合式国防资源配置与管理研究"的部分内容，项目批准号：09&ZD067。

存在。企业和市场是组织劳动分工和协调经济活动以实现资源配置的两种不同组织形式，二者具有替代性。在市场中，分散的资源由价格机制进行配置，各种交易活动由市场这只"看不见的手"实现协调；在企业中，分散的信号由权威指令进行配置，企业内部要素由企业这只"看得见的手"实现协调。组织的边界由企业组织生产带来的内部管理费用与市场组织生产带来的交易费用相比较决定。科斯对组织的"两分法"仍沿袭了新古典经济学将组织两分为企业和市场的思路。

新制度经济学产权学派代表人阿尔钦和德姆塞茨从契约视角对科斯以"权威"界定企业的方法提出疑问。他们将企业看作和市场交易没有区别的契约联结体，企业内企业家和雇员的契约与市场契约没有不同之处，只是在一种团队生产方式下实现激励相容的契约安排。企业契约理论的失误在于它仅看到企业的本质是生产要素通过契约关系形成的集结，没有看到形成集结后在企业活动中形成的各种社会和经济关系。对要素集结之后企业活动的研究意味着将企业看作一个社会实体的组织。

威廉姆森批判性地继承了科斯关于企业与市场两分法的观点，反对企业契约集合论将企业看作一系列契约集合。威廉姆森的交易费用理论以交易为基本分析单位，将每次交易视为一种契约。从资产专用性、不确定性和交易频率三个重要维度分析交易的特性。他认为组织不是从企业到市场的连续频谱，科层与市场只是两个极端，在二者之间还存在中间或者混合状态，提出了对产业组织的"企业—中间性组织—市场"三分法。本文沿着威廉姆森"三分法"的思路，依据市场交易费用递减、企业组织内部管理费用递增的逻辑顺序探讨武器装备竞争性采购下的产业组织：企业、中间性组织和市场。

2. 竞争性采购、产业组织及其与交易费用的关系

现代产业组织理论认为产业组织是同一产业内企业间的组织或者市场关系。产业组织的本质是交换劳动和配置资源的载体或形式，经济性是其本质要求。交易费用是衡量产业组织经济性的重要标准。交易费用最小化是产业组织呈现出不同形态及其演进的内在依据。建设经济有效的国防要充分发挥竞争的作用，建立竞争有序、反应灵活、军民融合的产业组织。竞争性采购通过降低交易费用耗散，为产业组织提供稳定、清晰的市场需求牵引，是促进产业组织发展的有效手段。发展武器装备要以产业组织的科研生产能力为基础，而科研生产能力寓于产业组织发展过程中。因此，本文以交易费用为媒介，构建起竞争性采购、产业组织与交易费用关系，见图1。

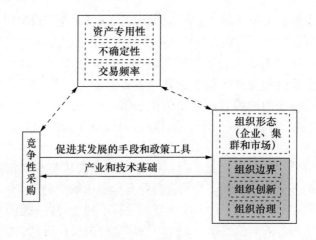

图1　竞争性采购、产业组织与交易费用关系

二、武器装备竞争性采购的科层组织
——企业

以科斯为代表的新制度经济学将企业视为一种组织，其内部实行权威科层协调机制，具有典型的科层特性。狭义上，武器装备竞争性采购下的企业组织是指为竞争性采购提供装备和服务的军工和民用企业。广义上，武器装备竞争性采购下的企业组织还应包括没有实现企业改制的军工科研院所、中介机构等。

企业组织通过不断的技术创新获得核心竞争力、选择合适的规模与企业效率边界、完善内部治理以及进行理性投融资决策，以降低交易费用，适应武器装备竞争性采购需要。武器装备发展要实现由机械化向信息化跨越，与此对应，国防产业组织要由机器大工业时代的企业组织形态向信息时代的组织形态转变。在机器大工业流水线下对生产工序无限细分的生产方式带来的交易费用增加已远远超过分工带来的收益，且不适应装备采购市场需求变动和军兵种的个性化需求。企业要通过采用信息技术、柔性制造技术、虚拟技术、并行技术以及进行组织的扁平化、模块化、柔性化、虚拟化变革来节约交易费用，适应信息化条件下装备竞争性采购需要。

竞争性采购下，企业规模并非越大越好，军工企业要根据自己的核心竞争优势和特点选择恰当的企业边界。民用企业要以合适的方式如互补共生或合作竞争融入企业网络组织。企业边界的盲目扩大将增加内部协调成本和交易费用，降低企业竞争力。用"减法"思维对军工企业进行"瘦身"，使企业的行政和产权关系减少，契约和市场关系增加，实体边界缩小，虚拟的控制边界扩大，形成"寡头主导，大中小企业共生"的格局。通过企业预算约束硬化、融资结构优化和投资理性化实现企业资本运行优化。

三、武器装备竞争性采购的中间性组织
——产业集群

产业集群是在某一特定领域内相互联系、在地理位置上集中的企业和机构的集合。产业集群向下延伸至销售渠道和客户，并拓展到配套产品的制造商以及与技术或投入相关的公司，它包括企业、研究院所、教育和培训机构、投资机构等。由于具有规模经济、社会化分工、网络化、资源整合、自组织等特点促成的交易费用节约使产业集群比单个企业更具竞争优势，产业的集群化发展已成为一种趋势。产业集群具有组织的属性，它是介于企业科层组织与市场交易性组织之间的"中间性组织"。

装备制造业是武器装备发展的支柱性产业，装备制造业产业集群为武器装备竞争性采购提供坚实的产业和技术支撑。装备制造业产业集群的军民融合对于落实将军民融合式发展作为转变经济发展方式的重要内容，构建军民融合的国家工业基础，推动区域经济与国防建设协调发展，培育装备竞争性采购的产业基础等具有重大战略意义。我国过去军工企业的总体布局形成的大大小小的产业集群，以及近些年在此基础上建立的很多军民结合产业示范基地或园区已经成为我国的一种创新发展模式。发展军民融合式装备制造业产业集群，首先要用定量分析方法对产业集群进行辨识和测度，在此基础上要对产业集群发展的内生和外生风险进行预警、识别、规避和控制，使集群获得可持续健康发展。

四、武器装备竞争性采购的交易性组织
——市场

新制度经济学将市场理解为一个充当买者和卖者之间的关系性契约网络。作

为组织的市场,其目标是有效地组织交易。市场的建立与运作是有交易成本的,理想的市场应该追求交易成本最小化,竞争性市场存在着降低交易费用耗散的趋势。

武器装备采购市场应该是有效竞争与可竞争性市场。竞争效应与规模经济之间的矛盾即"马歇尔冲突"也存在于武器装备采购市场。武器装备需求具有较大不确定性与波动性,大型复杂武器装备成本高昂,技术更新速度快。这决定了大型复杂武器装备难以实现大规模批量采购,过度竞争则会更加弱化装备采购的规模效应。因此,武器装备采购市场应追求一种适度规模与适度竞争相兼容的竞争,一种竞争收益大于竞争成本的竞争,一种符合规模经济要求的竞争。武器装备采购市场上的有效竞争总与一定的市场结构相关联,存在一个最佳竞争强度问题。最佳竞争强度应该使潜在竞争强度和有效竞争强度同时相对最大,与此对应的装备采购市场结构既不是多头竞争市场,也非紧密寡头市场,而是宽松寡头市场。因此,需要培育竞争主体,形成多寡头规模竞争格局,让在位军工企业始终面临技术创新和降低成本的压力,使规模效应不足以抑制竞争和阻碍技术进步。

可竞争性市场理论认为,只要保持市场进入的完全自由,潜在竞争的压力会迫使任何市场结构条件下的企业采取竞争行为。在这种条件下,包括自然垄断在内的高集中度的市场结构是可以与效率并存的。可竞争性市场的基本特征恰好与武器装备竞争性采购的特殊要求不谋而合。但该理论的沉没成本为零的假设以及对新企业进入市场后所采取的行为和结果的假设因不符合实际而受到各方批判。随着信息技术、柔性制造技术、虚拟技术等的发展,产业组织的模块化、网络化、虚拟化以及经济全球化使得沉没成本不断减小,进入壁垒和交易费用进一步降低,可竞争性市场理论假设条件的现实性已大大增强。在维持现有市场结构的前提下,可以通过打破武器装备采购市场的经济壁垒和行政壁垒,明晰政府边界,规范政府规制行为,降低民用企业准入的沉没成本来构建可竞争性武器装备采购体系。

五、结　论

武器装备竞争性采购下,科层组织企业要通过持续的技术创新、组织革新以及军民融合提高企业核心竞争力。根据核心竞争优势和特点选择恰当的企业边界,用"减法"思维对军工企业进行"瘦身",民用企业要以互补共生或合作竞争等合适的方式融入装备采购市场的企业网络。通过预算约束硬化、融资结构优化和投资理性化实现企业资本运行优化。

要结合军工企业在区域的布局和优势，在军民结合产业示范基地或园区的基础上大力发展军民融合式装备制造业产业集群，将集群的军民融合式发展作为区域经济发展方式转变的重要内容。在定量辨识和测度军民融合装备制造业产业集群的基础上对集群发展的内生和外生风险进行预警、识别、规避和控制，使其获得可持续健康发展。

有效竞争与可竞争性市场是对武器装备竞争性采购市场的现实回归。随着信息技术、柔性制造技术、虚拟技术等的迅猛发展，产业组织的模块化、网络化、虚拟化以及经济全球化使得交易费用和沉没成本不断减小，装备市场进入壁垒进一步降低。在现有市场结构前提下，可以通过打破武器装备采购市场的经济壁垒和行政壁垒，规范政府规制行为，降低民用企业准入的沉没成本来构建可竞争性武器装备采购体系。

参考文献

［1］林金忠. 企业组织的经济学分析［D］. 厦门大学博士学位论文，2002.

［2］［美］威廉姆森. 资本主义经济制度：论企业签约与市场签约［M］. 段毅才，王伟译. 北京：商务印书馆，2002.

［3］［美］埃克里·弗鲁博顿，［德］鲁道夫·芮切特. 新制度经济学：一个交易费用分析范式［M］. 姜建强，罗长远译. 上海：读书·生活·新知三联书店，上海人民出版社，2006.

［4］Porter M. E. Clusters and the New Economics of Competition［J］. Harvard Business Review，1998，76（6）：77-90.

武器装备一体化采办国际比较与启示 [*]

李来恩 曾 立

武器装备一体化采办自 20 世纪 50 年代在美军以海军"特种计划办公室"和空军"西方发展部"的形式面世以来，武器装备一体化采办正越来越频繁地被运用于各国的军事采办，并以其特有的优越性逐步得到军方的认可，形成了目前各自较为成熟并行之有效的采办管理体系。针对各自的国情，每个国家对于武器装备一体化采办的理解以及如何加以实施都有着不同的特色。因此，各国独到的一体化采办理念和丰富的实践经验，对于推进我国武器装备采办体制改革，具有非常重要的借鉴意义。

一、美国的"IPT"模式

美国自 20 世纪 80 年代中期开始，一直以 IPT（Integrated Product Team）模式进行着对一体化采办的探索和实践。IPT 小组以集思广益的方式，集中不同领域成员的专业智慧，有效实现对装备的预先研究、型号研制、采购、装备使用和维修保障，以及采办的商务、财务和的技术等全系统全寿命管理，实现对装备系统全寿命的各个阶段和各要素的综合协调、无缝衔接，能在较短时间内制造出效费比较高的装备产品。

1. 美军装备采办的机构设置

美国国防部早在 1986 年就建立了由四级指挥线构成的 IPT 体系，分别由国防部负责采办的副部长担任第一级国防采办执行官，着重于战略指导、计划评估

＊ 本文原载于《中国军转民》2012 年第 8 期。

和解决重大问题；各军种负责研究、发展与采办的助理部长兼任第二级军种和主管部门的采办执行官，确定并解决计划项目问题，确定计划状况，寻求进行采办改革的可能性；主管部门的将军或高级文官担任第三级计划执行官，集中于计划项目的执行；具体负责该项目的军官或文官担任第四级项目主任，主要负责协助制定采办策略，权衡费用和评估方案，并协调工作层 IPT 的工作。当项目不够大，不足以需要自己独立的 IPT 时，可以建立一类 IPT 用以负责一组相关的项目。在这种纵向的体系里面，各级负责人只对上一级业务负责人汇报，减轻了负担，同时也确保了采办项目管理职能从国防采办执行官直接落实到具体的项目主任，使各部门职责更加明确。

2. 美军装备采办管理运行体系

美军的采办过程划分为四个阶段：方案与技术开发、系统研制与验证、生产与部署、使用与保障；里程碑有三个，分别设置在方案与技术开发、系统研制与验证、生产与部署三个阶段的起始处。如果上一个研制阶段的工作没有完成，或在阶段评审中没有达到预定目标，就不允许进入下一个阶段；经过项目办公室研究并报上一级主管部门批准，可以限期承包商继续完成未完成的工作，并组织再次评审和决策；如果项目办公室一致认为承包商已无能力完成该项目的研制任务，可以向上级管理部门提议撤销合同。分阶段决策与逐段推进恰恰能有效避免采办过程中的风险，有效控制经费，控制项目的进度和履行。

3. 美军装备采办特色

美军的 IPT 形式是一个高效的组织管理模式，它能为装备一体化采办提供全面的支持，并具有胜任任务的适当技能和丰富经验。IPT 形式的特色非常明显，总结起来有以下几点：

（1）有一套切实可行的工作计划，对采办过程中必须解决的问题针对性很强。

（2）将采办项目领域的专家集中在一起，保证了项目管理与实施的整体性和全面性。事实证明，这种管理体系能够合理简化采办层次，提高采办效率。

（3）在任务过程中的各个阶段，设有重新评估产品和工作的措施，能保证项目宁缺毋滥，并为以后的武器装备一体化采办积累经验。

（4）IPT 小组随采办项目的需要而启动，随采办任务的完成而终止，极大地打击了寻租行为。

（5）能够保证各个 IPT 之间的信息共享，提高其成员的综合素质并保持其内部成员的连续性。

二、英军的"精明采办策略"模式

精明采办策略作为武器装备一体化采办的一种经典模式,最早出现在1998年英国国防部《战略防务审查》中,其核心是通过加强采办管理与策略选择,降低武器装备成本,提高采办效益,以解决装备采办管理过程中存在的诸如项目延期交付、经费超支、采办程序复杂、信息化程度偏低等问题。

1. 英军装备采办机构设置

1971年,英国国防部成立装备采购部,统管全军武器装备的研究、发展、生产和销售,武器装备采办基本实现了集中统一领导和全系统、全寿命管理。英国国防采办管理系统分为需求管理、采购管理和保障管理三个子系统,分别由中央参谋部装备能力局、国防采购局和国防后勤局负责。此外,英军还在国防采购局和国防后勤局组建了若干个一体化项目组,每个一体化项目组负责一个大型或几个小项目"从生到死"的全系统全寿命管理。一体化项目组由核心成员、协作成员和附属成员三类人员组成:核心成员是指负责项目的专职人员;协作成员是指向一体化项目组提供专业知识的兼职人员;附属成员由首席科学顾问派出的技术审查人员和国防部资源规划部派出的检查人员组成,负责在两个审批决策点进行审批。一体化项目组成员和组长都采用聘任制,通过竞争上岗,任期根据项目周期的长短确定,一般至少4~5年。

2. 英军装备采办管理运行体系

在精明采办策略模式下,英军的武器装备采办审批程序简化为概念研究、方案评估、演示验证、生产、使用保障和退役处置六个阶段,并分别在概念研究和方案评估的结束点进行重点审批决策,如图1所示。

图1 英军装备采办管理程序

在概念研究阶段，首先由国防采购局组建初始阶段的一体化项目组，然后交由装备能力局领导管理，参与武器装备需求计划的制订。在武器装备项目进入采购阶段后（即方案评估阶段、演示验证阶段和生产阶段），一体化项目组重新交由国防采购局领导，就装备采购的质量、性能、成本和进度对国防采购局局长负责。在装备保障阶段（即使用阶段和退役处置阶段），一体化项目组从国防采购局移交到国防后勤局，负责装备的保障管理。

3. 英军装备采办特色

相对于美军的 IPT 模式而言，精明采办策略与其具有一定的相似性，但也有其自身的特点，精明采办策略的特色归结起来，主要在以下方面得以体现：

（1）全寿命管理方法——对装备采办实施从摇篮到坟墓的寿命周期管理，对装备型号研究设计、试制试验、生产部署、维修保养、改进更新和退役的全过程进行监督、管理和保障。这与 IPT 模式有着极大的相似之处，同时也是武器装备一体化采办的重点。

（2）项目办公室负责制度——由综合项目组将所有主要的采办功能综合协调起来，全权负责采办业务。在精明采办中，项目办公室是作为采办管理基层负责单位而存在的，这与美军四级采办项目组统管中央到项目的形式有所不同。

（3）简洁高效的采办过程——英军简化了审批决策程序和审批决策点，降低了成本，缩短了交货时间。审批阶段和审批决策点虽然比过去少了，但抓住了装备采办的主要阶段，在确保军方利益的前提下，大大减少了审批人员和管理费用，加快了审批进度。

三、法军的"项目综合工作组"形式

与美军类似，法国的项目综合工作组是一种高度综合的跨专业工作队伍，将采办项目管理涉及的各种专业知识及相关专家聚合为一个团队。对采办项目的全寿命作通盘考虑，实现项目的性能、费用、进度三大要素的综合优化。不同的是，法军的装备采办项目分为准备、设计、实现以及使用四个阶段，项目综合工作组只负责后三个阶段。

1. 法军的装备采办机构设置

1997 年法国武器装备总署改组，使法军的装备采办管理向全系统、全寿命管理迈进了一大步，也为采办项目的矩阵式管理奠定了组织基础。武器装备部署下设九个局和一个中心，在各自不同领域开展装备管理工作。其中，武装力量系统和前景局负责会同联合武装部队参谋部、各军种参谋部制订装备发展的 30 年远景规划，以及全军五到六年的装备计划，并具体负责战略导弹、侦察、情报和远程通信项目的实施。武器系统局负责航空装备、舰船、地面武器装备以及战术导弹项目的实施，大部分的项目主任隶属于该局。计划、采购方法和质量局负责确立武器装备总署在项目实施、采购和质量管理等方面的理论，并对项目主任领导的项目综合工作组提供这些方面的具体支持。此外，鉴定和试验中心局及航空装备维修局也对项目综合工作组分别提供鉴定试验以及使用保障等方面的服务支持。

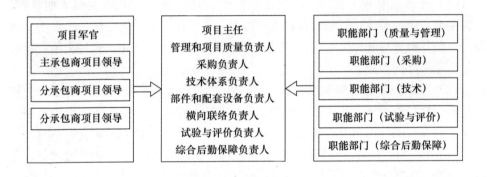

图 2　矩阵式项目工作组

综合项目组主要由两个部分组成：一是来自装备总署的项目主任及其专家；二是来自总参谋部或军兵种部参谋部的项目军官及其专家。综合项目组成员一般也包括工业界的来自主承包商和分承包商的项目主任。通常，一个综合项目组由 10~15 个核心成员组成，必要时也会邀请其他有关领域的专家参加。综合项目组成员，包括组长、高级官员和工业部门的项目主任都需要接受综合项目组的委任，而且其任职时间必须足以确保项目的延续性。

2. 法军的装备采办管理运行体系

法军的装备采办项目分为准备、设计、实现以及使用四个阶段，其中设计阶段又可以分为可行性和定义两个小阶段。在项目综合工作组开展工作之前，兵力系统设计师、作战协调官以及相关军种协调官要进行需求确定并具体负责采办项目的准备阶段工作，监督可行性阶段的工作。常设执行委员会将审查包含准备阶段工作成果在内的可行性文件。如果武器装备总署和联合武装部队参谋部共同做出项目继续进行的决定，那么就正式任命项目主任和项目军官，并进而组建项目领导班子和跨学科的项目综合工作组。当项目进入到可行性阶段后，项目综合工作组就开始负责对采办项目进行管理，但只有当项目进入到定义阶段后，项目管理的关键职责才转移到一体化项目小组身上。

3. 法军装备采办特色

与英国一样，法国的装备采办集中在国防部，军种不设装备采办管理机构。但法国军种参与装备采办的程度较英国要更深入一些。本文将法军装备采办的特色归结如下：

（1）武器装备总署基本全面负责了装备采办的绝大部分事务，但在采办的全寿命过程中，总署必须与军种代表密切配合。

（2）由联合武装部队参谋部和各军种参谋部任命的作战协调官、相关军种协调官以及项目军官，在装备采办中都起到了相当重要的作用。

（3）项目组的成员可以是专职，也可以是兼职，这些工作人员与他们原来所属的部门保持着联系，但工作表现由项目主任评价，这样很好地处理了项目机构与职能机构之间的关系，同时也能够保证职能机构对项目组的支持。法军的这种矩阵式管理模式，通过具有高度责任感的综合项目组成员共同努力实现目标，围绕降低成本和缩短时间进行，有效增强了工作的灵活性。

四、各国做法对我国建立一体化采办体系的启示

由于历史、政治选择、管理理念以及组织结构的不同，我军与欧美各国军队在装备采办管理系统的结构上、装备采办的做法上存在诸多差异。总装备部成立以来，我军的武器装备采办正在逐渐形成新的体系并不断完善，但由于与武器装备采办的市场化行为相关的一系列制度、机构还不健全，如何进一步实现对有限的军工资源的合理调配和整合，建立适合我军特色的武器装备一体化采办体系仍是我们面临的重要课题。

1. 明确装备一体化采办概念

从以上的分析可见，虽然各国都在各自的采办过程中表现出一体化采办的理念，但是并没有对一体化采办下一个十分明确的定义。本文认为，尽管我国的武

器装备采办体系还并不成熟，较之欧美发达国家还有一定差距，但如果没有正确的理论引导，很难正确地实现武器装备的一体化采办。因此，在我国推行武器装备一体化采办，必须在我国武器装备发展水平的基础上，结合欧美各国采办实践经验，得出适用于我国的装备一体化采办概念，并用于指导实际工作。

我军的武器装备一体化采办应该是指：面向部队作战需求，在成建制部队建设的整体框架下，通过拟制一体化采办计划，实施一体化采办管理，将采办过程中独立运行的各个要素和采购要素融合成一个紧密结合、相互配合的有机整体，以高效率和高效益获得高质量装备，是一种更高层次和水平的装备全系统、全寿命管理活动。武器装备一体化采办必须能够准确把握装备的全寿命过程，对有限的经费、时间、人力、物力和技术进行科学配置，对装备采办进行统筹规划、统一管理和综合实施，最终将武器装备采办的全过程融为一体，尽可能地优化装备采办效益。

2. 实行全寿命的管理方法

1998 年成立总装备部，从此军兵种分管装备采购的部门与分管装备维修保障的部门大多交由军兵种装备部统一管理，虽然向装备的全寿命管理迈进了一大步，但就效果而言，武器装备的科研生产与保障两方面的职能实际上未能充分整合，管理上仍相互脱节。由于未能建立系统的指标体系及相应的计算、验证方法，在装备研制时，保障性指标往往不明确，或只是象征性地停留在纸面上；装备交付后，在使用和保障时获取的统计数据和改进建议也未能及时传递到装备研制部门，无法形成良性互动的完善机制，造成资源上较大的浪费。因此，必须要在项目开始的阶段，让保障部门和使用人员及专家充分介入，在装备全寿命过程中尽可能地实现资源共享，实现装备采办全寿命管理的良性循环。

3. 成立装备一体化采办办公室

成立装备一体化采办办公室是适应高技术武器装备结构复杂、体系庞大、耗资巨大这一趋势的必然要求。从我国一体化采办的客观要求出发，应该针对重大装备，尽快建立健全一体化采办管理体制和机制。在这一点上，可以学习美军和英军运用项目管理的理念实施采办的经验，当项目足够大时，成立专门的一体化采办小组专职负责单个项目；而当项目不够大，不足以需要自己独立的小组时，可以建立一类一体化采办小组用以负责一组相关的项目。小组的人员应该由相关专业的合同签订、系统工程、质量管理、价格分析、财务管理、专业技术、试验鉴定、法律事务、后勤保障、安全管理等专家组成，人数多少则视具体项目大小而定。与此同时，必须保证一体化采办小组的终身性，要根据具体采办项目的需要而启动，根据具体采办项目的完成而终止。当然，实现各个小组之间的资源共享，提高成员的综合素质以及保证内部成员的连续性也非常重要。

4. 简化装备采办程序，精简审批阶段

重视对装备采办过程的控制，加强决策点评审，是保证一体化采办过程始终处于受控状态的重要手段。在这一点上，美军做得最为周密，特别是在实施任务过程中的各个阶段，设有重新评估产品和工作的措施，能最大可能地保证项目宁缺毋滥，并为以后的武器装备一体化采办积累经验。但是，我军装备采办的里程碑设置必须要结合我国装备产业的发展状况，生搬硬套"美国模式"未必一定会产生正效应。鉴于我军现在尚不十分成熟的一体化采办体系和国防工业体系，我军的评审决策点难以做到有根据地精简，实行全过程分阶段、分节点控制的精细管理模式非常有必要。一般而言，可以在预研、科研、生产等阶段之间里程碑决策点的基础上，在各阶段内部增设中间决策点，规范评审和决策的程序、方法，规范提交评审的各种文件，随时准备修正错误做法甚至直接叫停项目。当然，在一体化采办体系运行成熟之后，可以适当精简决策点，在确保国家安全利益的前提下，降低决策费用，提高决策效率，加快审批进度。

基于显示原理的装备成本显示机制构建初探[*]

刘 宁 姚东平 陈海贵

一、装备成本显示机制的理论解析

显示原理（Revelation Principle）是指任何贝叶斯博弈的贝叶斯纳什均衡，都可以重新表示为一个激励相容的直接机制。并且，如果直接显示机制不能够保证帕累托改进一定会出现，那么就没有任何机制能够保证帕累托改进一定会出现。这一理论对破解委托—代理博弈中由于信息不对称所引致的难题，具有十分积极的意义。

在委托—代理问题中，机制设计可以被看成是一个三阶段的不完全信息博弈。第一阶段，委托人设计一种机制，可称为博弈规则。根据这个规则，代理人发出信号，事先的信号决定配置结果。第二阶段，各代理人同时选择接受或不接受委托人设计的机制。如果代理人选择不接受，就可获得额外的保留效用。第三阶段，选择接受的代理人根据预定的规则进行博弈。所以，破解不完全信息的有效机制必须满足两个条件：一是参与约束，代理人必须有激励报告真实信息，假如他们的类型是不变的，机制的有效性就在于让人始终讲真话；二是激励相容约束，代理人如果按委托人给定的机制所预期的方式行动，他将使自己的效用最大化，即使他还有委托人不知道的其他行为可供选择，甚至委托人不了解他的类型状态。根据显示原理，如果一项选择规则能够通过一种特定机制的博弈均衡来付

* 本文原载于《军事经济研究》2012 年第 10 期。本文是 2011 年度装备预研项目"武器装备成本显示机制构建研究"的阶段性成果。

诸实施，那么就是激励相容的，进而一定能够通过一种"直接机制"来付诸实施，而这种"直接机制"就是具备以上两项必要"约束"的最优机制。

在装备采购和定价中，军方与承制企业之间非对称信息博弈的破解，可以尝试运用显示原理来指导设计一种激励相容的"直接机制"，以期作为代理方的承制企业能够为作为委托方的军队采购部门提供准确的成本信息，并获得合理的利润回报。所以，装备成本显示机制可以定义为基于显示原理，针对武器装备真实成本信息获取而构建的装备综合成本管理系统。

二、装备成本显示机制的基础架构

基于显示原理，具有激励相容设计的装备成本显示机制，应当至少实现四个方面的目标，即实现装备财力资源的有效配置、提高装备采购效益、增进承制企业内部效率、维护企业可持续发展能力。目前，军队装备采购部门与承制企业之间存在的最大问题是，双方成本信息不对称，企业具有信息绝对优势，加之现行军队装备审价机制运行效率难以满足实际需要，而相应惩罚措施又不完善且执行力度不够，导致企业在装备报价方面具有了一种隐瞒信息和抬高要价的占优策略（Dominant Strategy）①。从图1简单的博弈矩阵可以看出，无论军方采取惩罚措施与否，承制企业只要采取抬高要价的策略，就能够增大自己的收益，而军方也只能使用持续惩罚的措施应对。这恰恰与现实中军队装备价格管理部门对几乎所有企业报价都"砍一刀"的做法相符合。因此，根据吉巴德—萨特斯维特操纵定理（Gibbard—Satterthwaite Manipulation），装备成本显示机制构建的前提就是要通过制度设计，使目前承制企业拥有的占优策略消失，让军企博弈有条件进入纳什均衡状态或是产生军方的占优策略，才能让激励相容机制发挥效力。这就要首先加强军方自身的成本估算、事后审核和惩处体系的建设，以便更易察觉企业的欺骗之举，并使其得不偿失。

		军方	
		不惩罚	惩罚
企	不欺骗	3, 3	2, 4
业	欺骗	7, -1	4, 2

图1　企业占优的博弈

---

① 占优策略就是指无论竞争对手如何反应，都属于本企业最佳选择的策略。

1. 面向事前控制的装备成本估算体系

装备成本估算是指对装备研制或订货成本构成要素进行分析、预测和计算，以大致确定装备接近实际水平的研制价款或订货价格的工作过程，是面向事前控制，针对装备全寿命费用的成本测算系统。一方面，可以通过既定的测算模型汇总企业提交的各项成本信息，并计算出军方进行装备采购可能承担的总费用，从而为装备采购的经济可行性评估提供支撑；另一方面，可以将通过成本估算模型计算的成本值与经验数据进行比对，检验企业提供的成本信息的合理性和真实性，增强企业成本信息反馈机制的运行效果。目前，美国在成本估算领域处于世界领先地位，早在 20 世纪 50 年代兰德公司就提出了"性能指标—成本估算关系"（Cost Estimating Relationships），联邦航空管理局建立了采办管理系统（Acquisition Management System）并实施了成本风险管理（Continuous Cost—Risk Management），而由 PRICE 系统公司研发的 PRICE 成本估算软件广泛应用于装备制造、大型复杂设备采购等领域。因此，可以积极借鉴其复杂系统成本费用估算方面的有益经验，通过学习这些系统和软件的形成理念，因地制宜地开发我军装备成本估算体系。而且，为了更加准确地修正估算结果，还应当建立零配件、部件、试制品、定型产品等方面的成本和价格数据库并及时更新。比如，NASA 就建立了统一 NASA 成本分析数据库，作为成本估算参考依据。

2. 严把事后控制的审价和惩处系统

现行装备审价机制之所以难以达到预期效果，主要有三个方面的原因：一是在组织结构上，装备价格管理部门与装备采购部门、财务部门等同属总装备部综合部门管理，执行审价工作独立性不强、法律地位不高，容易受到其他因素牵制。并且，各军兵种均有独立的装备审价部门或人员，造成统一采购、各自审核的局面。二是在人员配备上，现有装备价格管理人员数量太少，与逐年增加的装备采购规模形成较大反差。这种"加事不加人"的状态，自然导致管理者心有余而力不足。三是在执行体系上，尚未形成一整套制裁有度、不留盲区的惩处法规制度，而且目前企业作假，军方必须上报，发改委价格司才能处理，程序烦琐且往往难以达到警示目的。因此，在对装备成本信息的事后管控方面，应当首先形成价格管理部门的独立性，并赋予其较高的法律地位，具有下达各项惩处决定的判决权；其次要增加从事装备审核工作的人员数量，扩大其工程和会计领域知识面，增强审价业务能力；最后要按照"整体规划、系统配套"的要求，制定"军品价格成本法""装备定价行为规范""装备产品定价标准和装备产品定价目录"，形成三级装备价格管理法律体系（如图 2 所示），并建立对企业瞒报成本信息行为的永久责任追究制度。

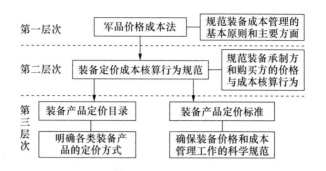

图2　军队装备法规体系框架

3. 实现激励相容的企业收益奖励体系

装备成本显示机制的核心在于激励企业主动说真话，实现军队和企业在采购中的双赢，即达到博弈的纳什均衡。现实中，导致企业说假话的根本原因在于其违规成本较低，而预期投机回报略高。以上两项制度的确立，能大幅提高企业欺骗行为的损失预期。此时只要使企业能获取合理预期收益，那么其选择欺骗的动机必然显著削弱，而选择主动提供真实信息则更符合理性。这便实现了最优机制设计中的参与约束。而激励相容约束的实现可以根据显示原理建立企业收益奖励体系。该体系应当满足两个基本条件：一是确保企业在装备承制任务中不发生亏损且获得应有收益，并对讲真话的行为给予适当奖励性回报，从而保证参与装备生产企业的积极性，使其更加自觉地说真话；二是要避免企业的道德风险和逆向选择问题，主要是指企业对成本控制不尽力以及企业之间在定价方面的串谋行为。对此，可以考虑从两个方面加以解决：一是将一次博弈状态变为多次重复博弈状态，就是承诺给予诚实的企业更多的后续合同，即形成长期委托关系，而将撒谎的企业直接剔除。为了追求更大的预期收益，在竞争性环境中这可以提高企业说真话的主动性。但是，在遇到单一来源采购的情况下，这种方式还难以对垄断企业的道德风险形成有效约束。二是发挥声誉效应的约束作用，就是要建立对承制企业的诚信度与合作满意度的评价与公布制度，将企业得益的核算范围扩大到社会反映和潜在客户挖掘等方面。这样对于一些具有垄断优势的企业也能起到规范行为的作用。

三、装备成本显示机制的运行机理

装备成本显示机制的三个子系统构成了贯穿事前、事中、事后的完整的成本信息监管体系。机制的运行如图3所示。

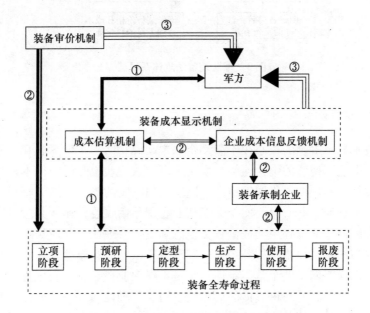

图3 装备成本显示机制架构与运行机理示意图

第一阶段，在装备全寿命过程的各阶段开始之前，军方利用成本估算机制对各阶段某型装备的成本进行测算，相关参数来源于历史数据和上一阶段军方认可的承制企业提供的成本信息，如果处于立项阶段，则根据历史数据进行成本估测。

第二阶段，军方根据成本初始估算结果认为可以进行下一阶段的采购后，承制企业则开始进行下一阶段的设计和生产活动，并在该阶段完成后，在企业成本信息反馈机制的信息收集和筛选作用下，向成本估算机制提供各项成本信息。此时，成本估算机制根据企业提供的信息进行成本估算，并鉴别其提供信息的真伪。如果发现估算结果与经验值（或该阶段的初始估算值）偏差较大，则要求企业再通过反馈机制重新提供信息，并做出解释；而如果估算结果符合要求时，则将信息作为装备成本显示机制得到的最终信息提供给军方，并作为最终进行装备定价的成本依据。

第三阶段，在承制企业做出最终报价后，装备审价和惩处系统作为事后控制机制开始启动，全面审核并查处瞒报行为。

第四阶段，对诚实守信的企业给予相应的政策性或经济性奖励，对确实因项目原因发生亏损的企业给予成本和利润补偿，并公布企业诚信评级。

四、结　论

装备成本显示机制能有效地消除直线型审价程序出现的问题，通过对装备全寿命过程各阶段成本信息的反复收集、筛选、比对和处理，能够使成本信息更加准确。同时，该机制具备内在信息反馈系统，能够将企业提供的成本信息与估算的成本信息进行及时比对，进而为后续成本估算和认定工作提供支持。所以，在该机制中存在着"成本估算→企业成本信息反馈→成本估算"的闭环可重复信息处理机制，保证对装备成本的动态监控。

参考文献

［1］郭其友，李宝良．机制设计理论：资源最优配置机制性质的解释与应用——2007 年度诺贝尔经济学奖得主的主要经济学理论贡献述评［J］．外国经济与管理，2007（11）．

［2］姚纳新．国外复杂系统成本管理和成本估算发展概况［J］．导弹与航天运载技术，2008（2）．

［3］郭基联等．装备寿命周期费用估算软件 PRICE H 剖析［J］．装备指挥技术学院学报，2009（4）．

政府采购合同设计与承制
单位价格信息 *

孟斌斌　李湘黔

政府采购指各级政府及其所属机构为实现其政府职能和公共利益，使用公共资金，以法定的方式获得货物、工程和服务的行为。政府采购是经济体中重要的经济活动之一，在市场经济条件下，政府是市场最大的单一买主，在发达国家政府采购占 GDP 的 15% 以上，并且还随着国家干预经济力度的增大而增加。成熟的政府采购是政府干预经济的一种手段，是国家对经济生活进行宏观调控的手段，可以规范财政支出，节约财政资金，降低政府运作价格；有效配置社会资源，优化产业结构，提高社会整体福利水平。相反，如果政府采购活动运行不当，公共采购"黑箱"操作，政府运作不透明，则将增加腐败行为，浪费财政经费，扭曲经济活动，阻碍经济发展。可见，政府采购活动意义重大。在市场经济条件下，政府采购主要通过合同的形式与承包商达成交易，合同是规范双方行为的重要依据。要提高政府采购的效率，使得政府采购有效配置资源，就必须对政府采购的合同进行研究。政府采用什么类型的合同能够最大限度地激励承包单位、避免价格扭曲、提高政府采购效益是一个重要的问题。本文通过合同设计与价格信息的研究发现，政府提供"合约菜单"能够使得承制单位显示出其真实价格信息，有利于提高政府采购效益。

国外运用经济学理论对政府采购进行研究的文献较成熟。对政府采购的定义、性质、经济效应、效率等都有较全面的研究。对于政府采购项目价格费用上涨的研究多从监督、定价的层面进行，笔者还没看到从合同设计与价格信息这个角度进行研究的成果。国内的文献侧重于政府采购的立法工作、政府采购的历史渊源、政府采购的财政政策等实务操作层面和宏观层面的研究。如曹国富的《政府采购管理——规范与实务》、孟春的《财政改革研究与探索》、方芳的《政府

　　*　本文原载于《北京理工大学学报》（社会科学版）2013 年第 2 期。

采购招投标指南》等。政府采购作为一种经济活动，运用现代经济学的工具对其进行研究的文献并不多见。现有研究思路有其各自的优势，对于解释政府采购价格上涨的原因有很大的作用，对于采购合同与价格信息的关系研究不深入。有的文献只涉及现象的描述和分析，却忽视了价格信息这个核心概念。分析价格的上涨应该从合同与价格信息的角度去考虑。信息是整个问题的本质所在。价格偏高，很大程度上是因为信息的失真，存在着虚报价格的现象。有的文献针对价格的控制、监督进行研究，提出加强监督和控制的对策建议，缺少激励因素的考虑。采购方仅从约束方面来考虑对策并不能达到价格显示的最佳状态。因为政府作为采购方，不能完全参与项目生产，对生产过程没有企业管理者熟悉，仅仅通过监督控制来避免价格失真比较困难。

一、理论模型

本文结合"如何使人说真话"的机制设计理论思想，建立了政府采购真实价格显示的经济学模型，通过数学模型严格描述价格显示的规律，并从理论上推导出政府采购真实价格显示的机制。

1. 理论基础

信息经济学及机制设计理论的最新研究成果为真实价格显示提供了很好的分析框架。该部分通过简单梳理机制设计领域的研究，得出构建真实价格显示模型的理论工具。从信息经济学的视角来分析，一个机制最关键的特征是信息和激励。在真实世界的经济活动中，信息常常分散于整个社会，个体不可能了解所有的信息，并且往往出于个人利益的驱动会谎报信息。机制设计理论解决的核心问题是如何使说真话成为占优策略。

Gibbard 的"操纵（Manipulation）定理"认为有且只有独裁性的社会选择规则才能被占优策略均衡所执行。所谓独裁性社会选择规则是指好与坏仅由一个人说了算。Hurwicz 提出的"不可能性定理"，认为在信息分散的个人经济环境中，不存在一个机制让人有动力显示真正信息又能实现帕累托最优。Maskin 提出"实施理论"（Implementation Theory），认为只需要设计出一个激励相容的机制也就是只要设计出能让人说真话的规则，并且进一步使得规则可执行就可以，而并不需要一个中央计划者。然而设计满足激励相容的最优机制往往涉及的数学问题很复杂，在操作中不太可行。Myerson 提出的"显示原理"（Revelation Principle）使机制设计理论变得较为可操作。Myerson 认为，所有机制的任何均衡结果都能够通过一个激励相容的直接机制来实施，这样在寻找最优机制时就不需要在整个机制集合中去找，而只需在直接机制的这个子集中去找，只要找到其中的"直接显示私人信息"的机制，再还原为现实的机制，就能够使"说真话"成为均衡的结果。Gibbard（1973）认为，如果对个人的偏好域不加任何限制，则对任何一个非独裁的社会选择规则，都不可能找到一个使得每个人都说真话的机制占优实施该社会选择规则。每个人说真话占优实施该社会选择规则是指在该社会选择规则下，对于任意一个人，无论他人是否说真话，自己说真话总是最优策略。而Groves（1973）恰恰证明了在拟线性偏好假设下，可以找到一个说真话的机制占优实施任何一个非独裁的社会选择规则。拉丰（1977）提出并证明了存在说真话的机制占优实施任何一个非独裁的社会选择规则的充分必要条件。

关于该理论的详细内容不再展开分析，下面运用机制设计理论"说真话"的经济思想，构建使得承制单位"说真话"从而显示真实价格的数学模型。

2. 模型构建

为了抓住价格显示的主要矛盾，这里我们将对实际情况进行抽象，从纷繁的表面现象中抽象出价格显示模型的外生变量和内生变量。在对外生变量进行一定假设的基础上，探讨内生变量之间的关系，从而得到价格显示的规律。

（1）模型变量。数学模型是对现实的一种抽象描述，不能够涵盖现实中的所有因素，要抓住核心因素，忽略次要因素，这就需要对现实进行高度的抽象。在市场经济下，采购方与承制单位通过合同的形式来确定交易关系，合同是约束采购双方行为的基本依据。价格显示与否是采购双方行为互动的结果，而双方的行为是以合同为约束条件的。可见价格显示的模型应以合同为着眼点，从理论上分析采购方通过设计什么形式的采购合同能使承制单位显示出自己的价格信息。

1）内生变量。内生变量是指由模型描述的可以改变的，不是固定不变的量，模型一般描述两个或多个内生变量之间的关系。

在采购实践中，采购方给企业一定的报酬，企业按照合同规定交付相应的项目。采购方可控制的是报酬，一般通过合同来规定。价格显示模型必须能够描述采购方支付的报酬与企业价格状况之间的关系，即采购方提供不同的合同，企业将有不同的反应策略。简单来讲，价格显示模型描述合同报酬与企业价格状况之间的关系，不同的价格状况的企业，将选择不同类型的合同。

所以，采购方支付的利润和采购方报出的价格特征是内生变量。

此外，模型推导过程中将用到一些中间变量，这些变量对模型意义重大，但不是模型描述的核心变量，涉及的中间变量随着推导的需要将会出现，这里不再列出。

2）外生变量及其假设。外生变量是指由外部条件确定的，在模型中固定不变的量。为了描述价格信息与合同类型之间的关系，将对以下外部变量作如下假设，以保证模型的合理。在得出模型核心结论之后，进一步定性地分析外生变量对模型结果的影响作用。

假设1：不存在不诚实的价格造假。假定采购方能通过价格审查等方式得到项目的事后价格，即价格造假是可以被发现并避免的，本价格模型所显示的是由企业技术条件确定总体价格状况 β。

假设2：双方事前将对目标价格进行估算，采购方可以基于目标价格制定不同类型的合约。

假设3：定价模式没有制度约束，政策上允许不同的采购合同形式。

假设4：企业以己方利益最大化为其目标，通过正常的经济运行来达到该目标，不存在不良行为，比如寻租、串谋、贿赂等。

假设5：采购方对企业价格状况的先验分布函数为 F，密度为 f，对 $\beta \in [\underline{\beta}, \overline{\beta}]$ 满足 $f(\beta) > 0$。$[\underline{\beta}, \overline{\beta}]$ 表示企业可能的价格状况区间。

假设6：分布函数 F 满足单调风险率 $d[F(\beta)/f(\beta)]/d\beta \geq 0$。满足单调风险率意味着可以通过技术等手段改进企业的价格特征。企业的价格特征越好，通过努力来改进价格特征就越困难。从一定意义上说，该假设是收益递减假设。

（2）模型设计。采购方采购一个大型项目，其对政府的价值是 S。企业生产该项目的价格是：

$C = \beta - E$

其中，β 是企业的价格状况；E 是企业降低价格的努力程度。假定花费了努力，项目价格就降低 E，同时给企业造成负效用 $\psi(E)$。努力程度越大，负效用越大。

政府采购方以项目的事后价格为基础，通过向承制单位补偿利润 T 来激励企业承担采购项目的生产任务。U 表示企业的效用水平：

$U = T - \psi(E)$

企业参与采购项目生产的个体理性条件是：

$U = T - \psi(E) \geq 0$

令 λ 表示政府采购费用的影子价格。政府采购费用是通过税收筹集的，税收会扭曲资源配置，造成额外的价格，每征收1元税收给国家整体带来的负效用是 $(1 + \lambda)$ 元，则国家整体的净剩余是：

$S - (1 + \lambda)(T + \beta - E)$

对政府来讲，该采购项目带来的社会福利是：

$$S-(1+\lambda)(T+\beta-E)+T-\psi(E)=S-(1+\lambda)[\beta-E+\psi(E)]-\lambda U$$

承制单位的价格状况属于区间 $\beta[\underline{\beta}, \overline{\beta}]$。通过显示原理可知,任何机制都等价于诱使企业显示其真实价格参数的直接显示机制。

令 $\{T(\hat{\beta}), C(\hat{\beta})\}_{\hat{\beta}\in[\underline{\beta}, \overline{\beta}]}$ 表示显示机制。当企业报出自己的价格参数 $\hat{\beta}$ 时,企业的实际价格必须是 $C(\hat{\beta})$,企业得到净转移支付 $T(\hat{\beta})$。企业的效用函数是由实际价格参数和其报出的价格参数($\hat{\beta}$)决定的:

$$\varphi(\beta, \hat{\beta})=T(\hat{\beta})-\psi(\beta-C(\hat{\beta}))$$

要自动显示出自己的真实价格信息就必须满足以下条件:对区间 $[\underline{\beta}, \overline{\beta}]$ 内的任何 β 和 β' 满足下列方程:

$$T(\beta)-\psi(\beta-C(\beta))\geqslant T(\beta')-\psi(\beta-C(\beta'))$$

$$T(\beta')-\psi(\beta'-C(\beta'))\geqslant TT(\beta)-\psi(\beta'-C(\beta))$$

即价格参数为 β 的企业只有报出自己的真实价格信息,自己的效用才最大。

相加以上两个等式得:

$$\psi(\beta'-C(\beta))-\psi(\beta-C(\beta))\geqslant\psi(\beta'-C(\beta'))-\psi(\beta-C(\beta'))$$

如果 $\beta>\beta'$,那么 $C(\beta)\geqslant C(\beta')$,所以 $C(\cdot)$ 具有非递减函数的性质。

企业愿意报出真实价格信息意味着:当且仅当 $\beta=\hat{\beta}$ 时,$\varphi(\beta, \hat{\beta})$ 达到最大值。函数取最大值,意味着其一阶导数为零,即在定义域内处处有一阶导数 $\varphi_2(\beta, \beta)=0$。

令 $U(\beta)=\varphi(\beta, \beta)$,表示价格参数为 β 的企业的租金。运用包络定理得:

$$\dot{U}(\beta)=\psi'(\beta-C(\beta))$$

至此得出以下命题:

命题:对价格参数为 β 的企业,当且仅当下式成立时,满足说真话报出真实价格信息的激励相容条件,其中 $\beta\in[\underline{\beta}, \overline{\beta}]$。

$$\dot{U}(\beta)=-\psi'(\beta-C(\beta))$$

$$\dot{C}\beta\geqslant0$$

政府在激励相容和个体理性的约束下,最大化预期的社会福利。

目标函数:

$$\max_{\{E(\cdot), C(\cdot)\}}\int_{\underline{\beta}}^{\overline{\beta}}[S-(1+\lambda)[\beta-E(\beta)+\psi(E(\beta))]-\lambda U(\beta)]dF(\beta)$$

约束条件:

$$\dot{U}(\beta)=-\psi'(E(\beta))$$

$$\dot{E}(\beta)\leqslant1$$

$U(\beta) \geqslant 0$（对所有的 $\beta \in \left[\underline{\beta}, \overline{\beta}\right]$）

运用最优控制理论求解该方程，得出最优净转移支付函数是事后价格的函数：

$$T^*(C) = \psi(E^*(\beta^*(C))) + U^*(\beta^*(C))$$

对该函数求导可知其具有凸函数的性质，可以通过其切线族来替代该函数。这些切线是事后价格的线性函数，切线族则构成了最优合约菜单：

$$T(\hat{\beta}, C) = T^*(\hat{\beta}) - \psi'(E^*(\hat{\beta}))(C - C^*(\hat{\beta}))$$

二、模型结果及验证

1. 模型结果分析

根据以上最优化问题的求解，得到由下式表示的最优合约菜单：

$$T(\hat{\beta}, C) = T^*(\hat{\beta}) - \psi'(E^*(\hat{\beta}))(C - C^*(\hat{\beta}))$$

价格信息显示机制可以通过上式定义的合约菜单来执行。在信息不对称的情况下，政府采购方提供一个合约菜单供企业选择。该合约菜单下，企业的努力水平随 β 增大而递减；事后价格 β 随增大而递增。最优效率的企业将选择固定价格合同，是价格节约的剩余索取者；其余类型的企业选择激励型合约，介于固定价格合约和价格加成合约之间。

由模型结果的进一步简化可知，政府采购方可以先估算目标价格 C^0，然后提出下式表示的线性合约菜单：

$$T(C^0, C) = \overline{a}(C^0) - \overline{b}(C^0)(C - C^0)$$

其中，$\overline{a}(C^0)$ 为企业的预期报酬；$\overline{b}(C^0)$ 为企业分担价格超支部分的系数。

价格状况好的企业选择高强度的激励合约，因为这类企业生产价格低，所以为了得到较高的固定补偿部分，不要求政府替企业分摊超过估计数值的价格。

国防经济学家谢勒（Scherer）对政府采购项目中的承包商选择合同的行为进行了描述：当承包商预期到自己的价格将会超过目标价格时，企业就会为了得到较小的价格分摊份额和较高的价格上限而成功地讨价还价；当承包商预期到自己的价格低于目标价格时，企业则愿意接受超过目标价格部分的较高份额，并更有可能接受低于目标价格部分的较高份额，以及较低的价格上限。

根据实际情况，把上式表达的合约菜单进一步简化，得到合同菜单①：

$$P = a + b \times C$$

实践中，政府采购方可以采用该合约，通过信息显示来区分承制单位的总体价格状况。在政府采购方提供线性合同的前提下，高价格类型的厂商将会选择有较高 b 数值的线性合同，获得较低的租金。低价格类型的厂商将会选择具有较低 b 值的线性合同，获得较高的租金。通过观察承制单位选择的合约，政府能够知道企业的价格特征。

2. 数据验证

国外一些采购项目实践的数据验证了模型的结论。价格状况好的企业将选择激励程度高的合同类型。谢勒（Scherer）对 25 个主要政府承包商进行分析，得出如表 1 所示的数据。

表1 合约类型与承制单位价格状况对应关系

合约类型	平均利润率（％）
固定价格合约	18.3
可重新决定的固定价格合约	10.6
固定价格激励合约	8.8
价格加固定费用和价格加激励费用合约	4.9

资料来源：Scherer. The weapons acquisition process：Economic incentives ［D］. Graduate School of Business, Harvard University, Cambridge, MA, 1964.

John Perry Miller 研究发现，第二次世界大战期间美国固定价格类型合约的平均利润率为 13.6%，但是价格加固定费用合约的平均利润率为 4.8%。

Hartley 也对项目采购实践中不同合同类型下承制单位的利润率作了统计，结果表明，采用固定价格合同的厂商在谈判前实现的利润率要高于采用价格补偿合同的厂商。

图 1 形象地展示了这些数据结果。其中 0 ~ 1.0 只是表示大小高低的程度，属于定性描述，并不是指具体的数值。

---

① P 与 T 之间的关系为 $P = T + C$，合同价格等于补偿加真实价格两部分。

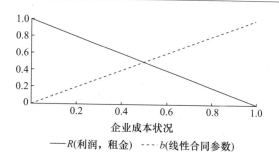

企业成本状况

——R(利润，租金)　- - - b(线性合同参数)

图1　企业价格类型、合同类型、事后核算利润相互关系

这些数据验证了模型的结论。政府采购方可以通过提供不同的线性合同菜单供企业选择来取得较好的谈判策略。当可以选择多个代理者同时进行生产时，采购方在该菜单的基础上，对菜单中不同的合同进行偏好排序，选择最偏好合同的代理者中标。该"合同菜单"是信息显示机制在采购领域的应用。

三、结　语

1. 强化目标价格，科学制定合约菜单

合约菜单是以采购对象的目标价格为主要参数来制定的。在采购实践中比较可行的合约菜单是基于目标价格的具有不同分摊比例的价格分摊合同。采购方提供具有不同分摊比例的价格分摊合同，潜在的企业将根据自己价格状况选择对应的分摊比例的价格分摊合同。价格状况最好的企业会选择偏向于固定价格合同的具有较高价格分摊比例的合同；价格状况最差的企业会选择偏向于价格加成合同的具有较低价格分摊比例的合同。采购方从企业所选择的合同中来判断企业的价格特征。

要使得合约菜单能够显示出企业的价格特征，采购方需要建立尊重合约的声誉。如果采购过程中，合约条件可以随意修改，那么这种机制将不能发挥其应有的作用。

强化目标价格要求在设计中把价格指标、计划进度和技术性能同等对待；在设计时不仅要考虑到生产费用，还要考虑到使用与保障费用等全寿命费用。要在设计中实施目标价格管理，即要求确立目标价格值，并以目标价格值作为设计和管理的手段，以控制计划费用增长，从而避免价格信息扭曲，显示真实价格

信息。

图 2 所示的全寿命费用比例曲线表明，项目方案探索阶段结束时，全寿命价格的 70% 已大体确定，演示与验证阶段结束时为 85%，全面工程研制阶段结束时则已确定了全部费用的 95%。可知，在设计工作以外节省价格的可能范围是有限的，控制价格并避免价格失真的根本途径在于精心设计并把握住满足性能要求的生产、使用和维护的经济原则，以目标价格作为实际工作的重要指标。

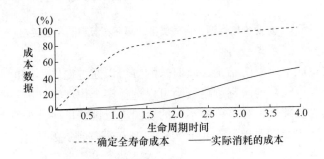

图 2　寿命周期各阶段价格信息特点

注：时间轴 0~1 表示方案探索阶段，1~2 表示演示验证阶段，2~3 表示全面工程研制阶段，3~4 表示生产阶段，4 之后表示使用保障阶段。

资料来源：Affording Defense，JS Gansler［M］. America：The MIT Press，1991.

强化目标价格的思想已经在国外采购实践中得到体现。美国国防部重要项目系统的采购指令（国防部 5000.1 号指令①）明确提出，重要项目系统要实现按价格设计的目标，强调项目系统采购应该考虑采购价格和使用保障价格，确立费用参数，要把各价格因素转换成按价格进行设计的有关要求，应保持价格估算和影响价格因素的可跟踪性。按价格设计指令（国防部 5000.28 号指令②）中美国国防部正式把价格确立为设计参数，并要求提供可用于系统采购和使用全过程的价格估算方法；"按价格设计"的目标价格数值应在阶段方案探索之前确定；目标价格的确立及变更都必须经国防部长批准。

按价格设计方法的实质是目标管理，即要求确立目标价格值，并以这些目标价格值作为设计和管理的手段，以达到控制计划费用增长的目的。

经过美国多年的实践证明，该方法对于避免价格费用虚涨很有效。

兰德公司对美国 20 世纪 60 年代和 70 年代两个 10 年采购计划结果与计划目标值偏离的程度进行了比较分析。采用"目标价格"思想的 70 年代采购计划比

---

① 国防部 5000.1 号指令是指为国防采办计划的管理规定大政方针与指导思想的文件。
② 国防部 5000.28 号指令是指按费用设计的指令，要求把费用作为设计的重要参数。

较接近费用目标，其价格比前一个 10 年减少了 10% ~20%。计划价格的年度平均增长率也降低了，60 年代为 7% ~8%，而 70 年代为 5% ~6%。在采购策略和经费管理中引进"目标价格"的思想是取得上述结果的主要原因。

2. 加强过程价格监控，提高合约菜单的约束效力

在合约菜单中，事后价格是很重要的参数。事后价格的准确与否直接关系到合约能否发挥其约束作用。合约的最后价格是基于事后价格的，如果这个价格偏差很大，那么就会减弱合约菜单的显示效果。要通过价格监控，尽量避免价格造假带来的事后价格扭曲，这样才能使得合约菜单发挥应有的显示效果。

加强事前控制。这体现在采购合同选择、目标价格论证等方面。根据采购对象的经济特性可以采用不同类型的合同。从降低项目价格失真的角度来讲，建议优先采用固定价格合同以最大可能地降低价格失真。同时选择合同形式应该注意风险等多种因素。如果采用的是激励约束合同，那么在立项阶段就必须提出目标价格、分摊比例等数值，随着研发的深入，必须提出分系统的目标价格，分摊比例的数值。如果采用的是固定价格合同，那么目标价格的核算就至关重要，因为这直接决定了合同价格的大小，并且不会再改变，必须加强目标价格的论证，以避免后期不必要的修改合同或者无法完成生产的麻烦。

采购项目价格是一个系统概念，寿命周期的各个阶段对于价格都有着不同的影响，解决价格失真应该采用全过程价格监控。在立项、定型等重大节点上都要进行价格监控，生命周期的早期阶段对于价格的决定程度是很大的，前期阶段的价格失真，对于整个寿命价格的影响就很大。

采购双方的地位随着项目生命周期发生变化，优势从初始阶段的采购方逐渐向承制方转移，这个规律可以称为"采购双方地位转移规律"。监督应该同时把握费用形成决定因素规律和双方地位转移规律。

3. 监管企业行为，营造合约菜单运行的公平环境

马克思认为，当生产集中发展到相当高的程度，极少数企业就会联合起来，操纵和控制本部门的生产，同时联合去影响政府机构的决策。奥尔森（Olson，1965）的集体行动理论认为"产业可以收买当局，并使得当局为产业的利益设计政策"。利益集团越小，每个成员的份额就越大，因而更有激励去影响采购合同的价格。斯蒂格勒（Stigler，1971）认为，产业成员比只有较低个体利益的分散的消费者更有动力组织起来施加政治影响。利益集团努力控制采购方决策的制定是因为决策影响到企业甚至产业的福利。根据拉丰（1993）的描述，利益集团影响采购方决策制定的方式有以下几种：一是金钱贿赂。二是通过给采购方人员提

供未来可在企业工作的职位。三是建立私人关系。四是企业迎合采购方对"稳定"的需要，不公开批评采购方的问题。

要加强对企业行为的监管，避免上述行为的发生，这样采购人员才有激励去设计合约菜单，并且在获悉企业真实价格信息之后，利用获悉的价格信息去约束企业的行为。

4. 培育竞争主体，增加合约菜单的可选供应方

培育政府采购市场的竞争主体，一方面将为合约菜单的执行提供更多合格的参与者；另一方面将提高企业的总体分布情况，即降低企业价格状况分布 $[\beta, \overline{\beta}]$ 的下限值。

政府采购真实价格显示模型告诉我们，要促进政府采购真实价格显示，必须强化目标价格确定，加强过程价格监控，优化项目定价模式，加强承制单位价格行为监管，培育合格的竞争主体。

参考文献

[1] 阮铃雯. 政府采购制度问题研究——国际经验比较和中国政策选择 [D] . 南开大学博士学位论文，2006：20-25.

[2] Stuart F H. Purchasing, principles and applications [M] . Prentice Hall, 1986.

[3] Jerome B. Effective financial management in public and nonprofit agencies [M] . London：Quorum Books, 1995.

[4] Gibbard A. Manipulation of voting schemes：A general result [J] . Econometrica, 1973, 41 (4)：587-601.

[5] Hurwicz L. On informational decentralized systems [M] . Decision and Organization, 1986：117-120.

[6] Maskin. Nash equilibrium and welfare optimality [J] . Review of Economic Studies, 1998：66 (66)：23-38.

[7] Roger Myerson. Efficient mechanisms for bilateral trading [J] . Journal of Economic Theory, 1983, 29 (2)：265-281.

[8] Groves. Incentives in teams [J] . Econometrica, 1973：620-624.

[9] Laffont. On the revelation of preferences for public goods [J] . Journal of Public Economics, 1977, 8 (1)：79-93.

[10] Laffont, Tirole. A theory of incentives in procurement and regulation [M] . America：The MIT Press, 1993.

[11] Keith Hartley, Todd Sandler. The handbook of defense economics [M]. Holland: The North Holland Press, 1995.

[12] Reichelstein. Constructing incentive schemes for government contracts: An application of agency theory [J]. The Accounting Review, 1992 (8): 712 –731.

[13] McAfee, McMillan. Auctions and bidding [J]. Journal of Economic Literature, 1987 (25): 699 –738.

[14] Laffont Jean – Jacques, Tirole Jean. Auctioning incentive contracts [J]. Econometrica, 1987, 95 (5): 1153 –1175.

[15] Riordan, Sappington. Awarding monopoly franchises [J]. American Economic Review, 1987 (3): 375 –387.

[16] Olson M. The logic of collective action [M]. Harvard University Press, 1971.

[17] Stigler G. The economic theory of regulation [J]. Bell Journal of Economics, 1971, 2 (1): 3 –21.

国防采购全球化的趋势与动因 [*]

黄朝峰

国防采购全球化是指国防采购活动跨越国界，通过对外贸易、资本流动、技术转移等方式在全球市场采购本国国防建设所需武器系统、零部件、弹药物资、军事技术、设施设备、原材料和服务等的活动。作为国防经济全球化的重要组成部分，国防采购全球化以经济全球化为前提，以不同国家在国防生产中的技术和成本差异为条件，以国家安全需求和资本逐利为驱动力，以交易物资和技术的军民两用性为深化和扩张基础。冷战结束以来，国防采购全球化迅猛发展，成为世界主要国家降低国防采购成本、推动国防领域竞争和实现军事政治意图的重要手段。

一、国防采购全球化已成世界性趋势

国防采购全球化最初表现为国家之间的军火贸易，并在很长一段时间内主要是经济技术落后的发展中国家向经济技术先进的发达国家购买武器装备。例如，晚清时期，清政府曾向英、法、德等多个国家购买枪支弹药、火炮和军舰。随着经济全球化的深入发展和国防工业全球化的不断推进，国防采购全球化逐渐成为一种世界性趋势。

1. 供需角色深入演变

从以发展中国家向发达国家进口武器装备为主向发达国家之间的军事技术合作为主转变。20 世纪 70 年代，发展中国家从美、苏、英、法等发达国家进口武

---

* 本文原载于《军事经济研究》2013 年第 4 期。本文是国家社科基金重大项目"中国特色军民融合式国防建设资源配置与管理研究"（09&ZD067）中的部分成果。

器占全世界武器贸易的比例达 3/4。进入 20 世纪 90 年代以来，随着经济全球化的深入发展，在发达国家与发展中国家的军火贸易基础上，发达国家之间的军事技术合作日益普遍，成为国际分工在国防领域不断深化的直接体现。美国国务院发布的《全球军费开支与武器转移报告 2005》显示，1995～2005 年的 10 年间，经济合作与发展组织（OECD）国家之间的军火贸易占全球军火贸易的比例从40% 上升到 59%。而除去富裕的中东产油国外，这一时期中低收入国家的武器进口额所占比例只有约 1/4。

2. 形式日益多样

从单纯的购买合同，向特许生产、合作生产等转变，例如俄罗斯允许印度特许生产 T-90S 坦克、SU-30MK 多用途战斗机，美国和比利时、丹麦、荷兰、挪威合作生产 F-16 战斗机；从单纯的武器交易向一揽子军事合作协议转变，印度和俄罗斯 1999 年签署为期 10 年的军事合作协议，涵盖了包括防空系统、坦克、直升机、舰艇等多种武器在内的武器贸易、武器生产、武器维护以及军事训练和演习等多项内容；从单纯的买卖关系向成立合资企业或联盟联营转变，如英国宇航公司和法国达索公司就一项攻击机合作研发达成协议，法德联合成立欧洲直升机公司，法英联营汤姆森—肖特火箭系统公司等。

3. 对象不断扩展

从武器装备和弹药等传统意义上的军火，向武器装备生产所需军事技术、设施设备、原材料、维护保障、人员培训、一般性国防物资和非核心业务等广泛内容扩展。受制于国内有限的能力水平，大型复杂武器装备的进口国往往不得不将后期的维护保障和升级改造服务全部或部分交给出口国的军火公司来完成。2010年，印度就把 2007 年从美国购买的"佳拉希瓦"登陆舰上两套密集阵近迫武器系统的部分检查维护工作交给了美国雷神公司。非核心业务外包不仅在民用领域普遍应用，在军事领域也正成为一种趋势。2008 年 2 月，澳大利亚国防部将为国内 460 个国防基础设施提供信息通信技术服务，价值 2.21 亿美元的合同交给了总部位于美国的 Unisys 公司。

4. 各国的共同选择

国防采购全球化不仅是小国、弱国获得武器装备的被动选择，也是大国、强国加强国防建设的重要途径。以 2010 年美国国防外购为例，由于 SIPRI 只统计战斗机、防空系统、装甲车辆、火炮、发动机、导弹、舰艇、传感器等常规武器贸易，并未包括国内武器系统主承包商向他国的任务分包和各种后勤保障服务的跨国外包，实际大大低估了美国国防采购全球化的数额。例如，洛克希德—马丁公司除生产军用飞机主部件外，还把一些次要零部件交给加拿大、日本、韩国等国的公司来完成。仅 2002 年，美国国内国防合同主承包商分包给国外的合同金额就达约 70 亿美元。如果将武器装备生产所需进口原材料也包括在内，数额会进一步增加。至今美国的洲际导弹还依赖日本的半导体芯片，从战斗机到军舰，美国尖端武器的电子装置中所使用的高技术陶瓷部件 95% 来自日本制造。国防工业基础一向独立的俄罗斯也不例外。为了提升海军投送能力，弥补本国国防工业的薄弱环节，在国内不少军工企业深陷金融危机困境的情况下，2011 年俄罗斯仍然与法国签署了包括官兵训练和相关设备引进许可在内的总额达 12 亿欧元的"西北风"级两栖登陆舰购买合同。

二、国防采购全球化的对象

1. 武器装备与弹药

武器装备与弹药是最典型的国防采购对象，也是军火贸易统计的主要内容。这里的武器装备既包括新的、旧的或整修过的杀伤性常规武器，也包括能同时装载常规和化学、原子弹药的武器，以及非杀伤性的军事支持设备，如雷达、运输车辆、降落伞等，但不包括原子、化学、生物武器和战略导弹系统。2010 年沙特阿拉伯与美国签订的总额达 610 亿美元的军购合同就包括 84 架新式 F – 15 战斗机、70 架阿帕奇战斗机、72 架黑鹰直升机、36 架轻型直升机、300 枚响尾蛇导弹、500 枚先进中程空对空导弹和各种炸弹在内的大量武器装备与弹药。

2. 武器装备零部件

武器装备零部件交易可分为三种情况：第一种是国内主承包商从他国购买武器装备生产所需的部分零部件；第二种是为了满足进口武器装备维修维护的需要，在武器装备进口后，继续从原出口国进口零部件；第三种是为了提升本国国防工业技术生产能力和创造国内就业机会，同时也有节约采购经费的考虑，一些国家的军火进口会采取购买零部件在国内组装生产的形式。与进口武器装备整机相比，进口零部件在国内组装尽管对接受国的技术条件和生产能力有更高要求，但显然会给进口国带来更多技术和经济上的收益，因此越来越受进口国欢迎。例如，2007 年 11 月 30 日，印度与俄罗斯签署价值约 5 亿美元的协议，从俄罗斯进口 347 辆 T – 90S 主战坦克，其中的 223 辆采取由俄罗斯提供部件，印度兵工厂组装完成的形式。

3. 武器装备生产设施设备与军事技术

由于军事技术和生产能力的差距，进口武器装备零部件在国内组装一般会伴随军事技术转让，乃至整条生产线的进口。例如，印度按照许可证从俄罗斯进口 SU – 30MKI 歼击机零部件在国内组装的合同，不仅获得了组装所需的数十套飞机零部件，而且获得了包括头盔目标指示系统技术在内的多项先进技术和五条生产线。

4. 武器装备生产所需原材料

与零部件相比，原材料处于武器装备供应链的底层，除个别品种外，较少有人关注，一般不进入军火贸易统计的范畴，但作为国防生产的重要物质基础，原材料的重要性丝毫不能低估。例如，稀土具有优良的物理化学特性，能与其他材料组成性能各异、品种繁多的新型材料，可以大幅度提高产品的质量性能，是很多尖端武器装备生产不可或缺的关键材料。美国国防部的一份研究报告称，包括 F – 22、F – 35 和 "响尾蛇" 导弹等在内的 36 种武器均使用了由进口稀土材料制成的高能磁，五角大楼每年约使用 175 吨的钕硼铁磁稀土材料。

5. 武器装备的升级改造服务

大型武器装备技术复杂，价格昂贵，生产周期漫长。因此，完全采购新式装备不仅耗资耗时耗力，而且接装前和熟悉新装备进行训练的较长空当期会影响部队战斗力，但采用最新技术对仍有较大潜力可挖的原有装备进行现代化改造不失为一条节约时间和金钱的捷径，为很多国家所青睐，所以邀请原武器生产国对进口武器系统进行升级改造就成为国际军火贸易的一项重要内容。2011 年实施的印度空军战机现代化改造计划就包括由法国泰莱斯公司和俄罗斯米格飞机制造集团公司等在内的外国公司进行的幻影 – 2000 战机和米格 – 29 歼击机的升级改造，合同总金额约 30 亿美元。

6. 武器装备维护保障和人员训练服务

受制于国内有限的能力水平，大型复杂武器装备的进口国往往不得不将后期的维护保障服务全部或部分交给出口国的军火公司来完成。从 2008 年开始，印度空军米格 – 21 战斗机俄制雷达系统的维修、检测和维护操作将由印度的阿尔法设计技术公司与俄罗斯雷达专业制造厂商 Phazotron 公司联合完成。此外，为了使军队相关人员熟悉进口武器装备的使用和维护保障，尽快形成战斗力，进口国大都会与出口国签订人员训练合同。

7. 一般性国防物资和非核心业务

为了充分利用全球资源，发达国家的军队在采购一般性国防物资时，越来越将眼光瞄向全球市场。同时为了将精力更多地集中在作战这一核心任务上，把教育培训、数据处理、房地产建设与管理、设备维修、医疗保健、基地维修、财务管理等非核心业务外包给公司企业正成为一种趋势，这些公司企业中不乏海外承包商的身影。作为海外驻军最多的国家，美国的海外军事基地遍布全球，多达数百个，这些基地的基础设施建设和维护保养工作大多交给当地承包商。

三、国防采购全球化的动因

1. 军事政治动因

在世界军火市场采购武器装备最初只是一种偶然的军事经济行为，但由于采购对象的特殊性，武器装备采购的背后往往蕴含着复杂的政治军事动因。特别是"二战"以来，随着军火贸易的政治军事色彩越来越浓厚，国防采购全球化已从最初简单地获取武器装备逐渐上升为一种政治行为，成为国际政治、外交和军事领域斗争的一种重要"武器"。

（1）获取武器装备和弹药物资等采购对象。通过对外采购，在世界市场获得自己不能生产或者自身生产数量不足的武器装备和弹药物资等采购对象是国防采购全球化的首要目标。现代武器装备系统复杂，技术先进，价格昂贵，其研发生产需要巨额投资和强大的技术支撑，远非一般中小国家所能承受。因此，除少数军事大国外，世界上绝大多数国家只能生产一般的轻武器，大型武器装备主要通过军火贸易在国际市场上采购。即使对于军事大国而言，由于武器装备种类繁多，任何一个国家也很难研发生产所有武器装备，更不用提武器装备研发生产所需全部零部件和原材料，通过国际市场采购就成为一种必然选择。

（2）维持和加强军事同盟。进口武器装备有时不仅是为了加强本国的军队建设，也是为了维持和加强与进口国的军事同盟。以北约为例，北约内的中小国家与美、英等大国的军事同盟关系在很大程度上需要相互之间的军火交易来体现和维持。这一点在北约东扩过程中表现得最为明显。北约东扩的新成员国为了融入北约防务体系，提高协同作战和指挥能力，必须对本国武装力量按照北约标准和要求进行大规模改组。除人员变化外，武器装备必须按照北约标准进行建设，因此抛弃俄制武器，从北约国家特别是美国购买武器装备就成为必然选择。以保加利亚为例，其在加入北约后不仅将9万人的军队裁减到5万人，而且在特定期限内销毁了所有的俄制导弹，为了与北约老成员国协同作战，还不得不耗资13亿欧元，付出沉重代价进行"北约化"的军队现代化计划。

（3）推进和巩固政治联盟。对于很多发展中国家和地区而言，从发达国家购买武器装备不仅是加强国防的需要，也是推进政治合作，达成一定程度的政治联盟，换取某些大国保护和支持的重要途径。例如我国台湾地区从美国购买武器装备，之所以花了比别人多得多的价钱，当了"冤大头"，在很大程度上就带有交"保护费"的性质。美国的防务市场向盟国开放，也带有浓厚的政治色彩。美国向英国采购武器装备，深化防务一体化合作，打造坚实的盟友关系，就是面对从经济、政治到军事等方面一体化趋势越来越明显，但离心力却越来越大的欧洲的重要应对策略。对于美日同盟而言，日本从美国购买武器是维持美日政治军事同盟的重要条件和有效的促进手段，美国从日本购买武器装备零部件，将武器装备研发的部分任务分包给日本公司，使拥有众多世界领先技术的日本加入美国主导下的武器研发体系，不仅在资金和技术上给美国带来巨大利益，同时也有利于将日本更牢固地捆绑在美国战车上，成为美国将日本牢牢抓住的重要手段。

2. 经济动因

传统上认为，军事政治动因是主导国际军火贸易的主要因素，这种观念正在过时。与军事政治动因相比，国防采购全球化的经济动因越来越不可小视。因为只要是商品，就具有商品的诸多属性，作为特殊商品的武器装备也不例外，它的生产、流通与消费同样受到经济因素的影响与制约。

（1）利用比较优势。根据比较优势理论，通过交易，获得自己生产不如从别国购买更加划算的商品是国际贸易的根本动因之一，国防采购全球化也不例外。对于军事大国而言，尽管依靠自身的经济技术能力完全可以实现所有或绝大多数国防物资的研发生产，但从经济角度看，由于技术水平和人力成本等因素的影响，某些商品本国生产可能没有他国生产划算或者质量缺乏竞争力。基于此种理由，美国军方曾向冷战时期的宿敌——苏联的继任者俄罗斯购买了21架总价值3.75亿美元的米-17运输直升机。尽管面临部分参议员的反对，美国陆军参谋长雷蒙德·奥迪耶诺上将仍坚持认为，米-17运输直升机比美制同类直升机便宜，而且是苏联专门针对阿富汗作战研制，适合当地的高原地区作战。此外，美国的稀土产量位居世界前列，但出于开采成本和环境保护等因素考虑，美国在很长一段时间内几乎停止了稀土的开采和生产，而是从中国进口大量的廉价稀土。

（2）促进本国国防生产结构优化。自20世纪80年代以来，为应对日益激烈的市场竞争，一种以打造企业"核心竞争力"为主导的"外包"策略席卷全球。通过外包，企业可以进行更专业化的生产，将资源集中在自己更擅长的领域，在核心业务领域形成资本、产品、技术、服务等方面的相对优势，从而提高核心竞争力。在军事方面，尤其在国防工业和军队后勤领域，外包也得到了越来越广泛的应用。例如，1997年，美国的布朗和鲁特公司从军方获得非战斗保障合同390万美元，这一数字到1999年猛增至7.5亿美元。2001年美国国会报告正式将外包列入"国防采办和国防工业的规划改革"议题之中。如果说教育培训、住房维修、财务管理等一般性"非核心业务"的外包使军队专心于"作战"的"核心业务"，是军队打造"核心竞争力"的重要战略，那么，一国武器装备及其零部件研发生产中非核心业务向世界市场的"外包"则使国内的国防公司专注于自身的"核心业务"，保持核心优势，不断提高竞争力，进而在世界范围内形成更加广泛的专业化协作分工体系，促进本国国防生产结构优化。

（3）打破国内军工企业垄断，激活国内军工市场竞争活力。军工市场结构高度垄断是世界主要军事大国的普遍现象，如何消除垄断危害成为军方面临的难题：要么强化监督机制，要么寻找增加竞争者的途径。毫无疑问，与庞大的监督成本和复杂的监督工作相比，后者更为可行。在国内增加竞争者未必是最佳选择甚至不可行的情况下，通过国防采购全球化，从外部增加竞争主体，向国内企业施压，激活国内军工市场活力，就成为一个重要解决途径。以美国为例，20世纪90年代"最后的晚餐"之后，军工企业加速了兼并重组过程，偌大的美国武器市场现在只有洛克希德·马丁、诺斯罗普·格鲁曼、波音、通用电力和雷神等几家主要的全系统供应商，高度集中。为了提高竞争性，美国国防部把眼光投向了海外市场。通过引进盟国军工企业，引发鲶鱼效应，激发本土创新，以改善本土军工产业相对封闭的状况。

参考文献

[1] U. S. Department of State. World Military Expenditures and Arms Transfers 2005 [EB/OL]. http://www. state. gov/t/avc/rls/rpt/wmeat/2005/index. htm.

[2] 朱启超. 国防工业全球化及其影响 [J]. 战略与管理，2000（5）.

[3] 李小晓. 有人"不敢不买"，有人"想买也不能买"，美国武器都卖给了谁？[J]. 中国经济周刊，2011（40）.

[4] 李保东. 印度将从俄国购买300多辆T-90S主战坦克 [EB/OL]. 新

华网，http：news. xinhuanet. com/newscenter/2007 – 12/01/content – 7179692. htm.

［5］徐冰川，闻新芳. 北约推进东扩各方得失各有多少？［EB/OL］. 人民网，http://www. people. com. cn/GB/junshi/1078/2420447. html.

［6］安鑫，张哲豪，荆宁峰. 世界军火贸易清单速读［N］. 解放军报，2012 – 05 – 21.

中国国防采购全球化的风险与防范 *

黄朝峰

国防采购全球化是指国防采购活动跨越国界，通过对外贸易、资本流动、技术转移等方式在全球市场采购本国国防建设所需武器系统、零部件、弹药物资、军事技术、设施设备、原材料和服务等的活动。国防采购全球化以经济全球化为前提，以不同国家在国防生产中的技术和成本差异为条件，以国家安全需求和资本逐利为驱动力，以交易物资和技术的军民两用性为深化和扩张基础。冷战结束以来，国防采购全球化迅猛发展，成为世界主要国家降低国防采购成本、推动国防领域竞争和实现军事政治意图的重要手段。与此同时，全球化采购所带来的外部依赖性，也给国家安全带来了诸多风险。

一、国防采购全球化已成世界性趋势

国防采购全球化最初表现为国家间的军火贸易，并在很长一段时间内主要是经济技术落后的发展中国家向经济技术先进的发达国家购买武器装备。根据斯德哥尔摩国际和平研究所（SIPRl）的统计，20 世纪 70 年代，发展中国家从美、苏、英、法等国家进口武器占全世界武器贸易的比例达 3/4[①]。随着经济全球化的深入发展，在发达国家与发展中国家军火贸易的基础上，发达国家之间的军事技术合作日益普遍，成为国际分工不断深化在国防领域的直接体现。

美国国务院发布的《全球军费开支与武器转移报告 2005》显示，1995 ~

---

    * 本文原载于《国际经济评论》2013 年第 5 期。

    ① SIPRI Arms Transfers Database ［EB/OL］. http：//www. sipri. org/databases/armstransfers，2012 – 05 – 12.

2005 年的 10 年间，经济合作与发展组织（OECD）国家之间的军火贸易占全球军火贸易的比例从 40% 上升到 59%①。以美国为例，根据 SIPRI 的统计，2010 年美国从英、法、德等 15 个国家进口了近 10 亿美元的武器装备和零部件②。此外，仅 2002 年，美国国内国防合同主承包商分包给国外的合同金额就达约 70 亿美元③。如果将武器生产所需进口原材料也包括在内，数额会进一步增加。国防工业基础一向独立的俄罗斯也不例外。为了提升海军投送能力，弥补本国国防工业的薄弱环节，在国内不少军工企业深陷金融危机困境的情况下，2011 年俄罗斯仍然与法国签署了总额达 12 亿欧元的"西北风"级两栖登陆舰购买合同④。

国防采购全球化迅猛发展的背后有深刻的军事、政治和经济动因。通过军火贸易，在世界市场获取自己不能生产或者自身生产数量不足的武器装备和弹药物资等是国防采购全球化的首要目标。与此同时，武器进口也成为维持和加强与出口国政治联盟和军事同盟关系的重要手段。以保加利亚为例，其在加入北约后不仅将 9 万人的军队裁减到 5 万人，而且在特定期限内销毁了所有的俄制导弹，耗费 13 亿欧元进行"北约化"的军队现代化计划⑤。许多发展中国家和地区从发达国家购买武器装备更带有交"保护费"的性质。发达国家之间的国防采购对于深化军事政治同盟同样重要。例如，向英国采购武器装备，深化防务一体化合作，打造坚实的盟友关系，是美国面对从经济、政治到军事等方面一体化趋势越来越明显、离心力越来越大的欧洲的重要应对策略。

传统上认为军事政治动因是主导国际军火贸易的主要因素，这种观念正在过时。与军事政治动因相比，国防采购全球化的经济动因越来越不可小视。首先，国际贸易的比较优势理论同样适用于国防采购全球化的不断深入。正如美国国防部负责工业政策的助理副部长加里·鲍威尔（Gary Powell）针对共和党议员邓肯·亨特（Duncan Hunter）试图通过"购买美国货"立法提案时所指出的："我不相信有这种可能性。我们不可能在任何事情上都是最好的。"⑥ 基于此种理由，

① U. S. Department of State. World Military Expenditures and Arms Transfers 2005 [EB/OL]. http://www.state.gov/t/avc/rls/rpt/wmeat/2005/index.htm, 2012 – 05 – 15.

② "SIPRI Arms Transfers Database", http://www.sipri.org/data bases/armstranfers, 2012 – 05 – 12.

③ 刘浩华，李毅学. 美国国防工业对国外供应源依赖风险的评估与启示 [J]. 中央财经大学学报，2010 (12)：78 – 83.

④ 国防科技信息网. 俄向法支付"西北风"级两栖登陆舰首批建造款 [EB/OL]. http://www.dsti.net/Information/New/72486, 2012 – 05 – 12.

⑤ 徐冰川，闻新芳. 北约推进东扩各方得失各有多少? [EB/OL]. 人民网，http://www.people.com.cn/GB/junshi/1078/2420447.html, 2012 – 05 – 25.

⑥ 何黎. 五角大楼担心全球化 [EB/OL]. FT 中文网，http://www.ftchinese.com/story/001012629, 2012 – 05 – 27.

美国军方竟然向冷战时期的宿敌——苏联的继任者俄罗斯购买了 21 架总价值 3.75 亿美元的米-17 运输直升机。其次，打造"核心竞争力"的外包策略也推动国防领域外包业务不断扩展，不仅军火公司将一些不重要的部件外包给国外厂商完成，军队也将教育培训、住房维修、财务管理等一般性"非核心业务"外包出去，从而使军队专心于"作战"的"核心业务"。最后，在国内军工市场越来越集中垄断的背景下，通过国防采购全球化，从外部增加竞争主体，越来越成为打破垄断、激活国内军工市场竞争活力的重要手段。美国高达 350 亿美元的加油机合同就是依靠欧洲空客公司的外部竞争，迫使国内垄断厂商波音公司低头的典型案例①。

二、中国国防采购全球化的基本情况

新中国成立之初，恶劣的国际环境和巨大的生存压力迫使共和国的领袖们把国防和军队建设摆在了异常重要的地位。然而不论从质量还是数量上，薄弱的工业基础都难以满足庞大的武器装备需求，进口武器装备和军事技术就成为加速国防现代化的必然选择。但当时的国际环境使进口来源地非常单一，除 1966 年与阿尔巴尼亚的一份战斗机合同，以及 1968 年与法国的一份轻型直升机合同以外，苏联是 1968 年以前中国武器进口的唯一来源。20 世纪 60 年代两国关系的恶化，使这个渠道在 1969 年也被关闭了。1969～1976 年的 7 年间，中国没有任何官方显示的武器进口。改革开放后的一段时间，中国的国际环境大为改善，西方发达资本主义国家在军火贸易上也向中国敞开了大门，现在都难以想象的美国售华黑鹰直升机贸易就发生在 20 世纪 80 年代。

---

① 2008 年第一次竞标时，波音公司的单位报价比欧洲空客公司与美国本土企业诺斯罗普·格鲁曼公司的联合对手高出约 800 万美元，被批评试图获取太多利益，而且波音公司民机部对政府成本评估人员希望获得 767 加油机平台的详细价格信息也不太合作。与第一次竞标形成鲜明对比的是，第二次竞标时，波音不但主动公开表示愿意为美国空军效劳，而且降低价格，比对手低了 10%，并同意军方提出的相当苛刻的合同条款，签订了明显不利的固定价格研制合同。在项目执行过程中，研发阶段成本达 9 亿美元，远远超过合同规定的 5 亿美元。尽管美国空军早已预料到研发超预算的情况，并做好了预算准备，但波音仍然非常坦率地表示愿意承担超过合同规定的经费投入。波音之所以如此慷慨，原因在于尽管合同已经签署，但它仍然时刻面临空客的竞争。合同中规定，一旦波音在某些关键阶段违反合同，美国空军随时可以停止合同执行，并再次启动空中加油机的招标。

表1 中国武器进口在世界所占百分比及排名（1981～2010年）

年份	1981	1982	1983	1984	1985	1986	1987	1988	1989	1990
中国	2	15	12	71	110	17	62	83	126	215
所有国家	45887	46396	44358	41713	38356	39543	40285	37277	36091	30345
中国占百分比（%）	0	0.03	0.03	0.17	0.29	0.04	0.15	0.22	0.35	0.71
中国排名	120	94	94	75	54	83	62	58	49	36
年份	1991	1992	1993	1994	1995	1996	1997	1998	1999	2000
中国	245	1265	1195	268	676	1372	835	382	1833	2116
所有国家	28129	24358	26222	23033	22945	23990	28491	27860	24987	18950
中国占百分比（%）	0.87	5.20	4.56	1.16	2.95	5.72	2.93	1.37	7.34	11.17
中国排名	30	6	4	26	11	5	9	18	2	1
年份	2001	2002	2003	2004	2005	2006	2007	2008	2009	2010
中国	3364	2906	2295	3207	3602	2934	1758	1683	1054	718
所有国家	19679	17940	19232	21331	21204	24036	26448	23362	24044	24535
中国占百分比（%）	17.09	16.20	11.93	15.03	16.99	12.21	6.65	7.20	4.38	2.93
中国排名	1	1	2	1	1	1	3	3	7	10

资料来源：SIPRI武器转移数据库，http：//www.sipri.org，2012-06-20.单位：百万美元，以1990年不变美元计算，部分金额根据取整惯例没有算入。

从数量来看，1977年恢复的武器进口在相当长一段时间内一直维持在较低水平。整个20世纪80年代，中国的武器对外采购微不足道，反映出当时"国防建设应服从并服务于经济建设"的国家大政方针。海湾战争显示出新军事革命的巨大威力，也暴露出中国军队与发达国家的明显差距。同时，苏联解体、冷战结束后的国际环境变化，也使国家领导人意识到"该是加强国防建设的时候了"，改革开放在经济上的巨大成功则为加强国防建设提供了雄厚的物质基础。因此，武器进口在1992年与1993年有了显著上涨，1999年则是另一个转折点。除2003年位居第二外，中国在1999～2006年都是世界最大武器进口国。2006年以后，中国的武器进口显著下降，至2010年，中国在世界武器进口国中已下降到第10位。在国防开支仍然保持较大幅度增长的情况下，武器进口的迅速下降反映出中国国防工业在近些年取得了较大进展，已经具备了研发制造较为先进武器装备的能力。这一变化也表明，近些年中国国防工业的进步主要来自国防科技工业战线的自主创新努力，与此同时，国防采购全球化也起到了积极的促进作用。

从动因来看，中国国防外购的主要目的是获取先进的武器装备、军事技术和自身供给不足的相关物资，其他军事、政治、经济因素非常有限。由于所处的国际环境，中国领导人一直将建立独立完整的国防工业体系作为国防建设的重要目标之一。但毫无疑问，与国民经济建设一样，在当前中国军事技术实力与西方发达国家仍然存在较大差距的情况下，只有充分吸收利用国外发达国家的先进技术成果，才能加快国防工业和武器装备现代化进程，早日实现国防现代化。否则，在西方某些国家仍然实施技术封锁的情况下，如果自己还闭关自守，只会导致封闭落后。

三、国防采购全球化的风险

国防采购全球化在为一国带来诸多军事、政治和经济利益的同时，也为对手破坏从国内延伸到国外的全球供应链提供了更多机会，造就了更多风险。这些风险来源于国防外购流程的各个环节，遍布设计、生产、配送、使用和维护等武器装备的全寿命过程，如表2所示。

表2　国防采购全球化风险的来源与影响因素

序号	风险来源	影响因素	说　明
1	采购对象	作战依赖性	对采购对象的作战依赖程度
		技术依赖性	对采购对象的技术依赖程度
		资源依赖性	对采购对象的资源依赖程度
		监督难易性	采购对象质量监督的难易程度
2	供应国	友好程度	与供应国的政治友好程度
		政治稳定性	供应国政治稳定的程度
3	供应商	竞争性	供应商市场结构的垄断程度
		稳定性	供应商长期生存和健康发展的能力
4	运输通道	脆弱性	区域动荡、海盗猖獗和敌国封锁等因素导致运输通道在平时和战时中断的不确定程度
5	其他	其他	自然灾害、供应商破产、工人罢工等不可预见事件发生的可能性

一是被封锁导致的中断性风险。被敌对国家或敌对国家盟国封锁导致供应链中断是进口国面临的最直接威胁。英阿马岛战争初期，阿根廷凭借法国的超级军旗轰炸机及"飞鱼"导弹一举击沉当时英国最先进的"谢菲尔德号"驱逐舰，

可谓战果辉煌。但法国迫于英国压力，不但不向阿根廷继续供货，还通过拖延战术使阿根廷从秘鲁购买导弹的计划流产，导致阿根廷空军的飞机无弹可投。

二是被别国控制的依赖性风险。武器装备，特别是大型武器装备的更新换代往往需要数十年时间，一旦购买，就会被"技术锁定"：在技术、零配件和维护等方面严重依赖出口国，并且短期内难以摆脱。一旦被出口国停止零部件供应和技术支持，就会陷入被动境地。例如，战斗机是现代军队最重要的武器系统之一，不能自主生产战斗机的国家很少能自己升级维护，高度依赖出口国。美国就是通过 F－16 等军火出口控制住了自己某些盟国，在加强军事渗透的同时，使这些国家和地区不自觉地增加了对美国的依赖。

三是国防工业沦为组装厂的风险。在民用市场，组装、代工是一些企业迅速崛起的重要途径，但这种组装厂策略在国防领域却行不通。武器装备过度依赖外购，会使本国国防工业无法获得充足的资金支持，基础不断削弱，更加难以形成足够的自主创新能力，使军队对国外装备的依赖进一步加深，最终形成恶性循环，国防工业沦为国外的组装厂。在这方面，印度的情况值得警醒。印度各军兵种的主战装备严重依赖国外供应，导致印度自身研发能力严重不足。雄心勃勃的"阿琼"坦克项目历经近 40 年，仍然无法达到要求的战术技术指标，在军方的试验报告中被判定为"不适宜上战场"，最终只能用来执行训练任务，进口部件比例高达 60% 也使自主研制的说法成为笑柄。

四是被植入恶意软件和预置后门的间谍性风险。国防采购全球化使供应链扩展到全球，在享有更大资源基础的同时，对供应链各个环节的控制也变得更加复杂和困难，为潜在敌人渗透提供了更多机会和可能。特别是在信息时代，外购芯片被植入恶意软件和预置后门，在战时启动和渗透破坏的可能性大大增加。由于国防外购不仅包括武器装备，也包括一般的军民通用物资，检测监察非常困难，使人防不胜防。近期美国媒体大肆炒作的"中国劣质电子零件充斥美军武器，中国制造商可以通过事先安置的'后门'，在未经授权的情况下访问、使用美国的军事系统，甚至民用基础设施"的事件，除反映了美国某些政治人物对中国根深蒂固的敌意和偏见之外，也在一定程度上反映了美军对国防采购全球化进程中国防设施设备可能被他国渗透的担心[1]。事实上，国防采购全球化所造就的全球供应链已经成为信息战的一条重要攻击渠道和难以防范的薄弱环节。

五是敌方信息收集导致的情报泄露风险。国防采购全球化使重要敏感军事信息泄露的可能性大大增加，延伸到全球供应链的任何环节都可能被敌方用来分析出极具价值的军事情报。例如，通过分析一个国家进口武器装备及其零部件的种

---

① 谭顺谋. 美称中国可通过伪劣零件"后门"控制美军［N］. 环球时报，2012－05－31.

类就可推断出该国该类装备工业的技术水平及其作战实力。更为严重的是，如果敌对国家拥有本国进口武器的技术作战参数，该武器的作战效能就可能大打折扣。除武器装备外，一般性国防物资和原材料也是颇具价值的军事情报。通过综合集成分析，同样可以获得进口国国防工业的技术水平和重要资源的稀缺程度。正因为如此，美军认为，国防采购全球化在降低采购周期、提高效率和降低成本的同时，也给潜在敌人提供了来源大开的情报①。

六是质量难以控制的监督性风险。与国内军工企业的质量监督相比，由于供应链延伸到国外，军方对承包商难以甄别和控制，质量保证更加困难。近期美国参议院军事委员会的一份报告称，对1800个案例的调研分析表明，超过100万个伪劣电子零部件被安装在一些关键武器装备上，其中包括美国空军最大的运输机、特别行动直升机、海军侦察机和导弹。在抽样分析的100个案例中，70%的可疑伪劣零部件源头可追溯到中国公司，第二、第三大来源则是英国和加拿大。尽管报告指责来自中国的伪劣电子零部件严重威胁了美国国家安全，但该报告同时也称，美国国防部及承包商没有检测到伪劣产品，或者没有向军方报告疑似伪劣产品，也应该为供应链负责②。

七是运输通道被封锁中断的风险。从国际到国内，跨越国境和海陆空多维空间的遥远距离使运输通道安全成为影响国防采购全球化风险的关键因素之一。截断敌方运输通道，破坏或中断敌方物资运输一直是古今中外战争双方较量的重要策略。古代"兵无粮自乱"的铁律造就了无数截粮取胜的战例。"二战"中"沙漠之狐"隆美尔即使胸怀锦绣、腹有良谋，面对运输补给线被切断，只能维持坦克行驶数十英里的汽油供应状况，也只能自我安慰：如果我有足够的汽油，今天逃走的就是蒙哥马利！不仅战争中运输通道是首当其冲的攻击目标，和平时期一些地区的持续动荡、海盗猖獗和随时可能发生的恐怖袭击也使运输通道经常面临被中断的风险。

八是自然灾害、供应商破产、工人罢工等因素导致的不确定性风险。与国内采购相比，国外采购面临的不确定性因素更多，风险更大。不仅国家间的政治军事因素可能导致合同取消，自然灾害、供应商破产和工人罢工等不确定性事件的发生也会对军用物资的按期交付产生影响。例如，每年世界各地的台风灾害都会对一些主要港口带来破坏性影响，造成包括国防物资在内的物流运输中断或时间延长。中国航空工业总公司与美国麦道公司合作生产 MD90 飞机的协议就因为麦道公司经营不善被波音兼并而被迫终止。尽管由于产业特殊，大型军工集团破产

---

① 何黎. 五角大楼担心全球化［EB/OL］. FT 中文网，http：//www. ftchinese. com/story/001012629，2012 - 05 - 27.

② 李娜. 美估计逾百万件中国造伪劣零件已装上美国军机［N］. 环球时报，2012 - 05 - 22.

倒闭的可能性不大，但供应零部件和原材料的中小供应商破产倒闭的可能性则大得多。此外，工人罢工等意外事件也会造成企业停产或物流中断。2002年9月27日至10月9日，美国西海岸港口一万多名码头工人罢工，使华盛顿、俄勒冈和加利福尼亚三个州29个主要港口陷于瘫痪，不仅造成数百亿美元经济损失，更为严重的是，导致许多军事装备无法按时启运，直接影响了美军打击伊拉克的军事部署①。

四、中国国防采购全球化面临的风险 更加严峻

国防采购全球化已成为世界各国拓展本国国防工业基础，利用外力加强国防建设的普遍趋势，中国也已深深卷入，成为国家自力更生国防政策的重要补充。在有力推进国防工业发展和武器装备建设的同时，国防采购全球化带来的各种风险在中国也不同程度地存在，而且与他国相比更加严峻，发生的可能性更高，严重影响国家安全。

第一，从所处国际环境来看，作为一个正在崛起的社会主义大国，中国面临着复杂多元的安全挑战。首先，由于意识形态分歧和国家间竞争的需要，西方一些国家长期视中国为战略对手，通过条约法规法令严格控制核心先进科技成果和重要国防物资向中国转移。和平时期尚且如此，战争时期就更会受到严密封锁。其次，中国周边环境非常复杂，与不少国家存在领土、领海争端，某些大国的渗透和主动介入使事态更加艰巨复杂，个别地方的形势甚至出现恶化和加剧的趋势，中国坚决维护国家领土主权、海洋权益的行动必然加深与某些邻国的矛盾，甚至导致冲突，这就决定了在某些特殊时期，中国将难以使用周边陆地和海上某些交通要道。最后，从潜在对手来看，美国是阻挠中国国家统一、危害中国核心利益最突出、未来一段时间最可能与中国发生激烈冲突的大国。作为世界第一军事经济大国，美国拥有强大的国际影响力和包括几乎所有发达国家在内的数量众多的实力派盟友，它既有意愿也有实力对中国实施封锁，使战争时期中国从国际市场获得所需国防物资的难度大大增加。

第二，从依赖程度来看，与发达国家相比，中国科技水平和工业研发能力仍然较为落后，包括国防工业生产在内的许多核心技术、关键子系统、零部件和原

---

① 刘燕斌. 美国西海岸码头工人罢工事件［J］. 劳动保障通讯, 2003 (1): 52－53.

材料依赖进口，有时还不得不依赖独家供应商。据测算，当前中国对外技术依存度高达 50% 以上，保守估算也超过 40%，远超过 30% 的安全警戒线，与美国和日本不到 10% 的对外技术依存度相比甚高。① 尽管中国目前尚未有相关研究统计，但从国家对外技术依存度来看，军事技术依存度也不会低。表 1 的数据也是一个佐证。除直接的武器装备进口外，国产武器装备生产所需的不少零部件和原材料需从国际市场采购，而且多为核心零部件。除技术依赖外，资源依赖也是一种不可忽视的依赖性风险。除石油、天然气等能源依赖影响国家安全和经济发展以外，某些与国防工业密切相关的战略性资源，如钢铁、锰、铬和其他特种金属等军事工业原料如果受制于人，也会使国家在战时陷入被动。

第三，从实际发生情况来看，国防采购全球化导致的风险在中国已多次出现，有些还产生了相当严重的后果。2000 年，以色列在美国的压力下，取消了售华预警机合同。尽管以色列为此向中国支付了数亿美元的毁约补偿金，但该事件不仅影响了我军列装预警机的时间，而且大大延缓了自产预警机的进程。与预警机事件相比，在 2005 年的"哈比"无人机事件中，美国更是得寸进尺。中国于 20 世纪 90 年代从以色列引进了"哈比"无人机，根据合同于 2004 年 12 月将部分无人机送至以色列进行维护。美国再次进行无理干涉，要求以色列扣留飞机。在美国的巨大压力下，以色列再次低头，终止了合同执行。除了对欧盟和以色列重点"关照"外，捷克、乌克兰等国家也感受到了美国的压力。2005 年 5月，捷克政府表示向中国出售"维拉"雷达系统不符合捷克的外交利益，正式取消了这笔价值 6000 万美元的合同。作为补偿，美国采购了数套该型雷达系统。② 除了以上容易引人关注的重大事件以外，一些容易被忽视的零部件、原材料中断导致装备生产停工的事件也屡有发生。

第四，从风险应对来看，中国尚未从国家层面建立系统全面的应对措施，与所面临的巨大风险很不相称，和发达国家形成了鲜明对比。美国是号称对全球化最为依赖的国家，但其对全球化也最为谨慎，采取多项措施进行防范。早在 20世纪 90 年代美国就对国防采购全球化的风险进行了多次评估和应对，并已上升到法律层面，《美国法典》第 10 条第 2504 款、2004 财年《国防授权法》第 812款、2007 财年《约翰·华纳国防授权法》第 841 款均对国防采购全球化的风险评估和防范进行了规定，使其成为一项例行工作，评估范围也扩大到几乎所有重要外购项目。自 1997 年开始，国防部每年都给国会提供一份评估报告。评估报告显示，近年来美国国防部授予国外供应商的合同额只占国防部合同总额的 2%

---

① 滕飞. 谨防金融危机下加重对外技术依赖 [J]. 学习时报，2009 – 04 – 20 (4)；郭铁成，张赤东. 我国对外技术依存度究竟是多少——基于全球化视角的测算 [N]. 学习时报，2011 – 11 – 14 (7).

② 于宏源，陈辉. 美国为何围堵中国军购 [J]. 半月谈，2005 (14).

左右，且国外供应商主要集中在英国、加拿大和日本等关系非常密切的盟国之中。即使如此，除极个别外，对于外购的国防物资，美国在国内都已经具备或正在建立生产能力①。因此，美国国防部认为，当前美国国防采购全球化的风险很小，不会威胁美国的国防工业基础和国家安全。与之相比，中国目前还没有国家层面的法律制度对国防外购进行规范。目前的风险防范对进口武器装备及其子系统和零部件关注较多，对国产武器装备生产所需进口配套零部件和基础原材料，特别是军民通用、以民品交易形式为主的零部件和原材料的全球化采购，重视程度明显不足。在缺少法律规制的情况下，承担军品任务的企业大都出于经济利益的考虑，没有对外购风险采取足够的预防措施，即使个别企业备料进货很多也主要是为了获得批量价格优惠，而非应对风险的考虑。实际上，与武器装备及其零部件相比，军民通用物资特别是基础原材料涉及面更广，危害性更加隐蔽，而且由于没有前者那么引人注目，造成的风险和损失可能会更大。

以上分析充分表明，国防采购全球化已对中国国家安全构成了实质性的严重威胁，并已部分发生。一旦与某些国家爆发大规模冲突，风险极可能大规模地演变为现实，造成难以估量的后果。采取有效的应对措施，确保国家安全，已迫在眉睫，刻不容缓。

五、国防采购全球化风险的防范

国防采购全球化使国家安全面临诸多风险，有些还相当严峻，但只要针对风险的不同类型、来源和影响因素，有的放矢，采取有效应对措施，未雨绸缪，预先做好准备，假以时日，就可以将风险逐步降低，并最终将其消灭在萌芽之中。

第一，尽快建立国防外购信息数据库，做到知己知彼。只有掌握了真实全面的信息数据，才能对症下药，有针对性地提出应对之策。国防采购全球化的对象既包括武器装备、零部件，也包括基础原材料和各种保障性服务，种类繁多，风险程度也相差悬殊。因此，防范风险的第一步是尽快建立国防外购信息数据库，对采购对象进行全面统计。数据库的建设要科学论证，既要有国防外购的总体情况，也要有各种物资商品的细化分类；既要有采购数量，也要有采购金额；既要有商品名称，也要有供应商和所在国家情况，要为风险分析和提出防范对策提供尽可能全面准确的信息。

---

① 刘浩华．基于供应风险的国防工业供应商选择研究［J］．中央财经大学学报，2008（11）：67 - 72.

第二，控制外购内容和外购比例。武器装备的特殊用途决定了国防外购必须以不涉及核心能力和安全保密为前提，关键技术、关键零部件和关键原材料必须掌握在自己手中。对于中国而言，由于面临的复杂国际环境，独立完整的国防工业基础尤其具有特殊意义。要制定相应标准，严格控制外购内容和外购比例。

第三，科学储备。对由于技术能力或资源储量等原因确实有必要进行外购的，必须做好储备工作。可以参考石油战略储备的做法，对中国不能生产或数量严重不足的核心零部件和关键原材料进行合理储备。储备模式可以借鉴当前军队后勤物资储备的成功经验，根据零部件和原材料类型，采取军方储备、企业储备或者两者结合的形式，积极探索依托市场、军民融合的企业代储模式。

第四，制定替代方案。从技术更新换代和储备成本的角度考虑，除非特殊时期，国防外购物资的储备量只能维持在一个合理水平，不可能很大，难以支撑一场大规模战争。因此，有必要制定国防外购物资的替代方案。根据进口武器装备系统、子系统和零部件等的技术水平、国内相关企业的技术生产能力等，在平时指定一些企业作为外购中断后的替代方，并加强演练工作，使企业能够在战时迅速进入状态。这项工作要与国民经济动员、装备科技动员等工作结合起来，统筹考虑。

第五，合理选择外购对象国。面对美国、欧盟等发达国家的武器禁运，中国选择武器进口国的余地相当有限，但军民通用设施设备和基础原材料等未列入禁运目录的物资仍可从多国采购。在这些国家之中，尽可能从政治友好且局势稳定的国家采购也可以在一定程度上降低风险。

第六，把好外购质量关，选择稳定可靠的供应商。与国内采购相比，国防采购全球化对军品的质量监督提出了更高要求。要积极吸收中国军事代表对武器装备质量监督和检验验收数十年来积累的成功经验，借鉴国际贸易质量保证的有益做法，积极探索适合国防外购的质量监督新模式，加强对国外厂商的可靠性和安全性评估，同时要尽量避免对独家供应商的依赖。

第七，确保运输通道安全。无论平时还是战时，都要采取多种措施确保运输通道安全。首先，加强与运输通道周边国家的友好关系，积极开展多边安全合作，共同打击海盗、恐怖袭击等犯罪活动，确保运输通道安全；其次，研究论证运输方式和线路的多元化，通过多元化的运输网络提供畅通的运输保证；最后，加强军事保障能力建设。强大、反应快速的军事力量是运输通道安全的可靠保障。通过对重要运输通道及关键节点的控制，不仅可保障自身运输通道安全，而且可在战时对敌国进行封锁。

第八，立法规范。以法律法规的形式进行明确和规范，是防范国防采购全球化风险的制度保证，也是风险防范工作不断科学化、规范化、程序化的制度动力。立法时，要对建立国防外购信息的定期报告、评估分析和风险防范制度做出明确规定，确定负责的相关职能部门和军、地、企业务方的权利、责任与义务，规范风险评估的对象、程序、内容和做法以及时间期限等问题。

第九，加大研发力度，不断提高国防科技工业自主创新能力。提高自主创新能力是防范国防采购全球化风险的治本之策，只有将核心技术掌握在自己手中，才能从根本上避免受制于人的被动局面。考虑到技术突破需要一定时间甚至是较长时间，不同领域的技术突破所需时间和成本也有所不同，因此要根据国防外购对象的重要性程度、中国的技术实力、供应国与中国的关系等多种因素确定攻关重点，尽可能选择有重大带动作用的关键技术进行研发突破，实现国防科技工业能力的跃升。

信号传递、信息甄别与装备承包商选择研究*

王 成 吴 鸣

　　装备承包商选择的根本任务是选择实力最强、方案最优、总体效益最佳的承包商进行武器装备的研制生产，以保证军方能按时获得性能好、价格低的武器装备。承包商选择是一项复杂的系统工程，受到承包商的资金、信誉、经验、技术、管理、人员等因素共同作用的影响，另外，作为委托方的招标单位（军方）和作为代理方的承包商之间存在很强的信息不对称——委托方不能完全了解代理方的真实实力，也不能完全观察代理方的履约行为。信息不对称会导致装备研制生产中产生事前的"逆向选择"和事后的"道德风险"问题。本文主要运用信息经济学的信号传递模型和信息甄别模型对装备承包商选择相关问题进行研究。

一、假设条件与理论模型构建

　　经济学将博弈中拥有私人信息的一方称为"代理人"，另一方称为"委托人"。装备采办活动中，军方为委托人，拥有信息优势的装备承包商为代理人。在构建模型之前，可以借助经济学基本原理给出如下假设：

　　装备承包商的类别随机分布，承包商自己知道自己的类型，军方不知道（双方存在信息不对称）；军方提供一个合约菜单供承包商进行选择，承包商根据自身类别按利益最大化原则选择最适合自己的合同，并根据合同选择行动。

　　信息不对称会导致逆向选择和道德风险，使得交易偏离帕累托最优，在某些情况下甚至会造成交易失败。显然，若拥有信息优势的代理人（装备承包商）有办法将其私人信息传递给不拥有信息的委托人（军方），或者委托人有办法迫

---

　　* 本文原载于《装备学院学报》2014 年第 6 期。

使代理人揭示其私人信息，就能够实现帕累托改进。

信号传递模型研究的是拥有不同信息的个体如何通过信号传递，把自己与同类分离出来。信息甄别模型是指不拥有信息的一方如何设计一个菜单，进行信息甄别，使具有不同信息的对象不隐瞒信息和行为，或者设计一个分离不同信息对象的机制，进而提高市场效率。

现实中，这样的办法确实存在。比如，承包商可以向军方提供一定的担保，或者努力取得更高的资质等级。对承包商来说，自身综合实力越强，相关努力的预期成本越小，即综合实力强的装备承包商提供相关保证的预期成本低于实力弱的承包商，显然实力强的承包商有更大的积极性向军方提供担保或者取得更高的资质等级，军方将此类保证或资质看作综合实力的信号，这就是所谓的信号传递。此外，在装备采办市场上，军方可以提供不同的合同供承包商选择，不同的承包商选择适合于自己的最优合同。比如，军方提供不同风险等级合同 H 和 L，那么，风险偏好高的承包商将选择 H，风险偏好低的承包商将选择 L，这就是所谓的信息甄别。在信息甄别模型中，没有信息优势的一方先行动，而在信号传递模型中，有信息优势的一方先行动，这就是信号传递和信息甄别模型的差别。

二、信号传递模型

信号传递模型：资质等级（或者某种保证）代表装备承包商的综合实力。我们假定装备承包商的资质等级只有两个可能的水平，$\theta = 1, 2$。但综合实力 s 是一个连续变量，$s \in [0, s]$。假定给定资质等级 θ 和综合实力 s，承包商的产出函数为：

$$y(\theta, s) = \begin{cases} s, & \theta = 1 \\ 2s, & \theta = 2 \end{cases}$$

上式表明，高资质等级装备承包商的产出函数 2 倍于低资质等级承包商的产出函数，资质等级越高，产出效率也就越高。

令 $U_0(w, s)$ 是资质等级为 θ 的装备承包商效用函数，其中 w 是承包商将得到的预期收入。假定：

$\partial U / \partial s < 0$，$\partial^2 U / \partial s^2 < 0$

$\partial U / \partial w > 0$，$\partial^2 U / \partial w^2 \leq 0$

即综合实力（资质等级）带来负效用，边际成本递增；收入带来正效用，边际效用递减。在 (w, s) 空间，可得到装备承包商的无差异曲线，斜率为正且递增。一个关键的假设是：获取同样的资质等级，实力越高的承包商所耗费的成本越低，高实力承包商所耗费的成本相对地低于低实力承包商，即 $\partial U_1/\partial s < \partial U_2/\partial s$。因此，高实力承包商的无差异曲线比低实力承包商的无差异曲线更平缓。两个承包商的无差异曲线相交，如图1所示。

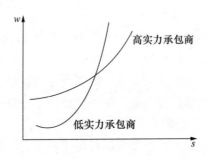

图1　无差异曲线

承包商依据预期得到的收入，选择资质等级 θ，最大化效用函数 $U_\theta(w, s)$。在完全信息条件下，均衡收入等于劳动产出率：$w_1 = y_1 = s$，$w_2 = y_2 = 2s$，最优化条件为：

低实力承包商：$\dfrac{\partial w_1}{\partial s} = \dfrac{\partial y_1}{\partial s} = 1 = -\dfrac{\partial U_1/\partial s}{\partial U_1/\partial w}$

高实力承包商：$\dfrac{\partial w_2}{\partial s} = \dfrac{\partial y_2}{\partial s} = 2 = -\dfrac{\partial U_2/\partial s}{\partial U_1/\partial w}$

即最优解在产出曲线与无差异曲线的切点（边际转换率等于边际替代率）。在图2中，H、L 分别表示高、低实力承包商的无差异曲线，A 和 B 分别是低实力承包商和高实力承包商的均衡点：低实力承包商 s_1，获得收入 w_1；高实力承包商 s_2，获得收入 w_2。每个承包商都将选择正的资质等级，并且，高实力承包商的资质等级高于低实力承包商。

假定承包商低实力和高实力的先验概率相等，则在非对称信息条件下，博弈均衡可定义如下：

存在一个预期的收入函数 $w(s)$，一个实力水平 $s(\theta)$ 和一个后验概率 $\mu(s)$，使得：

（1）（P1）给定 $w(s)$，s'，最大化 $U_\theta(w(s), s)$。

（2）（P2）$w(s') = \mu(s')s' + 2(1-\mu(s'))s'$。条件（P1）是激励相容约束，给定预期收入函数，实力为 s 的装备承包商将选择使自己效用最大化的资质等级水平 $s(\theta)$；条件（P2）是参与约束，在均衡时，承包商的产出期望值等于军方支付给装备承包商的报酬。

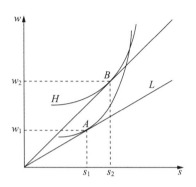

图2　无差异曲线下的均衡

尽管综合实力是一个连续变量，但在均衡情况下，任意实力的承包商都将选择其相对应的资质等级，相同实力的承包商资质等级相同。军方依据承包商的资质等级来评判其实力，承包商收入等于其劳动产出，具体来说，$\theta=1$ 的承包商选择 $s(1)=s_1$，$\theta=2$ 的承包商选择 $s(2)=s_2$，且 $s_1\neq s_2$；军方认为资质等级 $\theta=1$ 的承包商是低实力的，从而支付报酬 $w(s_1)=s_1$，资质等级 $\theta=2$ 的承包商是高实力的，从而支付报酬 $w(s_2)=s_2$。这样得到唯一的均衡点，低实力承包商选择资质等级水平 $\theta=1$，得到收入 w_1，高实力承包商选择资质等级水平 $\theta=2$，得到收入 w_2，$w_2=2w_1$。资质等级水平成为传递承包商实力的一个重要信号。

三、信息甄别模型

在信号传递模型中，博弈顺序是在签订合约之前，装备承包商先根据预期收入函数选择相应的资质等级水平，军方在知道承包商的资质等级之后再决定给承包商相应的报酬进行武器装备研制生产。现在把博弈顺序倒转过来，假定军方先行动，给装备承包商提供合约菜单 $\{w,s\}$，承包商选择其中一个合同与军方签约，合同完成后得到规定的报酬 w，这就是信息甄别模型。

根据罗斯查尔德和斯蒂格里兹（1976），在信息甄别模型中，均衡指存在着一组合同$\{(w_1,s_1),(w_2,s_2),\cdots,(w_k,s_k)\}$和一个选择规则使得：

第一，每一类型承包商在所有可选择的合同中选择一个最适合自己的合同，即 θ 类型的承包商选择(w_θ,s_θ)，对于所有的(w,s)，$U_\theta(w_\theta,s_\theta)\geqslant U_\theta(w,s)$。

第二，军方的收益大于等于零。

第三，选择的合同能够让军方实现收益最大化。

行动顺序的变化对博弈结果有着重要影响，在信息甄别模型中是不存在混同均衡的。假定军方提供合同菜单 $\{A，B，C，H\}$，使得两类企业都选择 $H(w，s)$，企业的利润为零。但是，考虑另一个可选择的合同 $J(w，s)$，对高实力承包商来说，J 优于 H，而对低实力承包商来说，正好相反，因此，高实力承包商将由 H 转向 J，低实力承包商将继续选择 H。因为 J 合约中 $w<2s$，提供 J 合约的军方将得到正的收益，而当高实力承包商转向 J 合约时，提供 H 合约的军方将蒙受损失，不满足参与约束，因此，H 合约不可能是一个均衡。即高实力和低实力承包商不可能同时选择 H 合约，将根据自身实力选择不同的合约，这样，唯一可能的均衡是分离均衡，不存在混同均衡。

　　进一步，证明在信息甄别模型中，分离均衡是唯一的（如存在）。如图 3 所示，首先注意到，在分离均衡中，低实力承包商将选择 $A=(w_1，s_1)$，这是完全信息下的最优点。因为，如果军方提供低实力承包商不同于 $A=(w_1，s_1)$ 的合同（如 X），可通过新的合同如 $Y=(w_1-\varepsilon，s_1)$ 将低实力承包商吸引走并得到正的收益。只有在 $A=(w_1，s_1)$ 点，才不存在帕累托改进合同。从图 3 可看出，高实力承包商的均衡合同为 $B=(w_2，s_2)$：任何 B 左边的点都不能将低实力和高实力承包商分离(即低实力承包商会假装高实力)，而任何 B 右边的点会被其他有利可图的新合同取代。

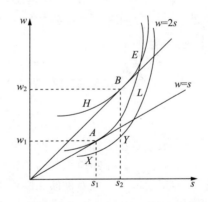

图 3　博弈的分离均衡

　　为什么在信号传递模型中有多个均衡，在信息甄别模型中只存在唯一可能的分离均衡？原因在于，在信号传递模型中，均衡依赖于军方（没有信息优势的参与人）有关承包商的后验概率，而因为存在着非均衡路径，其后验概率具有随机性，不同的后验概率对应不同的均衡。对比之下，在信息甄别模型中，合约菜单由军方首先提供，军方根据承包商的合同选择就可获取其私人信息，之后的后验概率对军方的选择没有任何影响。

这样，得到唯一的分离均衡点（A, B），低实力和高实力承包商分别选择合同A 和 B，军方可通过承包商对自己通过的合同菜单的选择判断承包商类型。

四、完善装备承包商选择的对策建议

装备承包商选择作为装备采办工作的中心内容，对我国装备建设发展具有决定性意义。它要求选出既能满足装备性能的基本要求，又有充分实力和可靠性、能够严格按合同要求履约的承包商，以尽量降低由于信息不对称可能给军方带来的风险和损失。通过以上分析，结合我国装备承包商选择的实际情况，可给出以下几点对策建议。

1. 加强装备承包商资质等级管理，完善装备承包商认证制度

装备承包商目前进行军品生产需四方面的认证：武器装备科研生产单位保密资格认证、军工产品承制单位质量保证体系认证（国军标体系认证）、武器装备生产许可认证、装备承制单位资格审查认证。这四方面的认证都是准入性认证，并没有企业资质等级方面的认证。众多同样具有军品生产资格的企业，谁的实力更强，信誉更高？在承包商选择时并没有一个直观简洁的参考标准。可借鉴地方经验，根据资金、信誉、经验、技术、管理、人员等条件把装备承包商划分为若干资质等级，实行动态管理，以加强承包商管理，规范承包商选择行为。

2. 加强装备采办合同菜单设计，对承包商实施激励性合同

在市场经济环境下，装备承制企业具有独立的经济利益以及追求最大利润的强大动力。军方可首先通过合同菜单的设计预先鉴定承包商是否具备履行契约的条件和实力，使占有信息优势的承包商尽可能多地披露其私人信息，使之在利益驱动下选择符合军方要求的行为。具体做法可以由军方先发布招标信息（包括进度要求、质量要求、成本要求等），装备承包商按照招标信息要求编制投标书，然后由专家委员会进行鉴定与评比，按照承包商响应招标要求的情况选择合适的承包商。其次，科学的合同类型可以最大限度地降低信息不对称给装备采办工作带来的困扰，对装备承包商实施激励性合同是实现激励相容的重要途径。我国目前实行的成本加成定价合同严重缺乏激励，承包商只能通过增加装备科研生产成本实现自身利益最大化，没有降低成本的动力。激励性合同既能使军方降低采办

费用，提高采办效率的要求，对装备承包商也存在很好的激励和约束。承包商在较高的预期利润激励下，有动力以最高质量、最低成本和最快进度满足军方装备需求。

3. 加强承包商选择制度建设，完善相关机构设置

好的制度比重奖更重要。目前，承包商选择制度建设严重滞后，在装备采办工作中并未得到应有的重视。军方在装备承包商选择中话语权不够，军代表制度虽然能够在一定程度上解决装备采购过程中的信息不对称问题，但军代表的成本搜集和事后审价工作无法从根本上解决装备采购费用节节攀升以及"拖、降、涨"难题。可以说选择合适的承包商比事后监督承包商更为关键，必须在合同订立前就对承包商进行严格筛选，确保其具备满足军方要求的实力。军方需要保持对承包商的选择权，设立相关机构进行管理。

4. 加强装备采办法规细则制定

承包商资质等级的认定、装备采办招投标的设计、承包商选择及合同履行的监督评价，以及交易双方利益的协调等都需要法律法规来保障。因此，要通过立法对装备承包商选择制度进行规范，对选择流程、工作程序、技术标准、军方与承包商各自的权利和义务等做出明确的规定。

参考文献

[1] 纪建强，黄朝峰，旷毓君等. Markov 随机决策模型在装备采购合同设计中的应用研究 [J]. 装备指挥技术学院学报，2011，22 (1): 31 - 34.

[2] 张维迎. 博弈论与信息经济学 [M]. 上海：上海人民出版社，2004.

[3] 卢周来. 现代国防经济学教程 [M]. 北京：石油工业出版社，2006.

[4] 阎红玉. 欺诈及其防范的经济学分析 [J]. 财会月刊（综合版）2005 (5): 60 - 61.

[5] 马荣华. 外债水平的信号传递效应研究 [J]. 山东财政学院学报，2005 (6): 39 - 42.

[6] 高凤军，夏阳. 军队物资供应商逆向选择行为研究 [J]. 物流科技，2004 (3): 57 - 59.

[7] 孟斌斌，李湘黔. 政府采购合同设计与承制单位价格信息 [J]. 北京理工大学学报（社会科学版），2013 (2): 60 - 65.

[8] 徐义根，白凤凯，刘皓等. 装备承制单位信用分析研究 [J]. 装备指挥技术学院学报，2007，18 (2): 14 - 18.

［9］旷毓君．西方发达国家武器装备采办委托代理特点及启示［J］．经济研究导刊，2009（29）：246－248．

［10］王志和．武器装备维修承包商选择研究［D］．山东大学硕士学位论文，2009：31－33．

军品采购市场结构的均衡及其优化*

王 成 吴 鸣

一、军品采购市场结构的均衡分析

传统新古典经济学理论上把市场结构划分为四种，即完全竞争市场、垄断竞争市场、寡头竞争市场和完全垄断市场。在军品采购市场上，由于军方是唯一的买方，那么可能存在的市场结构可以划分为垄断—完全垄断市场、垄断—垄断竞争市场、垄断—寡头垄断市场、垄断—完全竞争市场四种。下面就各种军品采购市场结构的新古典均衡问题进行分析。

1. 垄断—完全竞争军品采购市场均衡分析

虽然军品采购市场实际上是一个不完全竞争市场，但这里我们仍分析完全竞争市场的均衡，因为某些军民通用性军品采购市场处于一种接近完全竞争的状态，同时我们也可以把完全竞争市场均衡作为一种参照，比较其他几种市场结构的相对效率。

垄断—完全竞争市场是一种理论上存在的理想市场结构，即市场上存在许多生产同质产品的厂商，没有进入退出市场的壁垒，在军品采购市场上，一些军民通用性军品如劳务、食品、零部件等产品类似于这种市场结构，见图 1。由于军方对产品的需求弹性较弱，需求曲线 D_0 较陡峭，军品采购市场的买方唯一性导致市场供给曲线等于中标企业的供给曲线 S_0。在这样的市场结构中，买方垄断给军方带来了巨大的市场权力，它有权决定军品中标单位，甚至可以利用手中的市

＊ 本文原载于《军事经济研究》2015 年第 2 期。

场权力影响产品的价格，为自己谋取最大的利益。从图 1 中可以看出，如果买方不唯一，需求和供给曲线交点为 E_0，此时，市场价格为 P_0，产量为 Q_0，市场达到均衡状态，矩形部分 $P_0P_1ME_0$ 为企业利润。可是在买方唯一的市场结构里，军方可以把承制任务交给其他厂商威胁该厂商压低价格，这样市场新的均衡变成了需求曲线与厂商平均成本线的交点 E_1，企业利润为零，价格降到 P_1，成交量为 Q_1，这样军方成功地利用了手中的垄断权力，既降低了产品价格，又用既定的经费购买到了更多的军品。

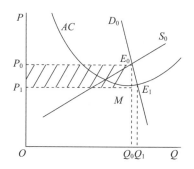

图 1　垄断—完全竞争军品采购市场

通过分析我们可以看出，军方利用手中的市场垄断权力剥夺卖方的利润，市场达到均衡时，产品价格等于企业平均成本，导致市场竞争主体丧失创新的动力，厂商只是不断地进行机械性重复生产。虽然完全竞争市场理论上符合帕累托最优效率，但是它不满足军品采购对于技术进步和规模经济的要求，市场不能实现良性发展。

2. 垄断—垄断竞争军品采购市场均衡分析

现实中，由于资产专用性和军方对厂商进入的管制（如资格审查、颁发许可证等），军品采购市场不具备完全竞争市场所要求达到的自由进出。而且，对于一些军品或零部件来说，产品的完全同质化也不符合军方的意图，有时候军方会更倾向于通过倡导产品的差异性来降低技术风险，提高军品性能，等等。这样一来，垄断—完全竞争市场结构就失去了存在的现实条件。事实上，垄断—垄断竞争市场结构要比垄断—完全竞争市场结构更符合实际的情形。现实中的许多军品分系统、零部件就属于垄断竞争市场结构。"垄断竞争实际上更接近于完全竞争，而不是接近于垄断。虽然垄断竞争情况下的厂商具有属于垄断形式上的性质之一——倾斜的需求曲线，但它缺乏垄断的本质"。故在本文设定的垄断—垄断竞争市场结构下，基本的分析与垄断—完全竞争结构部分并没有本质的不同，只是一些限定条件的改变使其具有一些新的性质。

如图 2 所示，我们假设军品采购市场的需求曲线和供给曲线保持不变，在垄断—垄断竞争市场结构中，由于资产专用性和进入退出壁垒的存在，企业短期内必然以平均变动成本为决策依据，这样新的市场均衡位于企业的平均可变成本曲线与需求曲线的交点 E_2，企业利润为负，价格降到 P_2，成交量为 Q_2，军方通过掠夺厂商利益成功地实现了自身短期利益最大化。此时，军方充分地利用了手中的垄断权力，既使产品价格降到了最低，又用既定的经费购买到了最多的军品；厂商虽然承受着亏损，但是只要价格不低于平均可变成本，它仍然会承接生产任务，收回一些固定成本，尽量减少损失。

在垄断—垄断竞争市场结构下，产品的差异性并没有给厂商带来足以与军方相抗衡的市场权力，军方通过对价格的决定改变了厂商的供给曲线。虽然这样的市场结构可能形成最低的均衡价格、最高的采购数量，从短期看，实现了军品采购的高效益，但从长期看，军方的高收益建立在损害卖方利益的基础之上，会导致市场竞争主体的衰落，从而削弱军品竞争性采购的市场基础，甚至会导致供应商的退出。此时，市场往往陷入恶性循环，逐渐走向萎缩并最终消失，市场机制彻底失效，军方可能不得不对生产企业实行国有化，自己生产所需军品，这种市场结构是不可持续的。

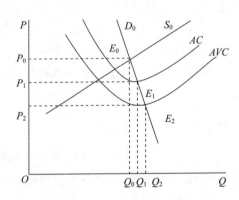

图 2　垄断—垄断竞争军品采购市场

3. 垄断—寡头垄断军品采购市场均衡分析

在军品采购市场上，许多军品系统特别是系统总装任务需要事先进行专用型投资，使得军品的生产具有典型规模经济特征和较高的进入门槛，由于维持较多的厂商是十分困难的，因此市场无法形成垄断竞争的市场结构，最终演变成寡头垄断的市场结构，即由两家或几家厂商垄断整个市场。

我们假定厂商生产的产品差异性不大，企业相互独立，不存在合谋。此时，军品采购市场上寡头垄断厂商拥有一定的市场权力，短期市场均衡是寡头厂商博弈的结果。如图 3 所示，短期市场均衡点为 E_2，位于平均成本曲线以下，均衡价格 P_2，均衡产量 Q_2，企业亏损严重，价格低于边际成本。为什么企业会在停止营业点之下承接军品生产任务呢？原因在于垄断—寡头垄断市场一般存在着两阶段博弈，上述的均衡点只是第一阶段的博弈结果。因为在这种市场结构下的产品一般属于大型专用性军品，需要全寿命周期维护和保养，而且军方采购往往是成批次采购，一旦某一个厂商在第一阶段竞争中胜出，事实上它就在以后的军品采购和事后的军品维修、配件供应等市场形成了垄断，可以获得超额的垄断利润来弥补前期的损失。因此，企业为了获取订单会拼命压低报价，短期市场均衡点为 E_2，这种状况在现实中也是存在的。

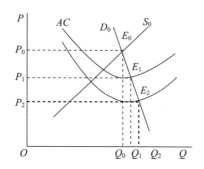

图 3　垄断—寡头垄断军品采购市场

4. 垄断—完全垄断军品采购市场均衡分析

尽管大多数军品采购市场都会存在一定程度的竞争，但是对于一些资产专用性很高、军方需求相对有限的军品来说，往往只能维持一家厂商的生存，竞争性市场结构并没有存在的市场基础，垄断—完全垄断市场结构将是符合常态的市场形式。另外，对于一些涉及国家核心技术的战略军品，军方可能会为了保密或安全倾向于与一家厂商长期进行合作，比如核武器装备，军方就不可能在多家厂商之间来回转换。在这种双边垄断的市场结构下，用来交易的商品没有相似的替代品，卖主没有其他的出路，买主也没有其他的来源。

如图 4 所示，军品采购市场需求曲线为 D_0，市场供给曲线（厂商边际成本

曲线 MC）为 S_0，厂商的平均成本曲线为 AC，边际收益曲线为 MR。在垄断—完全垄断市场结构中，垄断厂商会根据边际成本等于边际收益（ $MR = MC$ ）来确定价格和产量，企业所期望交易点为 E_1 点，价格为 P_1，产量为 Q_1，此时企业的利润实现最大化，存在超额利润 P_1BCE_1。然而，由于军品采购市场具有买方唯一性，也具有影响价格和产量的市场权力，军方会意图尽量压低产品价格，但因为市场上只有一个卖家，军方最多只能把价格压低到企业的平均成本线 AC 上。因此，军方的期望交易点为 E_2，价格为 P_2，产量为 Q_2，企业利润为零。

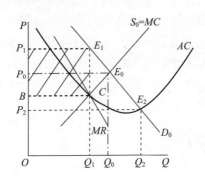

图4　垄断—完全垄断军品采购市场

从图4中可以看出，在垄断—完全垄断的军品采购市场上，并没有一个稳定的市场均衡点。产品价格与产量是不确定的，市场的均衡价格和均衡产量处于 E_1E_2 之间，价格在 P_1 和 P_2 之间，产量可能在 Q_1 和 Q_2 之间，具体结果取决于买卖双方的博弈与谈判。在军品采购市场上，由于军方的需求是根据国际形势、国家安全战略以及军事战略等确定的，具有较小的价格弹性，而企业相对于军方有更多的私人信息，它可以利用信息不对称来欺骗军方。在垄断—完全垄断市场结构上，企业能够更好地利用市场垄断权力，具有更大的市场支配力，在价格博弈和谈判上占据优势地位。所以这时的军品采购市场上均衡产量一般会保持更接近 Q_1 的位置，价格更接近 P_1 的位置。当然，具体的价格和产量还取决于具体的市场环境和双方的谈判技巧。

二、军品采购市场结构的优化模型

从上面几个市场均衡模型中，可以看到军品采购市场作为一个不完全竞争市场，不可能实现完全竞争的市场结构。结合军品采购市场特点，我们在克鲁格曼和奥布斯费尔德垄断竞争交易模型的基础上，给出军品采购市场结构的优化模型：

假设市场上有 n 个均衡的武器生产商，对于所有厂商而言，虽然他们生产和销售的产品有差别，但所有厂商的需求和成本函数完全一样。每个厂商的平均成本，依据市场的大小和行业中生产厂商的数量而定：

$$AC = n \cdot F/S + c \tag{1}$$

其中，AC 表示军品生产的平均成本，F 为固定成本，S 为该行业武器销售总额（物理单位），c 为厂商的边际成本。式（1）说明，行业中生产厂商越多，平均成本越高（因为厂商越多，每个厂商生产的武器就越少）。图 5 中的 CC 线反映了厂商数量 n 和平均成本之间向上倾斜的关系。

我们还可以推导出该行业中厂商数量与每个厂商所确定的价格间的关系：

$$P = c + 1/bn \tag{2}$$

式（2）中的 P 表示由每个厂商所确定的价格；b 为测量每个厂商的市场份额对自己所确定价格的敏感度的参数。式（2）说明，行业中厂商越多，每个厂商的定价越低。图 5 中的 PP 曲线反映了价格 P 和厂商数量 n 向下倾斜的关系。

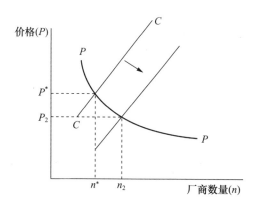

图 5　军品采购市场结构优化模型

图 5 是一个反映军品采购市场生产、消费和交易的模型。厂商的均衡数量是 n^*，由每个厂商决定的均衡价格是 P^*。$P^* = AC$ 说明了市场均衡时厂商收益为零（只获得正常利润）。影响军品价格的因素除了厂商数量外还有市场规模，当市场规模扩大时，均衡厂商数量增加到 n_2，均衡价格下降至 P_2。

从图 5 中可看出军品采购市场的均衡厂商数量取决于市场规模和军品自身经济特点。在高技术武器市场（如飞机、导弹、潜艇），小组合的寡头比大组合的垄断竞争更为合适。而随着军品技术含量的下降、供给的增加，厂商行为更接近竞争性市场理论所描述的情形。

三、结　论

从上面的分析我们知道，军品采购市场均衡结构决定于军品类别。现实中，军品采购市场不只存在一个品种，而是包括各种各样产品的一个产业，不同军品所具有的技术特点决定了军品采购市场结构也各不相同。无视军品采购市场产品的区别一概而论，所得出的结论是值得怀疑的。因此，军品采购市场结构应该根据军品类别进行划分。那么，划分标准是什么呢？具体而言，我们认为可从产业链、军民通用性、战略重要性等方面着手。

军品产业链是指军品生产的整个流程。一般分为产业链上游(原材料、零部件供应商)、军品产业链中游(分承包商)、军品产业链下游(主承包商)。我们可参照美国军品采购市场构建金字塔式的市场结构，军品产业中上游可放松管制，实行比较充分的竞争，下游可通过兼并重组构建寡头市场结构，充分利用规模经济和范围经济的好处。

军品军民通用性是指军品在军事用途和民事用途之间的可转换程度。我们可按军品的军民通用性把它们分为三类：强军民通用性(电子、生活用品)、一般军民通用性(装甲车辆、火炮、弹药)、弱军民通用性(导弹、战车)。军民通用性对于军品采购市场结构有重要意义，对于那些军民通用性强的军品，军方可直接根据商业的采购做法，在民品市场上进行采购。这样，可以使军方采购成本更低，可靠性更高，性能更好，且能满足军事上严酷环境需要，好处很多。对于那些军民通用性弱的军品，由于用途仅限于军事，市场必然有限，这时就应该控制市场上的企业数量，充分利用规模经济降低产品成本。

军品战略重要性是指军品对于整个国家安全的重要程度。同样我们可以按照程度不同划分为：非重要战略性军品(交通运输工具)、一般战略性军品(飞机)、重要战略性军品(核武器)。对于那些非重要战略性军品，应该充分利用市场竞争，保持市场的竞争性；而对于关系国家安全性军品，不能只考虑经济效益，还应该考虑到安全收益，例如像核武器，由于安全原因必须由国家掌控，不可能让很多企业进行竞争性生产，军方在多个厂家之间转来转去。

考虑到军品的不同类型和军品生产的不同阶段，结合军品采购市场优化模型，我们认为，合理的军品采购市场应该是按军品类别划分的"寡头主导，大中小企业共存"的多层次市场结构。

参考文献

[1]王德章，张磊. 优化市场结构提升竞争力的探讨[J]. 学术交流，2004 (1).

[2]王俊豪. 中国政府管制体制改革研究[M]. 北京：经济科学出版社，1996.

[3]刘鹏. 武器军品竞争性采办研究——从价格角度对中国武器军品采办问题的实证分析[D]. 国防科技大学硕士学位论文，2003.

[4]刘军，吴鸣. 可竞争武器军品市场的经济分析[J]. 中国国防经济，2006 (2).

[5][法]泰勒尔. 产业组织理论[M]. 北京：中国人民大学出版社，1997.

[6][美]D. S. 沃森，M. A. 霍尔曼. 价格理论及其应用[M]. 北京：中国财政经济出版社，1983.

[7]马云泽. 规制经济学[M]. 北京：经济管理出版社，2008.